Limites da democracia

Marcos Nobre

Limites da democracia

De Junho de 2013 ao
governo Bolsonaro

todavia

Para Carolina

Introdução 9

1. Pemedebismo, presidencialismo de coalizão e crise da democracia 45

I. Presidencialismo de coalizão 50
II. Pemedebismo 58
III. "Crises da democracia" 67

2. Métricas, analíticas e partidos na democracia do digital 81

I. Formas que precederam a democracia do digital 81
II. O predomínio das analíticas e das métricas 92
III. Partidos, "partidos digitais", "partidos plataforma" 101
IV. Estabelecidos, outsiders e o hiperlíder 113

3. Das "novas direitas" à eleição de Bolsonaro 127

I. "Novas direitas", Junho, Bolsonaro 133
II. Breve história da candidatura de Bolsonaro 145
III. A crise do pemedebismo no período 2015-8 160

4. O governo Bolsonaro como forma-limite do pemedebismo 177

Bolsonaro e bolsonarismo: tática e estratégia 177
A forma-limite do pemedebismo 185
Breve história de uma coadaptação I:
Executivo e Legislativo sob Bolsonaro 192
Breve história de uma coadaptação II:
o fim da Lava Jato sob Bolsonaro 199
O partido digital bolsonarista 205

Considerações finais 217

Agradecimentos 247
Notas 249
Referências bibliográficas 289
Índice remissivo 301

Introdução

Uma maneira de apresentar este livro é dizer que ele tenta entender a radical mudança ocorrida no uso de uma palavra: "polarização". O que se começou a chamar, a partir dos anos 2000, de "polarização" nada tem a ver com o que essa palavra passou a significar depois das eleições de 2018. A mudança do sentido e do significado de "polarização" é emblema de transformações estruturais na vida social, na relação entre sociedade e instituições, do funcionamento mesmo das instituições.

Até meados da década de 2010, polarização queria dizer que o sistema político se organizava em dois polos, representados por dois partidos, PT e PSDB. O partido que vencia a eleição presidencial se tornava líder da coalizão de governo. Começava por criar um cordão sanitário em torno de áreas consideradas estratégicas, preservando-as o quanto possível do loteamento político. O restante do governo era dividido mais ou menos proporcionalmente ao peso institucional das diferentes forças políticas.

No modelo que prevaleceu de 1994 a 2013, partidos funcionam como empresas de venda de apoio parlamentar a governos de coalizão. Se um indivíduo ou grupo considera que não foi devidamente contemplado na distribuição dos quinhões, ou se simplesmente acha que pode conseguir mais, migra para outro partido, ou acaba por fundar um novo, estimulando a fragmentação partidária. Cabe ao síndico do condomínio no poder conferir a homogeneidade possível a esse arquipélago de interesses, estabelecendo agendas transversais de governo. Essa função foi desempenhada nesse período por PT e PSDB. A esse modo de operar, que a ciência política brasileira convencionou chamar de presidencialismo de coalizão, chamei de pemedebismo,[1] em homenagem ao partido que, durante pelo menos três décadas, foi o líder do cartel de empresas de venda de apoio parlamentar, o PMDB — o qual, a partir de 2018, mudou seu nome para MDB.

Na metáfora de campos magnéticos da polarização, os dois polos disputavam quem iria atrair para si o pântano de PMDBs entre as duas margens de terra firme. Um documento explícito desse modelo é o registro de uma fala do ex-presidente Fernando Henrique Cardoso em conversa com o ex-governador do Distrito Federal Cristovam Buarque no ano de 2004 e que pode ser encontrada no site oficial do PSDB. Em determinado momento da conversa, o ex-presidente do Real afirmou:

> Não discutimos nem disputamos ideologia. É poder, é quem comanda. Minha ideia para o Brasil é a seguinte: você tem uma massa atrasada no país, e partidos que representam esse atraso, clientelismo. Os dois partidos que têm capacidade de liderança para mudar isso são o PT e o PSDB. Em aliança com outros partidos. No fundo, disputamos quem é que comanda o atraso. O risco é quando o atraso se comanda. É um pouco o negócio do pacto com o diabo, do Fausto, não é? Você pode perder a sua alma nesse processo, porque o atraso pode te comandar.[2]

A história que conto no livro é a de como todos os Faustos finalmente se encontraram com Mefistófeles em sua forma mais autêntica, de como viram de frente o inferno. Com o fim do acordo do Real, a partir de Junho de 2013, também os seus partidos-locomotivas não poderiam permanecer os mesmos.

A metáfora é tanto mais apropriada porque PSDB e PT são partidos com origem e forte ancoramento em São Paulo, estado chamado durante muito tempo de locomotiva do país, desde a época em que ainda existiam ferrovias. Apesar disso, foram criados como partidos de vocação nacional. Pretendiam se destacar de oligarquias partidárias locais e regionais, que viam como o principal entrave à autêntica modernização e democratização. Com o fim do acordo do Real, o PSDB, antigo partido de quadros formado para dirigir o país, tornou-se um vagão como outro qualquer no trem partidário brasileiro. O PT quase foi varrido do jogo institucional, mas não apenas sobreviveu aos ataques como foi capaz de se manter como referência organizativa do sistema político — ainda que não seja mais um partido dirigido inequivocamente desde São Paulo, como o foi durante tanto tempo; ainda que não seja mais o mesmo partido que ganhou quatro eleições presidenciais, de 2002 a 2014; ainda que não desempenhe mais, de maneira alguma, o papel que desempenhava quando seu adversário direto era o PSDB.

Sempre há quem utilize a expressão como se tudo continuasse como no grande acordo do Real. Mas são casos de patologia, colaboracionismo, má-fé, ideologia, desorientação radical, defesa pura e simples de interesses, ou todas essas coisas ao mesmo tempo. Nem PT nem PSDB em nenhum momento ameaçaram a democracia, o que passou a ocorrer a partir de janeiro de 2019. Em nenhum mundo democrático possível cabe comparação entre Lula e Bolsonaro como "dois polos" de um mesmo jogo democrático.

A eleição de Bolsonaro levou o país a uma situação de emergência democrática duradoura. Com Bolsonaro, formou-se pela primeira vez, desde a redemocratização, um movimento cuja existência é o desafio permanente das instituições democráticas em sentido destrutivo. Um movimento que usa a institucionalidade como instrumento, e não como fim, que faz uso da institucionalidade para destruir as instituições democráticas.

Na vizinhança, talvez apenas o Chile tenha tido a experiência de uma extrema direita de peso eleitoral que permaneceu organizada após o fim da ditadura militar. No Brasil, esse eleitorado andou disperso por mais de trinta anos. Flertou, por exemplo, com candidaturas presidenciais como a de Enéas Carneiro em 1989 e 1994 (quando obteve o terceiro lugar, com 7% dos votos). Mas só ganhou cara, organicidade e o próprio poder federal com Bolsonaro.

Em países como a França, a Espanha, a Grécia ou a Alemanha, depois de estabelecida ou restabelecida a democracia, a extrema direita demorou décadas para se tornar relevante, levou décadas para se normalizar, levou décadas para aprender a manter as aparências democráticas. No Brasil, bastaram alguns anos de autodestruição política desde 2014. De um só golpe, Bolsonaro organizou e normalizou a extrema direita e ganhou a eleição presidencial.

É vastíssimo o material produzido sobre o momento que tomo como ponto de referência neste livro, Junho de 2013. Como também é vastíssimo o material sobre todas as desgraças que se seguiram à eleição de 2014, em todas as suas dimensões destrutivas, sobre as "crises da democracia", sobre "novos fascismos", em seus aspectos teóricos, empíricos, históricos. Este livro não tem a pretensão de abarcar todo esse material nem de examinar cada uma das explicações na sua especificidade. Ainda assim, é um livro de síntese e de interpretação. Síntese de estudos empíricos, históricos e teóricos nos quais me apoio para formular minha interpretação. Uma interpretação que muitas vezes não concorda exatamente com as fontes de que lança mão. Mas que não seria possível sem elas.

A interpretação que proponho pretende afastar não apenas a imagem de raio em céu azul associada a Junho, mas também, sobretudo, afastar um pressuposto típico, ainda que muitas vezes apenas implícito, das explicações de gênero "conta de chegada", formulações que poderiam começar com "Tudo ia bem até que...", seguidas de: Junho aconteceu, Dilma Rousseff (ou Lula antes dela, dependendo da interpretação) resolveu reinventar a economia, Aécio Neves não aceitou sua derrota na eleição presidencial, veio a brutal recessão de 2015-6, o STF se meteu onde não devia, Eduardo Cunha passou por cima das regras costumeiras da convivência política, foi feito o impeachment de Dilma Rousseff, Lula foi preso, Jair Bolsonaro ganhou uma eleição com base em fake news. E assim por diante.

Tomar Junho de 2013 como ponto de referência (e não como ponto de chegada ou de partida) permite perguntar: o que mesmo "ia bem"? Fazer essa pergunta permite igualmente explicitar o disparate de quem tem por objetivo restabelecer a situação anterior a 2013. Como se restaurar a ordem pré-Junho fosse possível, como se fosse desejável, como se tal restauração tivesse algum ancoramento na realidade presente.

Esse tipo de reação talvez se explique por uma das características mais notáveis do debate em torno de Junho de 2013, que foi seu quase completo descolamento do que acontecia no mesmo momento no mundo todo. Apesar de se tratar de um acontecimento obviamente global, de uma série de revoltas de amplo espectro, reunindo grande diversidade de bandeiras, objetivos e pessoas em diferentes lugares do mundo desde 2011, o debate sobre o evento no Brasil, em grande medida, não foi feito nesses termos. Muito pelo contrário, aliás.

Além disso, Junho entrou no debate público e saiu dele da mesma maneira: como raio em céu azul. Diz o quase consenso em torno do tema que o evento é complicado demais para caber em uma explicação única, que suas causas são tão misteriosas que só serão conhecidas depois de passado muito tempo — que talvez nunca o sejam. E foi assim que, além de inexplicável, Junho se tornou singular, único. O que facilitou ainda mais passar a outro assunto. Que foi, naturalmente, a sucessão de desgraças que se seguiu, ininterrupta, sem trégua.

Quando não é simplesmente ignorado, Junho é avaliado sobretudo em termos negativos. As avaliações variam entre não ver ganho institucional algum e ver ali o início de uma grave regressão. De acordo com algumas avaliações, o sistema político tal como tinha funcionado até então ruiu sem que nada de melhor tenha sido posto em seu lugar. Para outras, Junho foi ainda mais longe: teria sido responsável por colocar em risco a democracia no Brasil. Parte da esquerda não tem dúvidas a esse respeito: Junho representaria o momento em que uma direita troglodita teria emergido e iniciado o processo que levou à queda de uma presidente legitimamente eleita, à prisão do ex-presidente mais popular do período da redemocratização e à eleição de um presidente defensor aberto da ditadura militar de 1964.

Essas avaliações dominantes raramente consideram Junho da perspectiva de um ciclo de revoltas democráticas de caráter global, também nisso parecido com o ciclo global que teve seu foco em 1968. Mas, quando o fazem, entendem ter ainda mais razão. Afinal, não apenas no Brasil os resultados foram negativos. Foi o ciclo em seu conjunto que teria trazido pouca coisa de positivo, se não apenas regressão. Quando se pensa na chamada Primavera Árabe, que derrubou ditaduras, no que teria resultado? Em guerras civis na Síria e na Líbia. E em duas outras, no Iêmen e no Bahrein, onde medem forças pela hegemonia regional o Irã e a Arábia Saudita — dois países que continuam a fazer de tudo para impedir primaveras de quaisquer tipos. No Egito foi restaurada uma ditadura militar. Apenas na Tunísia a democracia se mantém, aos trancos e barrancos.

Uma nova ditadura instalou-se na Turquia, que faz parte de um conjunto de países de democratização recente, como os da América Latina e os do antigo bloco soviético, sem esquecer de Espanha, Portugal e Grécia. Na América Latina, uma série de "parlamentadas" tem derrubado governos eleitos, um ciclo que se iniciou mais claramente em 2012, quando Fernando Lugo foi apeado da presidência do Paraguai. Países do antigo bloco soviético, como a Hungria e a Polônia, estabeleceram-se em algum ponto entre a ditadura e o fascismo, e um crescimento preocupante da extrema direita tem ocorrido mesmo em democracias estabelecidas desde 1945, como Alemanha, França e Itália.

Acontece que o ciclo 2011-3 representa o marco de uma nova configuração da sociabilidade e, portanto, de novas configurações da política. Não enxergar isso é não entender onde nos encontramos. Mas esses diagnósticos também acabam por tentar apagar o enorme impulso que veio com Junho para a consolidação e a ampliação de lutas sociais as mais diversas na base da sociedade. Não só no Brasil, muitas novas ondas de protesto se formaram a partir do ciclo de revoltas de 2011 a 2013, focadas em objetivos mais específicos. É o caso de ciclos de mobilização de enorme amplitude e importância, como as primaveras feminista e secundarista, visíveis no Brasil nos anos de 2015 e 2016. São deixadas de lado novidades institucionais, como a entrada nos parlamentos de figuras que representam uma renovação da vida política, de que Marielle Franco se tornou o grande símbolo.

Para explicar o desinteresse em considerar Junho de 2013 de uma perspectiva global, é sempre possível invocar o notório desprezo nacional por temas de política externa, em sentido amplo. No entanto, o Brasil passou a se pensar como parte do mundo quando começou a comparar as recorrentes exibições autoritárias de Jair Bolsonaro com as atitudes de autocratas e projetos de ditadores em outros países. O Brasil deixou de ser único, singular, para passar a integrar algo como um movimento global — de uma internacional autoritária, no caso. Foi assim que Bolsonaro apareceu também como resultado e como explicação de tudo o que aconteceu desde 2013 no país. A ligação direta entre os dois momentos é tomada como obviedade, como se não exigisse explicação.

A eleição de Bolsonaro *aggiornou* a condição periférica brasileira, tornando o país novamente parte de movimentos planetários — ainda que pelas mais deploráveis razões. Nesse momento, o debate parece ter tomado o sentido contrário: de fenômeno de difícil compreensão porque tão peculiar e particular — o que está presente na grande maioria das interpretações retrospectivas de Junho até a eleição de 2018 —, passou-se à visão de que o Brasil tinha se tornado, do dia para a noite, caso de um movimento global, sem mais.

Não que as avaliações de Junho tenham deixado de oscilar enormemente antes da eleição de 2018, pelo contrário. As interpretações dos acontecimentos do período 2013-4 variaram conforme foram se sucedendo: a severa recessão de 2015-6, o impeachment de Dilma Rousseff, em 2016, a prisão de Lula, em abril de 2018, a eleição de Bolsonaro, em outubro do mesmo ano. Cada um desses eventos decisivos tornou as explicações retrospectivas, em um sentido preciso: Junho de 2013 e os eventos posteriores à eleição de 2014 não só passaram a supostamente ganhar seu verdadeiro sentido a partir de cada um desses acontecimentos como passaram a poder ser explicados por esses resultados.

Nessa conta de chegada explicativa, o período 2013-4 se torna apenas uma etapa de um processo cujo fim está posto no evento presente que se está tentando analisar. Em certo sentido, pode-se dizer que toda análise faz isso, implícita ou explicitamente. Que toda análise busca entender o presente e, portanto, está dirigida a ele. Mas essa maneira específica de encaixar os acontecimentos anteriores para que resultem diretamente na imagem do presente — e que costuma receber o nome de teleologia — ignora que os acontecimentos poderiam ter seguido outros desenvolvimentos. Essa atitude toma o resultado como de alguma maneira inevitável, como se não houvesse alternativa, como se escolhas não tivessem sido feitas. Na prática e na teoria, essa atitude não só justifica as escolhas feitas como apaga as alternativas de ação disponíveis. Também no momento atual.

Para ver isso, basta, por contraste — de maneira contrafactual, como se costuma dizer —, imaginar que efeitos teria tido Junho, de que maneira seria interpretado hoje, caso o PSDB tivesse vencido a eleição presidencial de 2010 e estivesse no poder federal em 2013. O ciclo de revoltas democráticas de 2011-3 aconteceu em ditaduras, em governos democráticos de direita e de esquerda, sob coalizões as mais variadas. E seus efeitos e resultados foram diferentes em cada lugar em razão disso. Pagando aqui tributo a Max Weber, parece mais do que razoável dizer que Junho teria acontecido no Brasil mesmo que não tivesse sido o PT, mas o PSDB o vencedor da eleição presidencial de 2010. Ainda que não possuísse os exatos mesmos desenvolvimentos, teria sido considerado, então, o maior ciclo de manifestações de esquerda da história do país.

O fato é que deixar Junho para trás era do interesse de todas as forças de peso no sistema político. A mídia tradicional e mainstream não fez senão seguir de bom grado essa preferência da política oficial. Mas é interessante notar que, com as exceções de praxe, núcleos pensantes e a própria academia fizeram em grande medida o mesmo movimento, preferências teóricas e práticas conflitantes à parte. Em lugar de tentar entender o que, afinal, tinha acontecido em Junho, passou-se a falar do estelionato eleitoral de Dilma Rousseff ou da contestação pelo candidato derrotado Aécio Neves na eleição de 2014, da recessão econômica, da crise política, das decisões do STF, da prisão de Lula. Junho foi fixado como prenúncio de Jair Bolsonaro. Esse curto-circuito fez da eleição de Bolsonaro em 2018 uma espécie de marco definitivo de qualquer conta de chegada explicativa de Junho.

Apenas uma pequena parcela da esquerda democrática que não tinha capacidade de alterar os rumos institucionais viu em Junho um potencial de transformação da democracia brasileira, viu naquela energia social dispersa a possibilidade de deixar o pemedebismo para trás. Quanto às "novas direitas", que vinham se organizando dez anos antes de Junho e, por isso, tinham já adquirido massa crítica considerável, notaram ali uma oportunidade de confrontar diretamente o sistema político. Do lado da política oficial, a maior parte tanto da direita como da esquerda se encastelou no sistema político, contando poder dirigir o processo de cima, mesmo que fosse ao custo de uma autofagia suicida.

Mas, ao se blindarem contra a energia das ruas reais e virtuais, as forças da política oficial simplesmente perderam o controle do processo. Desperdiçaram uma chance inédita de reformar a democracia brasileira. Pior, abriram a porta para a extrema direita, que não apenas hackeou eleitoralmente o movimento muito mais amplo das "novas direitas" como as próprias instituições, encontrando nesse momento, pela primeira vez desde a redemocratização, a oportunidade de implantar seu projeto autoritário.

Junho foi o momento em que o sistema político perdeu o controle da política. Mas Junho não se institucionalizou em termos de um poder paralelo ao sistema político, não adquiriu o caráter de mobilização permanente a desafiar a política oficial, não se organizou em termos da criação de novos partidos com densidade ideológica e eleitoral para mudar os rumos da política. Sob crescente hegemonia da direita e, a partir de 2018, da extrema direita, a energia social de Junho foi canalizada para uma organização em termos de uma oposição extrainstitucional.

Porque, mesmo não tendo se institucionalizado como mobilização permanente em alternativa ao sistema político existente, a oposição extrainstitucional foi muito eficaz em vampirizar a energia de Junho. Para tanto, valeu-se da Operação Lava Jato, escudo institucional com que, no período 2015-8, impediu o sistema político de retomar inteiramente o controle da política e, portanto, sobre a própria sociedade. Por não se autorreformar, por não abrir novos canais de interação, influência e participação para o eleitorado, o sistema político empurrou parte substantiva da energia social de transformação para aquela figura institucional que prometia realizar essa reforma. Mesmo sendo uma promessa impossível de ser cumprida com respeito às regras estabelecidas do Estado democrático de direito — a primeira instância do Judiciário não tem competência nem poder para fazer reforma política —, a Lava Jato acabou se mostrando, para uma enorme parcela do eleitorado, a última instância recursal da política, o único caminho institucional disponível para a canalização de sua insatisfação.

Não por acaso, a Lava Jato mirou suas baterias para derrubar o governo Dilma Rousseff e, em seguida, o governo de Michel Temer. Conseguiu o primeiro objetivo, não alcançou o segundo. Mas o fato mesmo de não ter conseguido alcançar esse objetivo no caso de Temer reforçou ainda mais o impulso social antissistema. A Lava Jato conseguiu de fato impedir o sistema político de retomar o controle da política. Ao mesmo tempo, a Lava Jato não conseguiu tomar o lugar da política oficial — é difícil imaginar como poderia fazê-lo, evidentemente, enquanto sua atuação não poderia ter outra consequência além de produzir instabilidade permanente. A política oficial brasileira nem passou ao controle de um poder paralelo nem conseguiu inteiramente manter o controle da política.

Foi um cabo de guerra que durou até a eleição de Bolsonaro, em 2018. Foi essa a estrutura fundamental da instabilidade permanente do período 2015-8. E, no entanto, a eleição de Bolsonaro não estava dada. Pelo contrário, as "novas direitas", em sua diversidade e fragmentação, continuavam a alimentar a expectativa de chegar ao poder pela via eleitoral. Mas foi também nesse exato momento que a direita tradicional do sistema político se mostrou incapaz de apresentar uma candidatura que pudesse canalizar o impulso antissistema — o que era previsível, aliás, em se tratando da direita tradicional. Ocorre que também as "novas direitas" não conseguiram apresentar uma candidatura outsider capaz de representar como que uma confluência eleitoral da Lava Jato, sob cujo escudo se organizaram e alcançaram alguma unidade de propósito. Não tendo tido candidato competitivo à presidência em 2018, a Lava Jato não se institucionalizou. Ao mesmo tempo, ao prender Lula, o candidato de oposição mais bem posicionado nas pesquisas naquele momento, seis meses antes da eleição, completou o quadro que tornou possível a candidatura antissistema mais bem posicionada na eleição.

A eleição de Bolsonaro foi, portanto, a obra conjunta de um sistema político que se recusou a se autorreformar, de uma energia social que não encontrou caminhos para influir na institucionalidade senão por meio de uma força judicial e de mobilizações de base no campo da direita incapazes de formular um projeto de institucionalização política claro e viável independentemente da extrema direita. Foi esse esforço conjunto que tornou viável uma candidatura antissistema como a de Bolsonaro.

Mas foi ainda bem mais grave do que isso. Mais do que um simples líder antissistema, Bolsonaro se considera o líder de uma revolta conservadora. Ele não busca a assimilação em nível institucional. Ele associa suas posições de extrema direita à defesa de tudo o que é ético e decente e identifica o restante — todo o sistema político — com a "esquerda", ou seja, com tudo o que é corrupto e corrompido na vida social em geral. Para Bolsonaro, todo mundo que aceitou as regras da Constituição de 1988 é "de esquerda". A própria Constituição é "de esquerda", faz parte da "falsa democracia". Para Bolsonaro, a redemocratização é a responsável por todos os males do país. A "verdadeira democracia" é apenas aquela que existia durante a ditadura militar. Quem conseguir entender a expressão "a democracia da ditadura era a verdadeira democracia" conseguirá entender Bolsonaro.

Foi nesses termos que Bolsonaro exerceu a presidência a partir de 2019. De um lado, como um presidente antiestablishment, conseguiu manter o apoio constante de uma parcela do eleitorado que se manteve fiel a um impulso antissistema. De outro lado, só conseguiu se manter no poder graças a um acordo que devolveu o controle da política ao sistema político, liquidando a mesma Lava Jato que teve papel essencial na sua própria eleição. O governo Bolsonaro foi a extensão do cabo de guerra do período 2015-8 por outros meios.

Ao longo do livro, tentarei desenvolver de maneira mais concreta estas e outras teses explicativas, enunciadas nesta introdução de maneira ainda muito geral e genérica. Todas as teses que apresento neste livro têm por pressuposto que o emblema da grande cesura da história recente do país é Junho de 2013. Ainda assim, não recuso aqui os termos em que o debate está posto, em que explicar a ascensão de Bolsonaro passou a ser o ponto de fuga de qualquer reconstrução da história recente do país. Apenas entendo que é preciso qualificar esse ponto de fuga.

Para propor uma explicação que esteja à altura da complexidade desses eventos todos, entendo ser indispensável dissolver amálgamas e alternativas infrutíferas. Parto do diagnóstico de que os debates dos últimos anos têm tomado certos amálgamas e certas alternativas como pontos de partida evidentes. Acontece que esses pressupostos não só estão muito longe de ser óbvios. Eles também bloqueiam a compreensão do momento atual. E bloqueiam possíveis saídas práticas da guerra de posições que se instalou.

É essencial, por exemplo, dissolver o amálgama de "Junho", "Bolsonaro" e "novas direitas". Tanto quanto é necessário dissolver amálgamas como aqueles de "presidencialismo de coalizão" e "democracia", de "democracia" e "teorias da democracia". É de fundamental importância evitar alternativas estéreis como a caracterização do momento presente como "crise da democracia" ou em termos de "regressão fascista". Enquanto não for possível separar esses elementos que se encontram hoje amalgamados e compreendê-los em sua lógica e especificidade, enquanto não for possível evitar alternativas estéreis, entendo que não avançaremos na compreensão efetiva de onde estamos e por que chegamos aqui.

Meu esforço de dissolver amálgamas, evitar alternativas estéreis e reformular a questão não significa, entretanto, que consegui as respostas para todos os problemas que (re)coloquei. Em alguns casos, acredito ter encontrado soluções plausíveis. Algumas vezes, fui capaz de propor hipóteses que me parecem bem fundamentadas. Em outros momentos ainda, apenas reconheci o quão pouco sei sobre o problema para conseguir resolvê-lo. Seja como for, acredito que somente exercícios profiláticos desse tipo permitirão estabelecer Junho como ponto de referência frutífero do debate na atualidade, evitando confusões que apenas na aparência explicam as origens de nosso presente. Não com a pretensão de estabelecer "o que realmente aconteceu em Junho" — esse é justamente o *objeto* do debate —, mas o que estamos fazendo de nossa história recente e de como estamos nos conectando com o debate internacional.

Há ainda outras teses de diagnóstico do tempo presente tomadas como pontos de partida no livro. Todas começam pela insistência no fato de que a democracia de massas do imediato pós-1945 foi para poucos. Ao mesmo tempo lembram que, onde a democracia durou — em parte da Europa, no Japão, nos Estados Unidos e no Canadá, basicamente —, estabeleceu-se em aliança indissolúvel com a melhoria da qualidade de vida, muitas vezes ligada ao desenvolvimento de mecanismos importantes de proteção social pelo Estado. Vinculou-se à cláusula simples e direta segundo a qual a geração seguinte iria viver melhor que a anterior. Foi essa a primeira promessa da democracia pós-guerra.

Uma segunda promessa dessa mesma ordem veio com 1968, que, nesses lugares do mundo em que a democracia de massas tinha se institucionalizado, chutou a porta para reclamar que faltava algo fundamental a essa equação, que a democracia precisava democratizar-se, nada menos. Entre muitas outras coisas, isso também significava derrubar a maneira tradicional de fazer política, baseada na lógica de máquinas partidárias hierárquicas e em acordos de gabinete e de cúpula que não estavam sujeitos ao escrutínio público.

Os movimentos de 1968 instalaram uma tensão entre a lógica da representação parlamentar e a representação direta típica de assembleias e reuniões públicas, uma tensão que ficou gravada em todos os movimentos democratizantes posteriores. Pôs em xeque a intransparência que caracteriza a ação parlamentar e governamental, apontando para a necessidade da criação de novas formas e de novos instrumentos de fazer política. Os então chamados novos movimentos sociais, que ganharam impulso e força a partir da década de 1970, conseguiram abrir brechas importantes na intransparência tecnocrática do Estado, mesmo não tendo ainda encontrado uma configuração generosa no interior dos sistemas políticos nacionais.

Foi nesse momento que se deu uma ruptura dentro da ordem, por assim dizer. Um composto de neoliberalismo e democracia movido a financeirização produziu um impressionante momento de prosperidade material nos vinte anos da chamada Grande Moderação, entre o final da década de 1980 até 2007. A Grande Moderação foi o momento em que a China passou a produzir um planeta por ano. E, do outro lado, o do consumo, abriram-se as torneiras do crédito para o endividamento generalizado das famílias.

Essa foi a versão neoliberal da promessa pós-1945 de que a próxima geração viveria sempre melhor do que a presente e do que a anterior. Durante algum tempo, o acesso a inovações tecnológicas e à educação pareciam poder, de alguma maneira, garantir a cláusula geracional: a nova geração já nasce tocando em telas inteligentes e terá oportunidade de se desenvolver para além do ponto em que pararam seus pais. Endividando-se — essa era a promessa —, a geração seguinte teria condições de aproveitar plenamente as potencialidades do novo mundo, aí incluída a participação democrática em uma sociedade conectada permanentemente com todas as demais sociedades do mundo.

A outra face da moeda, a da democratização da democracia levantada no ciclo de revoltas em torno de 1968, veio sob a forma de uma aliança com movimentos de defesa de novos direitos. Governos neoliberais progressistas passaram a apoiar e a promover, de maneira enfática, legislação e decisões judiciais ligadas à paridade entre homens e mulheres em posições de poder e no mercado de trabalho, à promoção de alguma equidade social, política e econômica capaz de combater o racismo estrutural, à autonomia de povos indígenas, aos direitos sociais, políticos e econômicos de pessoas LGBTQIAP+. Essa atitude vinha ligada, por exemplo, a políticas de combate ao racismo e à violência contra mulheres, à defesa do casamento entre pessoas do mesmo sexo, do direito à interrupção voluntária da gravidez e da adoção de crianças por casais homoafetivos, além de muitas outras pautas ligadas a lutas em grande medida historicamente identificadas com a esquerda.

Ocorre que, depois de superendividar Estados e famílias, estreitaram-se as margens para que esse processo de financeirização pudesse ter continuidade, tanto do lado econômico quanto do social. E a aliança com lutas de grupos historicamente discriminados e violentados não se traduziu na ampliação efetiva de espaços de poder perceptível esperada por movimentos sociais e iniciativas cidadãs. Não se cumpriu a cláusula geracional. Não se cumpriu a sua promessa gêmea, a da democratização da democracia.

O Brasil teve de se adaptar ao acordo geral do pós-1945, que pretendia opor os blocos capitalista e soviético inicialmente com base em uma oposição entre "democracia" e "totalitarismo". Com o diagnóstico do campo capitalista de um risco de expansão do bloco soviético e, ao mesmo tempo, de uma impossibilidade de reproduzir a contrapartida de proteção social dos países centrais, a exigência geopolítica de manutenção do capitalismo nos países periféricos se sobrepôs à cláusula democrática. Os países periféricos ficaram, no geral, sem democracia e sem proteção social.

Daí que toda uma enorme expectativa acumulada tenha vindo na bagagem de quem viveu sob ditaduras parte relevante do período 1945-80, chegando bem mais tarde ao novo consenso democrático global instalado entre as décadas de 1980 e 1990 — desde toda a América Latina até o antigo bloco soviético, passando por parte da África e do Leste Asiático.

Mas ser um país dependente significa antes de qualquer outra coisa ter margens de ação autônoma bem mais estreitas do que aquelas com as quais operam países centrais. Tanto do ponto de vista diretamente econômico quanto de uma perspectiva ideológica, em sentido amplo. Os pacotes de adaptação às negociações globais realizadas sem a participação de países periféricos determinam as margens de ação desses países dependentes. Além dessas margens, a busca de ampliação de sua autonomia depende da exploração bem-sucedida de brechas nas disputas entre países centrais.

Não é possível voltar à moldura institucional que sustentou políticas nacionais e internacionais desde o final da Segunda Guerra Mundial. Essa moldura perdeu sua ancoragem social. Uma tese derivada dessa é que o período neoliberal, dominante de meados da década de 1980 até meados da de 2010, não criou uma institucionalidade própria, mas se instalou mediante um duplo esforço. Uma das vertentes desse esforço esteve na tomada das instituições criadas no pós-1945 — e que eram tudo menos neoliberais —, refuncionalizando-as. A outra vertente foi de propaganda e cooptação, dirigida ao descrédito da ação estatal e às virtudes do mérito individual e do endividamento privado de pessoas e famílias.

Além disso, o declínio do neoliberalismo — em particular de sua figura mais recente, a do "neoliberalismo progressista" dos anos 1990 e 2000 — não só não produziu nenhuma alternativa realista efetivamente progressista como abriu caminho para uma disputa de modelos de sociedade em que a própria democracia deixou de representar a referência primeira nas disputas em torno da melhor maneira de regular a vida em sociedade. Foi o neoliberalismo, por exemplo, que transformou em potências globais o autoritarismo de partido único da China de Xi Jinping e o autoritarismo eleitoral iliberal da Índia de Narendra Modi, duas tendências de desenvolvimento que se tornaram modelares no momento atual. De outro lado, entretanto, forças sociais e institucionais bastante fortes se opuseram a essas duas possibilidades autoritárias. Em uma dessas vertentes, o neoliberalismo progressista tenta se reconfigurar, como na França sob Emmanuel Macron. Em outra vertente, onde a esquerda vence eleições, vê-se habilitada a propor um acordo em novas bases para a direita não autoritária, como é o caso do Chile com Gabriel Boric.

Uma tese derivada dessa é que os sistemas políticos contam hoje com diferentes modelos de partidos, de organizações políticas, de maneira mais ampla. Ficou muito mais difícil a tarefa de produzir um modelo teórico que possa explicar as diferentes configurações e usos de "partido" e, portanto, de funcionamento do sistema político. Temos hoje em competição modelos tão diferentes que, mesmo restringindo a análise, é ainda muito grande a possibilidade de combinações e de usos.

Todas essas teses partem ainda da ideia mais geral de que o modelo neoliberal, especialmente no auge de sua vigência, nas décadas de 1990 e 2000, foi imposto pela direita à esquerda. Não há dúvida de que parte relevante da esquerda aceitou operar nos limites estreitos desse quadro de ação e que isso não veio sem consequências. Como não há dúvida de que o neoliberalismo continuará a tentar se restabelecer como modelo dominante — pelo menos naquelas partes do mundo em que teve expressão institucional duradoura. Ao mesmo tempo, vê-se hoje, com o declínio do modelo neoliberal, sinais de que, em alguns lugares pelo menos, a esquerda vai propor um acordo em sentido inverso: estabelecendo a pauta e a margem de ação para uma direita democrática. Em que termos, ainda resta ver. Isso, claro, se a democracia ela mesma sobreviver substantivamente.

Este livro parte da ideia de que a relativa fraqueza da esquerda no auge do período neoliberal levou parte relevante dela a uma aliança com forças então hegemônicas, de maneira a conseguir fazer avançar outras pautas de combate às desigualdades que não aquelas antes centradas na relação direta entre capital e trabalho. Parte também da ideia de que essa situação se alterou de maneira significativa. De um lado, mais de uma década após o início da crise econômica mundial, em 2008, parte da esquerda retomou em muitos lugares o protagonismo, estando agora em condições de ela mesma propor um caminho. De outro, ao longo da década de 2010, forças autoritárias e abertamente fascistas se tornaram relevantes e conquistaram o poder também em muitos lugares, de maneira que não é possível ignorar a necessidade de uma aliança com forças democráticas de direita para isolar essas ameaças.

A diferença da situação atual está, portanto, a meu ver, em que, ao contrário do mundo das décadas de 1990 e 2000, pelo menos em alguns países estará muito provavelmente nas mãos das forças dominantes na esquerda propor os termos do novo pacto democrático. É essa diferença que vai determinar a política nas próximas décadas. É o que vai determinar se a organização da vida social ainda se dará em termos democráticos ou não, por exemplo. É o que vai determinar se e como novas esquerdas vão se organizar à esquerda do novo pacto que começa a ser celebrado em diferentes partes do mundo, já que, na correlação de forças atual, não está no horizonte uma ruptura emancipatória relativamente ao capitalismo. É o que vai determinar, por exemplo, se a esquerda da esquerda conseguirá — e de que maneira — ir além daquele que é hoje o seu limite teórico e prático, tão bem ilustrado pela concentração teórica em temas e problemas como o da desobediência civil, por exemplo.

Os resultados eleitorais regressivos que surgiram em vários lugares na década de 2010 não indicam uma tendência irresistível da história. Provêm, antes de tudo, de tentativas de bloquear os potenciais democráticos que eclodiram no ciclo de revoltas no período 2011-3. Mas não só: movimentos regressivos se aproveitam do fato de que seus inimigos pouco têm a propor senão uma volta ao passado, um passado que já não pode ser restaurado, já que as mudanças são estruturais. Tampouco há algo como um movimento organizado de reconfiguração global que pretenda impor um novo modelo de compatibilização entre economia e política, entre um novo capitalismo e uma nova forma política. O que se tem é um ambiente de grande confusão, povoado por iniciativas diferentes de produção de reconfigurações da política. Deixar de ver a multiplicidade na confusão significa deixar de fazer constatações de mudanças estruturais e ignorar oportunidades de ação relevantes.

Movimentos regressivos como os que vemos atualmente são tentativas de controlar mudanças de fundo, que são as que mais resistem ao controle. Se saída democrática houver, será apenas com um salto adiante. Não há como voltar atrás. A democracia deixou de ser uma evidência, está em perigo. Mas estará tanto mais em perigo quanto mais se insistir em posições unicamente defensivas, que aspiram voltar a uma situação política anterior, cujo ancoramento na realidade já se perdeu. Neutralizar ou demonizar Junho, por exemplo, é caminho seguro para passar longe do que realmente está em jogo.

Junho e o ciclo global a que pertence trouxeram clareza política ao significado do declínio do modelo neoliberal, após a crise econômica global iniciada em 2007-8. O ciclo de revoltas de 2011 a 2013 voltou-se para os Estados nacionais em busca de soluções. Ao se pedir mais Estado e não menos, vai-se na contramão também das lutas antiglobalização dos anos 1990 e início dos 2000, que buscavam soluções globais, e não mais soluções nacionais. Os Estados nacionais, pressionados a retomar o papel que um dia tiveram, encontram grandes dificuldades para responder às demandas. Ao menos nas condições fiscais e tributárias atuais. A cláusula geracional desapareceu do horizonte — a crise aguda dos sistemas de Previdência Social mundo afora é apenas a face mais visível dessa ruptura da solidariedade intergeracional. Não surpreende, portanto, que a ausência de soluções para problemas básicos venha acompanhada de discursos como o da "pós-democracia", da "desdemocracia", ou mesmo do "estado de exceção".

E, no entanto, em cada lugar, as respostas a essa crise global são ambíguas e complicadas de entender e avaliar. Muito mais complicadas do que pensa a motoniveladora analítica que quer colocar de volta na garrafa o gênio da onda global de protestos a que Junho pertence. Seja para dizer que "tudo voltará ao normal", seja para decretar a morte cerebral da democracia. Afinal, não é porque estão obsoletos que os sistemas partidários existentes vão se render. Algumas das maneiras de os sistemas políticos manterem o controle da transição em um momento de crise aguda é dando início a guerras, ditaduras e experiências neofascistas. Ou, ao contrário, fundindo-se ao Estado e à própria democracia, como se não houvesse alternativa.

Em ambiente de disputa entre modelos, em um quadro de desconexão entre sociedades e sistemas políticos, os partidos existentes — a despeito do modelo de partido que representem — levam enorme vantagem em manter o controle do sistema político. Porque, afinal, já se encontram fundidos ao Estado há muito tempo. No Brasil, isso ficou muito claro na resistência do sistema político a Junho, por exemplo. Não arredaram pé, não se reformaram, fizeram o mínimo de alterações na legislação eleitoral — como a aprovação da proibição de coligações em eleições proporcionais e de uma cláusula de barreira crescente a cada eleição até 2030. Contaram que a sociedade não teria mecanismos para contorná-los em suas posições de controle e de poder. O resultado foi a eleição de

Bolsonaro em 2018. Mas nem mesmo esse cataclismo alterou sua atitude de absoluto fechamento à sociedade e de manutenção de seu modo tradicional de operar.

Mesmo a diversidade sendo grande, alguns casos parecem paradigmáticos de tendências de desenvolvimento. É o que ocorre com o Chile, por exemplo, onde o ciclo de revoltas de 2011 não foi suficiente para desmontar os arranjos partidários existentes. Especialmente porque o pilar de centro-esquerda da política chilena, a Concertación — próxima nisso da Frente Ampla do Uruguai —, já incluía mecanismos de consulta, de disputa e de alternância entre os partidos que a compunham. Tal arranjo era poroso, de algum modo aberto a movimentos subterrâneos de forças sociais. Já o ciclo de protestos iniciado em 2019, ainda mais amplo do que aquele de 2011, levou ao rompimento dos arranjos existentes, o que resultou na aprovação da nova Constituinte, em 2020, e à eleição de Gabriel Boric em 2021.

O Chile parece bem ser um caso paradigmático na situação atual, no sentido de representar uma possível tendência. Depois de um momento de grande desorientação, em que apenas a extrema direita soube se infiltrar de maneira bem-sucedida nas rachaduras sociais e políticas trazidas pela crise econômico-mundial iniciada em 2007-8 e pela nova sociabilidade digital, na maioria dos casos atualmente são forças de esquerda que têm se destacado em termos de liderança no enfrentamento da regressão. Ao mesmo tempo, o movimento da esquerda em direção ao centro para formar alianças progressistas capazes de isolar e derrotar a extrema direita tem se mostrado igualmente um padrão.

Ainda assim, é de grande relevância distinguir nuances dentro desse padrão. Há casos em que as alianças são propostas desde a esquerda, há outros em que são propostas desde centro-esquerda. É o que distingue o caso de Boric da proposta liderada por Lula em sua campanha em 2022, por exemplo. Mas, na medida em que comparações nesse campo são possíveis e cabíveis, são experiências próximas, de um lado, daquela de Luis Arce, eleito presidente da Bolívia em 2020, e, de outro lado, da ascensão à presidência da Argentina de Alberto Fernández, em 2019. O que não exclui casos-limite preocupantes, como Andrés Manuel López Obrador no México, eleito em 2018, e Pedro Castillo, eleito presidente do Peru em 2021. Os diferentes resultados dessas diferentes experiências dentro desse novo padrão serão indicativos de caminhos futuros, de alternativas e de possibilidades.

Na Espanha, a plataforma Unidas Podemos, um movimento saído diretamente do ciclo de revoltas democráticas de 2011, seguiu o caminho da política institucional. Teve força suficiente para levar o sistema político às cordas, impedindo um acordo de cúpulas partidárias, simplesmente. Mas sua energia não foi suficiente para atropelar o sistema político e produzir um novo padrão de funcionamento. Algo semelhante pode ser dito do movimento que saiu do Occupy Wall Street, que, após apoiar Bernie Sanders em duas tentativas de obter a indicação para a candidatura à presidência, conseguiu mudar a agenda e algumas das práticas do Partido Democrata nos Estados Unidos.

Em Portugal, de 2015 a 2021, o processo foi diferente, mesmo a sua configuração tendo antecipado um modo de funcionar semelhante àquele que entrou em vigor em janeiro de 2020 na Espanha, em um governo de coalizão entre o Partido Socialista e o Unidas Podemos. Em Portugal, o caminho foi o de um acordo inédito de cúpulas partidárias que permitiu a instalação de uma geringonça de governo que governou à esquerda, buscando margem de ação onde parecia não haver, no quadro mais geral da política de austeridade europeia. O fato de, na eleição de 2022, o Partido Socialista ter conseguido sozinho maioria no parlamento muda a configuração de sua luta política, mas se mantém como reforço dessa nova tendência de ter a esquerda como protagonista.

O contraste mais evidente aqui é com a França, em que não foi a esquerda a propor o caminho de um acordo progressista para barrar a extrema direita, mas a centro-direita. Esse outro padrão foi possível porque a fragmentação das forças políticas na França chegou ao ponto — inédito — de permitir que Emmanuel Macron disputasse o segundo turno da eleição presidencial de 2017 contra a extrema direita de Marine Le Pen. E vencesse. Doze meses antes da eleição, Macron criou um movimento de grande apelo para a classe média francesa e construiu assim uma base suficiente para furar o sistema partidário existente, realizando um governo de centro-direita que atropelou e engoliu forças tradicionais desse espectro. O desmoronamento do sistema partidário que ele provocou na França talvez não possa ser encontrado nos mesmos termos em outros países com democracias mais antigas.

O fato de Macron ter sido reeleito, em abril de 2022, não pode e não deve apagar outro fato igualmente de alta relevância: ele disputou o segundo turno de novo contra a candidatura de extrema direita de Marine Le Pen. Só que, dessa vez, a extrema direita contou com duas candidaturas de expressão (além de uma candidatura menos relevante eleitoralmente) que, somadas, alcançaram algo como 33% dos votos no primeiro turno. Isso para não mencionar o fato de que a candidatura da direita tradicional, apesar de ter se movido abertamente na direção da extrema direita, não alcançou, ainda assim, mais do que 5% da votação.

Os sistemas partidários, hoje caducos, continuam a ver as novas formas de organização política surgidas do ciclo de protestos como competidores a serem abatidos, e não como o prenúncio de uma reorganização necessária. A tática de sobrevivência consiste em tentar reduzir a alternativa a uma escolha entre o establishment e o autoritarismo (e mesmo o fascismo e o nazismo). Com essa tática de avestruz, os sistemas políticos tradicionais conseguem apenas adiar o surgimento de novos arranjos que podem efetivamente bloquear a ascensão da extrema direita. E permitir, em um momento seguinte, o aprofundamento da democracia que — só ele — pode de fato preservar a democracia.

No mundo todo, onde quer que algo novo apareça, a novidade sempre inclui pelo menos algum arranjo entre os partidos tradicionais e os novos movimentos de base. Na maior parte dos casos, os partidos tradicionais querem engolir os novos movimentos e os movimentos querem atropelar os partidos. Quando nenhuma dessas coisas acontece, as mais variadas formas de convivência conflituosa são possíveis. O arranjo mais comum é o de uma competição entre os dois. Mas há casos em que o movimento é fundado com o objetivo de sustentar uma candidatura e criar uma nova força política capaz de atropelar os partidos estabelecidos. Foi o que ocorreu na eleição de Macron em 2017, por exemplo.

Uma das formas da convivência conflituosa é a que poderia ser caracterizada na fórmula adversários-parceiros. Nesse caso, um movimento de base desafia um partido não com o objetivo de desmantelá-lo, mas de obrigá-lo a se abrir para novas formas de fazer política. Isso pôde ser visto, por exemplo, na campanha de Bernie Sanders nas prévias às eleições presidenciais americanas em 2016 e 2020 para conseguir a candidatura pelo Partido Democrata, uma canalização das energias presentes no Occupy Wall Street, de 2011. A máquina do Partido Democrata barrou o caminho de Sanders em 2016, escolhendo Hillary Clinton como candidata, que perdeu a eleição para Donald Trump. Em 2020, a máquina partidária decidiu abrir mão de seus poderes especiais de escolha de candidaturas, e Joe Biden venceu Sanders e, depois, a eleição presidencial.

Em sua luta pela sobrevivência, os sistemas políticos construíram uma estratégia sólida de chantagem: fundiram-se aos Estados nacionais. Atualizam com isso o velho bordão: ruim com eles, pior sem eles. Se os sistemas políticos existentes afundarem, os Estados nacionais afundam com eles. Os sistemas políticos nacionais se valem da volta do Estado ao centro da arena para dizer que uma coisa não vai sem a outra. Só que, com a rejeição generalizada aos sistemas políticos tal como eles funcionam, essa simbiose resultou até agora em um abraço de afogados, em uma crise de legitimidade da ação do Estado.

Contra essa orientação política suicida, a esquerda, onde tem conseguido triunfos eleitorais, propõe uma aliança progressista com a direita democrática para enfrentar a extrema direita. Uma aliança progressista em novas bases, segundo um programa que não é mais exatamente aquele do "neoliberalismo progressista" que dominou a política global em países democráticos dos anos 1990 até meados dos 2010. Isso é possível também porque parte relevante da elite do capitalismo global entendeu que será impossível fazer com que o próprio capitalismo sobreviva com os níveis de desigualdade produzidos pelo neoliberalismo triunfante dos anos 1990 e 2000. Para não falar na impossibilidade de manter o capitalismo funcionando em condições de emergência climática.

Apesar de tudo isso, o debate sobre o momento político atual ainda parece se organizar como se o neoliberalismo progressista estivesse em seu auge, e não em uma crise profunda. Mais do que isso, como se o neoliberalismo progressista ainda fosse uma possibilidade viável nos termos em que se deu. É essa premissa que faz com que o debate sobre o momento político atual se organize em torno de uma alternativa marcada pelas expressões "crise da democracia" e "regressão fascista", por exemplo. As denominações indicam posições ir-reconciliáveis. Não que quem use o rótulo "crise da democracia" ignore o risco autoritário, não que quem fale em "regressão fascista" ignore que a democracia perdeu seu lastro social, pelo contrário. Mas a maneira como cada lado vê a situação não encontra campo comum, teórico ou prático.

O lado "crise da democracia" da alternativa costuma estar associado a teorias dominantes na ciência política, habitualmente identificadas com perspectivas institucionalistas. Nessa vertente, domina o vocabulário do "populismo", entendido como inimigo da democracia, não possuindo, portanto, nenhum potencial construtivo positivo. O diagnóstico aqui costuma envolver duas teses explicativas da crise (derivadas da teoria de que se parte): as pessoas querem que a democracia entregue o que ela não pode entregar; em conexão com isso, a crise revela elementos de instabilidade (institucionais ou extrainstitucionais) que antes se encontravam velados. Nessa vertente, as ameaças autoritárias, a crise econômica e a conexão com experiências históricas pregressas são tomadas no mais das vezes como exógenas, como meramente conexas a esse diagnóstico fundamental. E a única saída prática que vislumbra é voltar a um funcionamento da democracia pré-crise, uma volta no tempo com, talvez, algumas lições aprendidas.

O outro lado da alternativa, o da "regressão fascista", costuma estar associado a teorias que buscam as raízes da crise atual como uma combinação de crise econômica, autoritarismo social cristalizado e ideologia neoliberal. Com a crise econômico-mundial de 2008, a aliança neoliberal de forças da esquerda e da direita em torno de uma democracia limitada e limitante teria fomentado a reorganização e o fortalecimento de forças sociais autoritárias como alternativa a essa mesma ordem neoliberal que levou à crise atual. Nesse tipo de interpretação, há quem veja em um "populismo radicalmente democrático" uma saída prática possível; há quem simplesmente diagnostique um mergulho sem volta no autoritarismo, em processos de desdemocratização que só poderiam ser abolidos com a abolição do próprio capitalismo. Este, no limite, seria intrinsecamente não apenas autoritário, mas fascista.

As teses de diagnóstico do tempo presente esboçadas nesta introdução procuram inserir em um quadro global não apenas a ascensão de Bolsonaro ao poder, mas também Junho de 2013, tomado como marco de referência da reconstrução proposta. A expectativa é de que os desenvolvimentos nos capítulos subsequentes tornem plausíveis, justifiquem e desenvolvam essas premissas gerais. É também uma introdução no sentido de indicar de que maneiras todo o material mobilizado tem sempre como pano de fundo a explicação do quadro brasileiro. Mesmo quando a discussão é de caráter mais geral do que o caso brasileiro, seja em termos teóricos ou de investigações empíricas.

Limites da democracia foi a síntese que encontrei para as análises que proponho da queda, das crises e das regressões do momento atual. Porque, como afirmou Marx mais de uma vez e de diferentes maneiras, crises são momentos privilegiados para o entendimento do que seria o funcionamento "normal" da sociedade capitalista. Mas também nisso Marx depende de Hegel e de sua advertência incontornável: para estabelecer um limite é preciso já tê-lo ultrapassado de alguma maneira, é preciso já estar além dele. Na tradição do idealismo alemão, estar além do limite significa aceitar como inevitável que a própria posição teórica carrega com ela uma disposição prática — uma "normatividade" — que tem de ser pensada em conjunto com a teoria.

No caso da Teoria Crítica, esse horizonte normativo é uma sociedade emancipada, livre de dominação. Uma normatividade que não pode e que não deve sair da cabeça de quem faz teoria, que não deve ser um exercício de imaginar mundos perfeitos. A normatividade própria da Teoria Crítica resulta da crítica e da ação. Crítica das teorias que ela considera como "tradicionais" (porque não orientadas pela emancipação). Teorias que recalcam sua própria normatividade, já que não é possível produzir teoria e conhecimento que não estejam já em imbricação com a prática de alguma maneira. Crítica de posições tradicionais que se pretende simultaneamente crítica da própria dominação na sua forma presente. Forma de dominação que só pode ser entendida mediante a produção do diagnóstico mais preciso e complexo possível do tempo presente.

Por aí já se vê que "limite" tem múltiplos significados. Da perspectiva de uma teoria de extração tradicional, pode significar a fixação prévia daquilo que a "democracia" *é*, daquilo que lhe seria intrínseco e imutável. Pode significar, no mesmo sentido, a fixação prévia do que a democracia pode e daquilo que não pode oferecer. Como pode circunscrever um limite "além do qual" não há democracia. Como pode significar ainda um modelo ideal já disponível em teoria, mas que ainda precisa ser realizado na prática. Em sentido contrário, limite pode indicar o que a democracia poderia ser, mas não é. Nesse caso, não há fixação prévia do que seja a democracia, mas uma visão de que os próprios limites estão em disputa. Ou, dito de outra maneira ainda: o que é democracia (e o estabelecimento de seus limites, portanto) é o objeto mesmo da disputa política. Na teoria e na prática. Há ainda posições inteiramente estranhas a esses dois posicionamentos, que se valem da defesa da democracia em sentido meramente instrumental e estratégico: posições autoritárias que se reivindicam da democracia apenas para estabelecer pela força e pela violência o que é "democracia".

Essa maneira de apresentar a dificuldade, de enfrentar a dialética do limite de Hegel, está longe, por isso, de resolvê-la.

São múltiplas as dimensões da caixa de Pandora filosófica que Hegel abriu com sua formulação. Minha tentativa de explicar o título se resume a uma descrição de meu ponto de partida. Minha resposta a ele se encontra nas análises concretas que ofereço dos múltiplos aspectos do problema do limite neste livro.

O capítulo 1 pretende dissolver o amálgama entre determinadas teorias da democracia e a própria democracia. Como se a própria democracia deixasse de existir caso a teoria deixasse de conseguir explicar como a democracia funciona. Para isso, contrasta a tese explicativa do pemedebismo com outras teses com objetivos semelhantes, especialmente com aquela que se convencionou chamar de presidencialismo de coalizão. É um ponto de partida que estabelece como foco principal deste livro a compreensão do sistema político. O que não significa, entretanto, como buscarei mostrar, tentar explicar o sistema político por si mesmo, exclusivamente em termos de seu funcionamento interno.

O capítulo 2 se dedica a localizar o momento em que nos encontramos segundo uma perspectiva histórica mais longa, sobretudo no período que engloba desde o imediato pós-1945 até o momento atual. O que inclui as mudanças introduzidas pela nova sociabilidade digital e suas condicionantes estruturais — enormemente potenciadas pelo isolamento e pelo distanciamento social impostos pela necessidade de combater a pandemia de Covid-19 iniciada em março de 2020, como sabemos.

Os capítulos 3 e 4 se dedicarão mais diretamente à tarefa de mobilizar os resultados teóricos obtidos nos dois primeiros capítulos para tentar responder a uma das perguntas de partida centrais deste livro, aquela sobre as origens da ascensão de Bolsonaro e do bolsonarismo. O capítulo 3 pretende reconstruir o período 2013-8 sob dois aspectos: da perspectiva mais longa da ascensão das "novas direitas" e do ponto de vista do ambiente institucional em colapso desde 2013. Para isso, começa distinguindo devidamente termos que costumam vir amalgamados: "Junho", "novas direitas", "Bolsonaro". Com isso, tornou-se possível reconstruir a candidatura de Bolsonaro a partir de 2015 em novos termos. Assim como foi possível descrever a crise aguda do pemedebismo no período 2015-8 em novos termos. A conjunção permite mostrar sob nova luz de que maneira a candidatura antissistema de Bolsonaro pôde, afinal, ser a grande beneficiária de um movimento muito mais amplo, conseguindo contornar os dispositivos de controle e de poder bem estabelecidos ao longo de duas décadas, para dizer o mínimo.

O capítulo 4 se ocupa do governo Bolsonaro, tal como se desenrolou de 2019 a meados de 2022. Pretende responder a outra pergunta central de partida deste livro, aquela sobre a relativa estabilidade da base de apoio social e eleitoral de Bolsonaro ao longo do tempo. Para isso, desenvolve a relação entre o específico estilo de governar de Bolsonaro e o processo de coadaptação de seu projeto autoritário com vistas à destruição das instituições democráticas com os interesses de autoproteção do sistema político em relação à justiça. Esse amálgama é qualificado como a forma-limite do pemedebismo, como a combinação entre o partido digital bolsonarista, que se vale da institucionalidade democrática para destruí-la, e o modo de funcionamento tradicional da democracia brasileira desde a redemocratização.

Este livro é uma sequência de *Imobilismo em movimento*. Mas uma sequência bastante peculiar. Sob muitos aspectos, não se trata exatamente de uma continuação. Talvez apenas os capítulos 3 e 4 sejam mais próximos do estilo e do espírito do livro de 2013. Por isso, entendo ser possível ir diretamente a esses dois capítulos, caso seja do interesse de quem agora lê esta introdução. Talvez seja até um caminho que permita posteriormente ler com mais proveito os dois primeiros capítulos.

Em *Imobilismo*, o objetivo didático, o caráter de intervenção e o longo período reconstruído (1979-2013) foram empecilhos à inclusão de todas as referências e debates sobre cada questão examinada. Fazer isso teria tornado o andamento ainda mais sinuoso e a leitura bem mais acidentada. Esta peculiar sequência que apresento aqui pôde se deter em um exame muito mais detalhado de alguns dos nós de problemas e de debates de anos recentes. Na comparação com *Imobilismo*, a teoria política de que é necessariamente impregnado qualquer trabalho como este é aqui muito mais explícita e explicitada, por assim dizer. Em primeiro lugar, porque acredito que o momento que vivemos requer exames desse tipo para que possamos produzir verdadeiros balanços e pensar em decisões estratégicas para o futuro, tanto teóricas como práticas. O mundo virou de ponta-cabeça, e não raro temos a sensação de que a teoria continua no mesmo lugar. Além disso, este é um livro que tem o benefício de poder já partir de vários resultados de *Imobilismo*. E isso permite tanto mais facilmente — assim acredito — concentrar esforços no debate com referências bibliográficas importantes que, em *Imobilismo*, não foram mencionadas e discutidas de forma explícita. Assim como este livro pôde também se beneficiar de muita coisa interessante que foi publicada desde 2013.

Em outros sentidos ainda, este livro é uma continuação peculiar de *Imobilismo*. O livro de 2013 tratou do nascimento do pemedebismo e de suas sucessivas figuras, com destaque para a configuração que assumiu no grande arranjo político do Plano Real, de 1994 a 2013. Já este novo livro trata da crise do pemedebismo — que é, não por acaso, seu auge e seu limite, mas também o instante do completo desnudamento desse modo de funcionamento do sistema político, como costuma acontecer em momentos de crise aguda. *Imobilismo* tratou de reconstruir a história da constituição do pemedebismo em um período relativamente longo, o que favoreceu a adoção de uma sequência cronológica mais ou menos estrita, com peso para a sequência factual de eventos. Já este novo livro pôde atribuir menor peso à reconstrução factual dos acontecimentos. Em especial, porque é um momento histórico muito mais próximo da vivência da maioria das pessoas que habitam este início de década de 2020.

Ainda assim, nem sempre a restrição da reconstrução ao período 2013-22 favorece a tentativa de manter o foco. Porque não se trata de um período qualquer, não são quaisquer dez anos. São dez anos de brutal crise econômica e social, de instabilidade política permanente, de desastres ambientais sem precedentes, de ameaça direta à democracia e à vida. É enorme a quantidade de temas e de problemas que emergem em um tempo como esse, de acúmulo e superposição de crises tão severas, profundas e duradouras.

Por fim, como no caso de *Imobilismo*, também este é um livro escrito a quente. Sob esse aspecto, também é uma obra de intervenção, ainda que com características diferentes da de 2013, publicada logo após as revoltas de Junho. Como todo evento que estabelece um antes e um depois, também Junho veio com potenciais de transformações positivas e negativas, com tendências de avanço e de regressão. Junho ficou para trás, mas não passou. Ao contrário, abriu uma etapa da história do país. Uma etapa em que ainda nos encontramos.

Em alguns momentos, foram retomados, neste livro, trechos específicos de textos já publicados. Como as colunas semanais que escrevi para o jornal *Valor Econômico* nos anos 2015 e 2016, como textos que publiquei na revista *piauí* e no seu site nos anos 2018 e 2019, como os artigos que saíram nos jornais *Folha de S.Paulo* e *Nexo* e nas revistas *Rosa* e *Le Monde Diplomatique Brasil*, em 2020 e 2021. Também foram retomados aqui textos publicados na revista *Novos Estudos*, em 2014 e 2016 e, nos anos de 2020 e de 2021, nas revistas *Brésil(s)*, *Raisons Politiques* e *Le Philosophoire*.

Neste livro, procurei me concentrar naqueles aspectos não abordados ou não desenvolvidos em tentativas de síntese anteriores, principalmente sobre a eleição de Bolsonaro e seu governo, mas também sobre o tema da "crise da democracia", de maneira mais ampla. Quando se mostrou necessária a retomada de argumentos, procurei me limitar ao estritamente necessário ao recorrer a propostas de síntese anteriores, mas em alguns momentos não consegui produzir formulações mais adequadas do que as anteriormente publicadas, como as do capítulo para o livro *Ideologies in World Politics*, organizado por Klaus-Gerd Giesen, e do volume *Ponto-final: A guerra de Bolsonaro contra a democracia*, ambos publicados em 2020; bem como, em 2021, do capítulo "Crise da democracia e crise das teorias da democracia", do volume organizado por Mauricio Fiore e Miriam Dolhnikoff em comemoração dos cinquenta anos de fundação do Cebrap.

Por fim, mas não por último: foi no espírito das discussões sempre francas, sempre diretas e sempre conviviais do Cebrap que este livro foi escrito. Espero que esteja à altura desse espírito e dessa tradição.

I.
Pemedebismo, presidencialismo de coalizão e crise da democracia

O período da abertura democrática foi marcado pelo generoso apoio à diversidade ideológica. Na saída da ditadura militar iniciada em 1964, o mais importante parecia ser deixar o caminho desimpedido para a multiplicação de partidos e para a diversidade de modelos de organização política. Ao mesmo tempo, havia certa expectativa de que "a competição no mercado político" levasse a uma progressiva concentração no cenário partidário, além da necessidade interna ao sistema de produzir coalizões de governo sólidas e efetivas. Essa expectativa foi reforçada pela introdução do instituto da eleição majoritária em dois turnos.

No meio do caminho, entre a realidade caótica da década de 1980 e a expectativa em relação ao futuro, criou-se o conceito de "presidencialismo de coalizão". Tratava-se de uma espécie de acomodação de um regime presidencialista a um sistema partidário já então razoavelmente fragmentado. A eleição em dois turnos deveria produzir um grande negociador da coalizão, o partido vencedor da eleição presidencial. Com isso, haveria também certa tensão — saudável e produtiva, esperava-se — entre o programa de governo da candidatura presidencial vencedora e os interesses partidários representados no Congresso, que teriam de se compor.

Desde 1994, com exceção do período inicial do governo Lula e durante o abreviado segundo mandato de Dilma Rousseff, o que se viu foi a formação de megablocos de apoio ao governo e a limitação da oposição a uma franja parlamentar. Para mencionar apenas uma das muitas consequências desse arranjo, situação e oposição tiveram seus papéis hipertrofiado e atrofiado, respectivamente. É flagrante, por exemplo, a desproporção entre a votação recebida pelas candidaturas presidenciais e o total das bancadas de situação e de oposição no Congresso. Com as breves exceções já mencionadas, entre 1995 e 2014, as bancadas de oposição oscilaram nominalmente entre algo como 20% e 30% da Câmara dos Deputados, em contraste com votações das candidaturas derrotadas na eleição presidencial (e que não apoiaram a candidatura vencedora no segundo turno, quando houve segundo turno), que variaram, aproximadamente, entre 23% (eleição de 2002) e 55% (eleição de 2014) dos votos válidos em primeiro turno e 39% (eleição de 2002) e 48% (eleição de 2014) dos votos válidos em segundo turno.

Um arranjo como esse parece permitir que o partido líder que venceu a eleição presidencial aplique seu programa, seu projeto de concretização da Constituição de 1988. O que de fato acontece é o contrário. Uma base "inchada" de apoio ao governo impõe entraves e obstáculos à concretização do programa apresentado pelo partido vencedor da eleição. Para conseguir introduzir as transformações propostas em seu programa, mesmo aquelas de ordem marginal, o partido que lidera a coalizão está obrigado a contornar vetos de importância dentro de sua própria base de apoio, vetos que não consegue simplesmente afastar para fazer valer sua posição.

Já o partido líder perdedor da eleição presidencial pode apenas torcer para que o governo vá mal, abrindo espaço para que o poder federal lhe caia no colo. Perde-se assim, igualmente, um dos importantes papéis desempenhados por uma oposição relevante, que é o de obrigar a coalizão de governo a encontrar a aglutinação e a coesão necessárias ao enfrentamento político efetivo. Em um modelo em que a base no Congresso não raro chegava a porcentagens superiores a 70% de apoio, a oposição efetiva migra para dentro da própria coalizão de governo, torna-se "oposição interna", impedindo que se alcance coesão e dificultando crescentemente, portanto, o que se costuma chamar de articulação política.

Trata-se de uma maneira de operar que procura amortecer, suspender e mesmo travar os conflitos em lugar de elaborá-los abertamente em uma disputa democrática que envolva toda a sociedade. Ao jogar os problemas para debaixo do tapete das supercoalizões, o encaminhamento dos problemas também se dá embaixo do tapete. Isso não significa que conflitos abertos não ocorram e não tenham ocorrido. Significa que se procurou evitá-los ao máximo, que conflitos abertos só eclodiram quando não foi possível equacioná-los sob o tapete da supercoalizão. Junho de 2013 demonstrou como esse arranjo é pouco permeável a mudanças profundas na base da sociedade, onde os conflitos se agudizaram sem a devida correspondência no sistema político. A pluralização e novas polarizações na base da sociedade não encontraram correspondência efetiva no sistema político.

Ao mesmo tempo, não se confirmou o esperado processo de fusões & aquisições partidárias que permitiria uma gestão menos turbulenta do presidencialismo. Ao contrário, o que se observou foi uma crescente fragmentação partidária.[1] Em lugar da maior concentração partidária, o que aconteceu foi uma especialização partidária de caráter binário. De um lado, a esmagadora maioria dos partidos se especializou em venda de apoio parlamentar ao governo, seja qual for o governo. De outro, dois partidos, PSDB e PT, especializaram-se em dirigir esse mesmo grande bloco de apoio parlamentar segundo determinado projeto de governo.

Coordenar supercoalizões, entretanto, reforçou a tendência à fragmentação, já que o partido líder da coalizão tem de dedicar suas energias mais preciosas a tarefas de coordenação de governo. Empenhando energia e seus melhores quadros a essas tarefas, vê-se obrigado cada vez mais a terceirizar a busca de votos para partidos especializados em venda de apoio parlamentar. Foi assim que PSDB e PT tiveram de se abster de competir eleitoralmente nos estados, ou impulsionaram partidos médios e pequenos, em troca de apoio nas eleições presidenciais.[2]

Nas bases eleitorais, conflitos de competição foram resolvidos primeiramente com migração partidária. Após a proibição da migração partidária pelo TSE, em 2007, a criação de novos partidos passou a ser o principal mecanismo de fragmentação partidária. O surgimento do PSD, em 2011, tornou-se o emblema desse movimento mais amplo. Esse mecanismo veio se combinar posteriormente, a partir da reforma eleitoral de 2015, com a chamada janela partidária, em que é possível migrar sem risco de perder o mandato. Por fim, o estímulo à fragmentação foi reforçado, no mesmo ano de 2015, quando o STF fixou o entendimento de que a regra da fidelidade partidária não se aplica a candidatos eleitos pelo sistema majoritário.

A ausência de enfrentamentos efetivos em torno da implementação de programas de governo levou a uma das contrapartidas mais relevantes do acordo do Real, que foi a escolha do caminho de aumentar carga tributária sem questionar a própria lógica da tributação. Esgotado esse recurso já no período FHC, essa opção inaugural assumiu, no ciclo de crescimento econômico dos governos petistas que se seguiu, a forma de cláusula social pétrea de que só poderia haver ganho para uma classe se todo mundo também ganhasse. Ou, pelo menos, se ninguém perdesse.

A eleição presidencial de 2014 e o que aconteceu depois mostraram claramente que essa maneira de evitar o confronto aberto de posições tinha chegado ao limite. O fato de o impasse revelado em 2014 ter sido em seguida engolido pela recessão, pelo estelionato eleitoral do ajuste fiscal, pela não aceitação do resultado por parte do perdedor e pela Operação Lava Jato apenas reforça a ideia de que o arranjo institucional estabelecido no Plano Real já não servia mais, a partir dali, para lidar com o país que o próprio acordo do Real havia produzido. Foi o momento em que ficaram mais evidentes os sinais de que o modelo explicativo hegemônico na ciência política brasileira, o do "presidencialismo de coalizão", apresentava dificuldades. Mas foi também o momento em que ficaram mais evidentes os traços característicos desse paradigma explicativo, implícitos ou simplesmente não pensados.

Em seu texto inaugural sobre o "presidencialismo de coalizão" brasileiro, em 1988,[3] Sérgio Abranches procurou chamar a atenção para o que via como alguns dos principais obstáculos sociais e políticos historicamente presentes na tentativa de implantar e de tornar duradoura a democracia no país. É um texto de muita qualidade, interesse e fecundidade, cheio de insights de grande atualidade e relevância. Falarei bastante desse texto neste capítulo, ainda que, talvez, não o suficiente para dar conta de todas as suas dimensões e de seu interesse.

No momento, o que me interessa enfatizar é que o artigo de Abranches tinha não só a pretensão de identificar obstáculos e dificuldades, mas era guiado por um explícito propósito de tentar encontrar arranjos institucionais para uma democracia estável que fossem compatíveis com o que identificava como caraterísticas estruturais da sociabilidade e da institucionalidade na história brasileira. Ou seja, era um texto que não se pretendia meramente "descritivo", mas que tinha também objetivos práticos, certa normatividade. Foi essa dupla pretensão que ficou gravada na designação que propôs para o modelo político brasileiro, que ele denominou justamente "presidencialismo de coalizão".

E, no entanto, o texto foi interpretado muito mais no sentido de uma demonstração da inviabilidade da democracia no país do que em sua tentativa de pensar um modelo institucional que permitisse a instalação e a consolidação duradoura da democracia no Brasil. Pode ser que, hoje, os obstáculos à preservação da democracia no país não sejam os identificados no texto — e acho que não são. Ao mesmo tempo, tenho a impressão de que abandonamos muito cedo dúvidas e preocupações como as que o artigo historicamente informado de Abranches expressava.[4] Acho que transformamos muito cedo a ideia de presidencialismo de coalizão em paradigma explicativo.

Ainda que as bases do diagnóstico proposto por Abranches em 1988 não sejam mais as mesmas, acho que nossa visão do futuro da democracia no país deve guardar o seu espírito. Na sequência, tento explicar como entendo esse espírito. Farei isso, inicialmente (I), por meio do exame do paradigma do presidencialismo de coalizão em seu desenvolvimento, apontando para o que vejo como sua crescente perda de poder explicativo. Na sequência (II), partindo dos resultados da crítica do paradigma do presidencialismo de coalizão, retomarei brevemente a noção de "pemedebismo" tal como a propus, esclarecendo seus pressupostos para avançar rumo a uma compreensão alternativa, que, por sua vez, exige a ampliação do exame para o quadro mais amplo das "crises da democracia", mas sem por isso deixar de lado o tema do presidencialismo de coalizão, apenas examinando-o de outro ângulo (III). São as três partes em que se divide o capítulo.

I. Presidencialismo de coalizão

Na caracterização inaugural que deu do regime presidencialista brasileiro como "presidencialismo de coalizão", Sérgio Abranches apresentou a ideia nos seguintes termos:

Apenas uma característica, associada à experiência brasileira, ressalta como uma singularidade: o Brasil é o único país que, além de combinar a proporcionalidade, o multipartidarismo e o "presidencialismo imperial", organiza o Executivo com base em grandes coalizões. A esse traço peculiar da institucionalidade concreta brasileira chamarei, à falta de melhor nome, "presidencialismo de coalizão", distinguindo-o dos regimes da Áustria e da Finlândia (e a França gaullista), tecnicamente parlamentares, mas que poderiam ser denominados de "presidencialismo de gabinete" (uma não menos canhestra denominação, formada por analogia com o termo inglês *cabinet government*). Fica evidente que a distinção se faz fundamentalmente entre um "presidencialismo imperial", baseado na independência entre os poderes, se não na hegemonia do Executivo, e que organiza o ministério como amplas coalizões, e um presidencialismo "mitigado" pelo controle parlamentar sobre o gabinete e que também constitui este gabinete, eventual ou frequentemente, através de grandes coalizões. O Brasil retorna ao conjunto das nações democráticas, sendo o único caso de presidencialismo de coalizão.[5]

A denominação — "à falta de melhor nome", diz Abranches — "presidencialismo de coalizão" nasceu como uma maneira de mostrar a especificidade do presidencialismo brasileiro, caso "único" no "conjunto das nações democráticas". Insistir no caráter único do modo de operar do presidencialismo brasileiro não significa, evidentemente, pretender que o Brasil deixe de fazer parte, à sua maneira, de movimentos de caráter global. Apenas quer dizer que as mediações para entender o caso brasileiro importam, e muito. Sintomaticamente, no entanto, a versão posterior da ideia de presidencialismo de coalizão que se impôs como majoritária pretendeu mais e mais demonstrar que não se tratava de fato de uma especificidade, de um caso único, mas de um sistema político que funcionava segundo regras gerais, observáveis na maioria dos sistemas políticos democráticos.

Esse movimento de integração do caso brasileiro a modelos de alcance global foi realizado exemplarmente por Argelina Figueiredo e Fernando Limongi. Com a diferença de que, nesse caso, está se falando de uma plataforma de trabalho que deu origem a uma quantidade e a uma variedade de estudos de alta qualidade e relevância na ciência política brasileira, a ponto de terem tornado paradigmática a versão que deram do conceito. Limongi e Figueiredo mostram que há diferenças cruciais entre o desenho institucional de 1988 e o de 1946, argumentando contrariamente, portanto, ao "dilema" que consta do título do artigo de Abranches de dez anos antes.[6] Com isso, podem ao mesmo tempo matizar "o tratamento do presidencialismo e do parlamentarismo como duas formas radicalmente distintas de governo, regidas por lógicas díspares e irreconciliáveis".[7] Dessa maneira, em perspectiva comparativa, o caso brasileiro deixa de ser um *outlier*. Ou, como reafirma Fernando Limongi em artigo de 2006, "do ponto de vista da sua estrutura, da forma como efetivamente funciona, há pouco que permita distinguir o sistema político brasileiro de outras democracias ditas avançadas ou consolidadas".[8]

A hegemonia alcançada por essa versão do presidencialismo de coalizão veio acompanhada da defesa de posições minimalistas em relação a alterações da legislação eleitoral e partidária. O que levou à minimização de um problema tão central quanto o da fracionalização partidária e suas consequências para a administração de coalizões.[9] É sintomático desse processo o texto de Sérgio Abranches de 2001 de igualmente sintomático título: "A democracia brasileira vai bem, mas requer cuidados: Proposições sobre democracia brasileira e o presidencialismo de coalizão". Treze anos após a publicação do texto em que cunhou o termo, Sérgio Abranches se reposicionou, passando a defender a ideia de que o Brasil já não se encontrava mais isolado em seu modelo único de "presidencialismo de coalizão", já que, segundo argumenta, "ao longo da década de 1990, o presidencialismo de coalizão começou a aparecer como forma mais generalizada de governança na América Latina".[10] Dessa maneira, seria possível dizer que o Brasil tinha deixado não apenas de ser caso único, mas também não deveria mais ser considerado como um caso não especialmente bem-sucedido em termos de institucionalização da democracia.

Em suma, o modelo brasileiro de presidencialismo de coalizão tinha se normalizado. E, com isso, também a introdução de modificações no modo de operar do sistema político passaram a ser pensadas em termos minimalistas. Em seu texto de 2001, Abranches admite como única reforma sensata a proibição de coligações em eleições proporcionais, argumentando que tal proibição "e um cálculo mais exigente para o quociente eleitoral já teriam um efeito dramático na representação partidária. Produziriam resultados mais eficazes e menos injustos, por exemplo, que a cláusula de exclusão".[11]

Esse reposicionamento de Abranches é tanto mais sintomático se lembrarmos que seu artigo de 1988 não defendeu uma concepção meramente descritiva de presidencialismo de coalizão, ainda que tivesse também essa pretensão. O texto é permeado pela normatividade própria de quem pretende encontrar um desenho institucional capaz de produzir estabilidade para a democracia brasileira. E que por isso mesmo tinha dúvidas sobre o arranjo que o país havia encontrado, especialmente em vista de sua história democrática e autoritária pregressa. Foi essa marca de nascença, essa mescla explícita de descrição e de normatividade, que o presidencialismo de coalizão tornado paradigma buscou negar e afastar de si mesmo ao longo do tempo.

Tornado paradigma, o presidencialismo de coalizão foi um modelo declarado descritivo[12] que, na prática, funcionou também como padrão prescritivo. E essa característica é fundamental para entender uma normatividade que operou quando se tratou de justificar movimentos de bloqueio a mudanças nas regras de competição eleitoral, de organização partidária e de recursos para fazer oposição. Mas não só. Operou também ao considerar como secundários ou mesmo irrelevantes temas de investigação científica como os das supercoalizões ou do governismo do sistema.

Foi assim, por exemplo, que Limongi, ao demonstrar a falácia do argumento de que existiriam ainda redutos eleitorais em que não haveria competição, usou como unidade analítica "coligações e não partidos porque são aquelas, não estas, as unidades que de fato disputam cadeiras".[13] Nada é dito, por exemplo, sobre efeitos eventualmente danosos de alianças e coligações em eleições proporcionais, algo que pelo menos Abranches já tinha admitido em seu texto de 2001. Muito menos há algum registro do eventual benefício da instituição de cláusulas de desempenho e assim por diante.

E, no entanto, treze anos depois, em 2019, a normatividade que sempre operou sob a superfície emergiu. Limongi fez uma defesa implícita da cláusula de barreira ao criticar duramente a decisão de 2006 do STF que derrubou essa medida, aprovada pelo Congresso em 1995:

O fato é que, de uma penada, o STF enterrou a reforma política arduamente negociada por um acordo que envolvera as principais forças políticas do país à época: PFL, PMDB, PSDB e PT. A lei que o Supremo derrubou enfrentava e propunha soluções conexas para as principais críticas feitas ao sistema político brasileiro: a fragmentação partidária e os altos custos das campanhas.[14]

A mesma versão do presidencialismo de coalizão que não explicitou nem elaborou teoricamente a normatividade que lhe é própria passou a atribuir a crise do modelo, a partir da reeleição de Dilma Rousseff, ao próprio desenho constitucional, especialmente à relação entre Executivo e Judiciário. No fundo, em vista da crise do modelo, passou-se a adotar, para defendê--lo, a estratégia ad hoc de passar a considerar como "exógenos" ao sistema político quaisquer elementos efetivamente causadores da crise.[15]

Foi assim que o STF passou a ser tomado como um elemento exógeno ao sistema político, já que estabelecido normativamente nessa visão como "árbitro" em que as únicas relações que de fato importam são aquelas entre Executivo e Legislativo, ainda que não tenha sido essa a posição efetivamente ocupada pelo STF. Como se fosse o caso de admitir verdadeira a imagem, em boa medida ideológica, que faz de si mesmo o STF na posição de "árbitro" do sistema político, como se a imagem correspondesse (ou devesse corresponder, segundo uma prescrição normativa) à realidade. Como se não fosse papel da investigação científica entender de que forma o STF de fato opera e qual o sentido dessa sua maneira de operar, para além da mitologia da separação de poderes.[16]

A persistência, hoje, sem qualquer revisão, dessa visão do presidencialismo de coalizão impede que se encontrem explicações plausíveis para a crise de seu poder explicativo para além de considerações na maioria das vezes retrospectivas, explicações ad hoc em grande medida. Da mesma maneira, no âmbito normativo, a persistência desse paradigma continua a bloquear a visão e o entendimento de alternativas institucionais para além da esperança vã de que seja restaurada a ordem que já caducou. Também porque, a despeito de seu caráter efetivamente corretivo do sistema ou não, o fato é que alterações como a introdução da cláusula de barreira e da proibição de coligações em eleições proporcionais só vieram a ser adotadas em 2017, quando o sistema político tal como caracterizado pelo paradigma do presidencialismo de coalizão já havia sido implodido, nas ruas — virtuais e reais — e no funcionamento concreto das instituições.

Em suma, já que há normatividade — e como —, o melhor é assumi-la de maneira aberta, como fez Abranches em seu texto inaugural de 1988. Na passagem crucial de seu texto já citada anteriormente, em que busca determinar a singularidade do caso brasileiro, Abranches fala de um presidencialismo entendido em termos de "grandes coalizões".[17] O texto não qualifica essa grandeza, entretanto. É para um entendimento mais profundo desses problemas cruciais que aponta, a meu ver, Cesar Zucco.

Em um artigo de 2009, em que ressaltou o salto cognitivo representado pelo paradigma do presidencialismo de coalizão tal como estabelecido por Limongi e Figueiredo, Zucco formulou ao mesmo tempo questões que põem em xeque pilares do paradigma: "Se, de fato, partidos operam de maneira estruturada no Legislativo, [...] segue-se daí necessariamente que essa estrutura seja ideológica? Em outras palavras, que papel desempenha [a ideologia] nas relações Executivo-Legislativo e, consequentemente, no funcionamento do Poder Legislativo?".[18] A resposta a que chegou em sua investigação foi de que "outros fatores além da ideologia guiam o comportamento partidário no Legislativo",[19] o que resulta em certa primazia da organização dos conflitos segundo a dimensão governo-oposição, e não em termos primariamente ideológicos.

Entendo ainda apontarem para o mesmo sentido os resultados a que chegou Natalia Regina Avila Maciel, que mostra no detalhe a construção do governismo próprio do PMDB.[20] Apesar de ressaltar os limites de uma abordagem unicamente a partir das votações nominais, os resultados a que chega Avila

Maciel são concordantes com a organização segundo a dimensão "governo-oposição" proposta por Zucco em seu artigo de 2009. Além disso, a autora mostrou não apenas a construção do governismo no interior do PMDB, mas igualmente a *singularidade* da posição do partido na comparação internacional.[21]

Dito de outra maneira, há um vínculo interno entre a "falta de ideologia", o governismo que caracteriza o sistema, e a formação de supermaiorias legislativas e supercoalizões de governo — um amálgama, acrescente-se, que recebeu o reforço, pelo menos em nível federal, da introdução, em 1997, do instituto da reeleição. E esse vínculo interno precisa ser explicado. Especialmente quando se leva em conta os resultados a que chegou Fernando Meirelles sobre o tema das "coalizões sobredimensionadas" (*oversized coalitions*) — "i.e., aquelas contendo mais partidos do que necessário para obter maioria no Congresso", como as caracteriza o autor.[22] E isso primeiramente em relação à América Latina e, em seguida e de modo mais específico, em relação ao caso brasileiro entre 1989 e 2010.

Ao assumir a tarefa de explicar por que presidentes incluem na coalizão um número de partidos superior ao necessário para obter maioria, Meirelles constata inicialmente que não foi concedida a mesma atenção a esse tema do que àquele das estratégias de administração de coalizões, o que por si só é sintomático do viés característico do paradigma do presidencialismo de coalizão. E essa ausência é tanto mais sintomática quando se considera que são obstáculos tanto à barganha quanto à própria coordenação e monitoramento da coalizão.[23]

Essa tarefa explicativa só pode ser realizada, entretanto, se esses temas não forem tomados como "desvios" de um suposto padrão, tampouco como fenômenos de importância secundária. São, pelo contrário, características definidoras do modo de funcionamento desse sistema. Porque, pensado em termos do formalismo mais estrito, o paradigma do presidencialismo de coalizão teve seu foco dirigido de modo tão exclusivo para a formação de coalizões formalmente estáveis que deixou de olhar para as causas e para os efeitos de um modelo baseado em supercoalizões.

Esses resultados permitem retomar, em novo patamar, elementos decisivos do texto de Sérgio Abranches de 1988 que ficaram de fora do reexame que dele fizeram muitas leituras posteriores. Como aqueles presentes na seguinte passagem do texto:

> A existência de distâncias muito grandes na posição ideológica e programática e, principalmente, na ação concreta dos componentes da coalizão pode comprometer seriamente sua estabilidade, a menos que existam subconjuntos capazes de encontrar meios de suprir esses vazios com opções reciprocamente aceitáveis. Mais que do peso da oposição dos "de fora" — sobretudo em se tratando de grandes coalizões —, o destino do governo depende da habilidade dos "de dentro" em evitar que as divisões internas determinem a ruptura da aliança.[24]

Ou seja, o foco quase exclusivo na formação de coalizões formalmente estáveis deixou na sombra desafios crônicos de nossa história democrática, como o governismo sistêmico próprio das "grandes coalizões", que, por exemplo, torna o peso da "oposição interna" à coalizão muito mais relevante do que a oposição formalmente constituída, ameaçando, assim, a funcionalidade e a eficácia dos próprios governos.

II. Pemedebismo

A noção de pemedebismo insiste em alguns elementos característicos do sistema político brasileiro que podem ajudar a explicar a crise em que se encontra o presidencialismo de coalizão tornado paradigma. Nos desenvolvimentos apresentados aqui, dois deles, em especial: o governismo e as supermaiorias legislativas.[25] As coalizões pemedebistas são entendidas em termos de "supercoalizões", de supermaiorias legislativas que expressam um "excesso de apoio" que deve ser explicado em sua necessidade e propósito. Somada à outra mencionada baliza estruturante do pemedebismo — o governismo —, é o que pode explicar primeiramente o caráter "não apenas fragmentado, mas fragmentário"[26] de um sistema político assim constituído. Não só em virtude da atratividade dos incentivos institucionais à criação de novos partidos (fundo partidário — acrescido posteriormente do fundo eleitoral — e tempo de televisão, basicamente). Também porque são atraentes os incentivos a estratégias de fuga da disciplina partidária, seja pela migração para novos partidos, seja por meio da troca partidária pura e simples, facilitada pela abundância da oferta e pela garantia oferecida pela lógica de grandes coalizões de inclusão na coalizão governamental vencedora.[27]

Isso não significa, entretanto, pensar o pemedebismo característico do funcionamento do sistema político brasileiro em termos de "falta", de "déficits" ou de "desvios" em relação a padrões supostamente superiores de outras democracias. Como também não se trata, ao mesmo tempo, de desconsiderar a especificidade do fenômeno, como se se tratasse de uma democracia "que funciona", sem mais. Dito de outra maneira, o pemedebismo recusa a ideia de que seria necessário optar por um dos lados da alternativa entre a "caracterização pela falta" (porque não somos e mesmo porque não podemos ser "modernos") e a premissa "já somos modernos".

A recusa da alternativa entre interpretações segundo as quais o Brasil "nunca foi (nem será) moderno" ou, ao contrário, que "já é moderno", sem mais, está na base do debate com os resultados disciplinares de que se vale o pemedebismo. Trata-se de uma alternativa presente em várias disciplinas e posicionamentos sobre a realidade brasileira. Mas é particularmente estruturante do debate sobre a natureza do sistema político no país.[28] Como vimos, Cesar Zucco abordou questões tão centrais quanto normalmente escamoteadas do debate nos termos em que estabeleceu o paradigma do presidencialismo de coalizão. Ao mesmo tempo, para manter a coerência teórica do paradigma de que partiu e ao qual se filia em grande medida, Zucco se viu obrigado a concordar parcialmente com a literatura que compõe o outro lado da alternativa, aquela que caracteriza o caso brasileiro pela falta.[29]

Esse tipo de consequência necessária, mas contraditória — não se trata de uma "síntese", afinal, como pretende Zucco, mas de uma justaposição —, só me parece poder ser evitada se se recusar a própria alternativa. Não apenas porque cada um dos termos da divisão se define negativamente em relação ao outro, mas também porque a própria divisão é redutora. Assim como é redutora a suspensão arbitrária da divisão quando os dois lados da alternativa unem forças para combater o que consideram um "inimigo comum": o "ensaísmo". O resultado, entretanto, é o de produzir e reforçar outra oposição igualmente redutora, aquela entre "ensaísmo" e "conhecimento científico autêntico".[30]

Não que essas oposições sejam desprovidas de sentido. Muito pelo contrário, a história intelectual do país prévia à consolidação do sistema universitário explica em boa medida a necessidade da disputa. Trata-se apenas de insistir na necessidade de apontar para além desse tipo de divisão e de oposição, mostrando seu caráter desnecessariamente redutor e potencialmente infrutífero em termos científicos. O sistema acadêmico está estabelecido e consolidado no Brasil, sua internacionalização é razoavelmente alta, não parece haver razão para temer a contaminação pelo "bacharelismo" que tanto ocupou e preocupou a instauração da cientificidade no âmbito das ciências sociais e da história no país.[31]

Não aceitar nem a "caracterização pela falta" nem a premissa "já somos modernos" foi, a meu ver, a lição deixada pelo que chamei de "momento reflexivo" do paradigma da "formação". Como escrevi em outro lugar, com a consolidação da ditadura militar de 1964, tornou-se

> necessário abandonar a perspectiva por demais "positiva" dos pensadores de referência do paradigma da "formação" e produzir um novo diagnóstico, ainda mais complexo e, sobretudo, permeado por uma "negatividade" que ficou em segundo plano nos modelos originais de Candido e Furtado.

Considerado que é certo que,

> segundo o esquema do paradigma da "formação", a "modernização" dos militares não era uma autêntica modernização. Mas, não obstante, era preciso entender em sua estrutura o sentido e o significado de uma modernização capaz de suprimir o vínculo entre "modernização" e "democracia". [...] Foi justamente nesse seu momento de "autocrítica", nesse seu momento "reflexivo", [...] que o paradigma da "formação" firmou sua hegemonia intelectual.[32]

Ainda que seja um período do desenvolvimento de um paradigma que avalio, no momento atual, como tendo caducado tanto em termos de capacidade explicativa como de orientação normativa, entendo também que qualquer nova proposta de interpretação tem necessariamente de partir — ou assim argumento, pelo menos — desse patamar de interpretação já conquistado.

Em ligação com esse patamar de interpretação já conquistado, a noção de pemedebismo pretende circunscrever o que seria o conservadorismo *democrático* e sua maneira de operar.[33] Não que o maior período ininterrupto de democracia a partir de 1985 (ou a partir de 1988, caso se prefira) não seja também, sob muitos aspectos, incipiente em termos democráticos. Muito menos que a continuidade da própria democracia tenha sido posta sob ameaça direta desde a eleição de Jair Bolsonaro como presidente em 2018. Mas é fato que foi esse o mais longo período democrático da história do país e que a tarefa de pensar o conservadorismo não pode ficar imune a tais circunstâncias inéditas.

A ideia subjacente é que o conservadorismo é tema por excelência da discussão brasileira, dos clássicos do pensamento nacional e de seus continuadores e críticos. Ao mesmo tempo, entendo que a figura democrática do conservadorismo brasileiro ainda não foi suficientemente pensada, segundo a especificidade das circunstâncias históricas que lhe são próprias. De maneira geral, a noção de pemedebismo pretende permitir investigar o papel ideológico que desempenham avaliações a respeito do "conservadorismo" na redemocratização brasileira, já que, em

> condições democráticas, pressupostos como o de um "conservadorismo social de fundo" podem facilmente se transformar em petições de princípio, elas mesmas conservadoras. Em condições democráticas, é no mínimo de prudência abster-se de atribuir "conservadorismo" (ou "progressismo", como se queira) à sociedade à maneira como a categoria foi pensada pelos clássicos do pensamento social. Insisto, portanto, na novidade desse conservadorismo na história do país, tanto no que diz respeito à sua construção em ambiente de disputa democraticamente regrada como no que o separa da gramática do conservadorismo típica de momentos pregressos. O *conservadorismo democrático* exige novas categorias explicativas.[34]

Especialmente quando, com o governo Bolsonaro, o pemedebismo deixou de ser conservador, sem mais, para chegar à sua forma-limite, à sua forma protoautoritária.

Daí ser igualmente necessário retomar a discussão sobre as pretensões "descritiva" e "normativa" de teoria, tal como realizado acima a propósito do presidencialismo de coalizão. Criticar a distinção rígida entre essas duas dimensões, tal como pretendido pelo paradigma do presidencialismo de coalizão, não significa de nenhuma maneira aderir a uma normatividade guiada pelo objetivo imediato de "solucionar problemas", de encontrar soluções de "desenho institucional". Muito menos significa se comprometer com um modelo determinado de funcionamento da democracia, estabelecido previamente e no mais das vezes comprometido com uma concepção liberal.

É isso o que permite ao pemedebismo — ou pelo menos essa é a pretensão — entender crises como momentos "normais" do "funcionamento" do sistema político.[35] E quanto mais profundidade a análise ganha em termos sociais, mais as "crises" são compreendidas como momentos integrantes — e não como momentos excepcionais — dos processos políticos em sentido amplo. A perspectiva proposta pela noção de pemedebismo não tem por ponto de partida e por objetivo a demonstração da estabilidade do sistema político: crises não surgem como elementos "exógenos", mas como momentos integrantes da própria lógica institucional.[36]

A explicitação da normatividade implícita de abordagens que se pretendem unicamente "descritivas" explica também, a meu ver, a dificuldade, a partir de 2013, de produzir explicações para a crise do modelo que não sejam explicações ad hoc. No que, aliás, seguem uma tendência teórica global e que, a meu ver, têm como caso emblemático a teoria das regras informais de funcionamento das instituições democráticas, formulada exemplarmente por Steven Levitsky e Daniel Ziblatt.[37]

Trata-se de uma teoria formulada após a *quebra* dessas mesmas regras informais, sobretudo ao longo das duas primeiras décadas do século XXI. Ao questionarem, no fundo, as fronteiras do que é "endógeno" e do que é "exógeno" ao sistema político, os dois autores poderiam ter caminhado na direção de uma teoria da cultura política democrática, ou algo semelhante. Mas não foi o que aconteceu. Na tentativa de preservar determinada teoria de matriz institucionalista, a posição de Levitsky e Ziblatt acabou restrita a uma explicação — ad hoc, a meu ver — da crise do paradigma de que partiu.[38] Seja como for, essa tentativa de preservar a teoria de matriz institucionalista sem perder o contato com as transformações atuais terminou ao menos por estabelecer a necessidade de uma revisão do que pode ser validamente considerado como "endógeno" e como "exógeno" segundo esse paradigma teórico.

Sob esse aspecto, é instrutivo contrastar a perspectiva do paradigma do presidencialismo de coalizão com uma abordagem do sistema político muito mais disposta a discutir as fronteiras entre o que é "endógeno" e o que é "exógeno" ao sistema político, uma abordagem muito mais aberta à economia e às forças sociais organizadas de maneira mais ampla, como a do "lulismo", por exemplo.[39] Além disso, no caso do lulismo, a pretensão normativa é explicitamente elaborada, sem que, por isso, seja descartada a legítima pretensão descritiva que a acompanha. O lulismo pretende entender o funcionamento do sistema político como resultado de diferentes correlações das forças políticas enquanto forças sociais organizadas — ou mesmo difusas, basta pensar aqui na fecunda apropriação que faz André Singer da ideia de Paul Singer de "subproletariado", por exemplo.

No entanto, a noção de lulismo tal como formulada por Singer, padece, a meu ver, do déficit oposto àquele do presidencialismo de coalizão, que é o de não conceder aos arranjos institucionais a atenção, o destaque e a lógica relativamente autônoma com que precisam ser considerados. Além disso, apesar de ter explicitamente tematizado a crise do modelo explicativo que propôs — o que o paradigma do presidencialismo de coalizão não fez de maneira coletiva, até onde sei —, André Singer não questionou em nenhum momento o paradigma da "formação" de que partiu e ao qual adere.[40] Antes pelo contrário, parece aderir a esse paradigma como um projeto ainda a ser realizado, a ser completado, e não como um projeto teórico e prático que perdeu seu ancoramento na realidade das formas atuais do capitalismo.

São características como essas que permitem ao pemedebismo formular questões ausentes de perspectivas como as mencionadas até aqui, ao mesmo tempo que busca se apropriar de resultados de investigações realizadas a partir desses quadros teóricos e empíricos. São perguntas como: por que seria necessária, para a governabilidade, a formação das supermaiorias que sempre se formaram ao longo do período 1994-2013? Por que a grande maioria dos partidos adere ao governo, seja qual for ele e sem levar em conta a candidatura que apoiaram na eleição presidencial, quer tenha sido vitoriosa ou derrotada? A noção de pemedebismo tem a intenção de permitir levantar tais perguntas, para além de suas justificativas manifestamente ideológicas, para além, por exemplo, do "mito da governabilidade".[41]

É também o que acontece quando a noção de pemedebismo procura uma maior profundidade social, quando busca as conexões entre sistema político e movimentações societais de maneira mais ampla — algo que tentarei desenvolver, ainda que de forma limitada e sob aspectos bastante determinados, nos próximos capítulos.[42] Um exemplo dessa tentativa de estender o alcance da noção pode ser encontrado nas hipóteses que formula sobre a eleição de Bolsonaro e sobre o modelo de governo que implantou ao longo de 2019 e de 2020 e que serão retomadas adiante, nos capítulos 3 e 4.

Caracterizando mais amplamente as coalizões sociais com que levantes conservadores elegeram líderes na década de 2010, pode-se dizer que são "coalizões sociais de conveniência". Sob esse aspecto, Bolsonaro foi um representante crível da coalizão de conveniência de 2018 porque ele mesmo fez parte dos "excluídos" do "sistema" durante décadas, de grupos que, ainda que integrados ao sistema, encontram-se em sua franja, sem qualquer poder efetivo sobre sua direção. Sinal da conveniência da coalizão foi o fato, por exemplo, de o eleitorado ter feito vista grossa a todas as acusações de corrupção e de ligações suspeitas com milícias. Já no governo, todas as acusações dirigidas contra seus filhos e outros membros de sua família também foram relevadas por sua base de apoio encolhida para cerca de um terço. Em sentido contrário, todas as acusações foram capitalizadas por Bolsonaro como tentativas do "sistema" de destruí-lo.

Essas são tentativas de utilização da categoria de pemedebismo que encontram eco em investigações como as de Paolo Gerbaudo, por exemplo. Examinando diferentes exemplos de "partidos digitais" (ou partidos-plataforma), Gerbaudo se interessa pelos cruzamentos possíveis entre os pares insider/outsider e conectado/desconectado. Ao aplicá-las, chega a resultados como os seguintes a propósito dos "outsiders conectados":

> [...] são na sua totalidade e ao mesmo tempo tanto os defensores mais entusiastas da revolução digital e quem mais verbaliza seu descontentamento com essa revolução. São as pessoas que mais prezam as inovações culturais e sociais trazidas pelas tecnologias e serviços digitais, que se infiltraram até nos recantos mais remotos de suas vidas. E, no entanto, também se colocam na linha de frente dos efeitos

mais detestáveis dessa mudança tecnológica. É imperativo levar em conta essa situação paradoxal se pretendemos entender as motivações de base que informaram o estabelecimento de partidos digitais, a missão que essas formações se puseram e a maneira como se posicionaram frente à variedade de conflitos emergentes que definem nossa era.[43]

Para chegar até esse complexo temático, no entanto, a ser examinado no capítulo 2, é necessário antes realizar um exame em maior detalhe de algumas interpretações hegemônicas desses diferentes posicionamentos "frente à variedade de conflitos emergentes que definem nossa era". Um conjunto de interpretações que se organizou em torno da ideia de "crises da democracia". É o que farei a seguir.

III. "Crises da democracia"

Grande parte da bibliografia sobre a crise da democracia na atualidade tem como pressuposto fundante a alternativa de retornar ao modo de operação anterior da política institucional (mesmo com algumas correções) ou de assistir à morte da democracia. É o caso, por exemplo, do diagnóstico de Adam Przeworski. Apesar de reconhecer a existência de múltiplas tendências que "indicam que os sistemas partidários tradicionais estão desmoronando", o autor acrescenta na imediata sequência de seu livro:

Mas é possível argumentar que isso não é um sinal de uma crise, mas um mero realinhamento partidário rotineiro. Oxalá ainda aprenderemos ex post que era disso que se tratava. Mas, no momento, tudo o que vemos é que o velho sistema partidário, ossificado ao longo de mais de 75 anos, está desabando, e que nenhum modelo estável se cristalizou ainda.

Consequentemente, esta é uma crise: o velho está morrendo e o novo ainda não nasceu. Além disso, um realinhamento, se houver, incluirá o avanço de partidos xenofóbicos que não têm muita paciência com as normas democráticas.[44]

Nos termos em que Przeworski formula a alternativa, o que estaria em curso hoje seria ou um "realinhamento partidário" — o que, em sua formulação, significaria que não estamos de fato vivendo uma crise, apenas uma impressão de crise — ou... E aqui surge todo o problema. Não encontramos de fato o outro lado da alternativa. Porque o outro lado da alternativa nessa análise seria simplesmente o fim da democracia. É o tipo de diagnóstico que reduz a crise seja a uma "aparência de crise", seja a uma "crise terminal".

O elemento mais característico das posições hegemônicas no debate atual em torno da "crise da democracia" é um embaralhamento de "crise da democracia" e "determinadas teorias da democracia". Como se o declínio de uma forma de explicar a democracia significasse o declínio da própria democracia. É um amálgama que não só não explica o momento atual como não dá outra linha de ação possível senão voltar atrás, voltar ao momento em que a teoria "funcionava" e que é identificado ao funcionamento da democracia tal como se deu depois do pós-1945, em suas diferentes figuras.

No Brasil, esse embaralhamento se dá entre "presidencialismo de coalizão" e "democracia". Por isso, criticar o presidencialismo de coalizão tornado paradigma significa tentar abrir caminho para novas maneiras de pensar o sistema político e suas possíveis configurações institucionais — e, talvez, colaborar para a renovação dessa importante vertente explicativa. Recontar essa história do ponto de vista do pemedebismo tem o objetivo de permitir simultaneamente evitar o embaralhamento e permitir a abertura para novas visões e possibilidades.

Para que essa discussão ganhe a amplitude em que está sendo feito o debate, ou seja, nos termos da "crise da democracia", é preciso também retomar, mesmo que rapidamente, o esquema de desenvolvimento dos partidos no século XX. Tomar esse caminho aqui será também uma maneira de preparar a passagem para o capítulo 2, em que esse aspecto será desenvolvido em maior detalhe.

Em seu livro sobre o partido digital,[45] Paolo Gerbaudo apresenta uma interessante síntese desse desenvolvimento. Gerbaudo refaz um caminho que já tinha sido percorrido por Richard Katz e Peter Mair em seu artigo clássico de 1995 sobre o "partido cartel", em que partem das formulações do início do século XX de Ostrogórski, Michels e Weber sobre o "partido de massas" e vão até a década de 1980, com o "partido profissional-eleitoral" de Angelo Panebianco, não sem deixar de considerar a centralidade da formulação de Otto Kirchheimer, de meados dos anos 1960, do "partido ônibus" (*catch-all party*). A síntese que daí resulta se dá sobre algo bem sabido: os partidos de massa, característicos das primeiras décadas do século XX, entraram em declínio na segunda metade do século, dando lugar a uma nova configuração da forma partido. Ao contrário dos partidos de massa, a nova forma era muito mais flexível em sua base de classe e em sua ideologia, atentos às flutuações da atenção e do interesse do eleitorado. Esse desenvolvimento, ao chegar à formulação de Katz e Mair em meados da década de 1990, observa que os partidos passam a funcionar em conluio de tipo cartel para controlar o poder, dividindo recursos e estabelecendo regras que limitavam a competição, eliminando possíveis concorrentes.

Traduzida nos termos do pemedebismo, a configuração de tipo cartel significa constatar, por exemplo, que se agravou ainda mais a dificuldade para constituir um quadro em que a oposição formal consiga ter, de fato, mais poder e mais condições de fazer oposição do que a "oposição interna", aquela realizada no interior mesmo da coalizão. Essa dificuldade estrutural de produzir uma polarização efetiva entre situação e oposição levou — como se viu nos processos eleitorais da década de 2010 — a uma polarização entre o "sistema" e o "antissistema", em que tanto situação como oposição são identificadas ao "sistema". Isso veio reforçar uma tese de Peter Mair que surgiu formulada em livro publicado quase vinte anos depois de seu artigo seminal com Katz: de que, nesse quadro, uma oposição, "quando constituída estruturalmente, vem crescentemente de fora da política partidária convencional".[46]

Mas, para entender esse argumento de Mair em sua inteireza, é preciso retomar suas descrições posteriores a 1995 das mudanças estruturais da organização partidária e, sobretudo, da mudança estrutural da relação do eleitorado e dos políticos profissionais com o partido. Como tentei resumir em outro lugar:

> O seu diagnóstico [de Mair] é o de que os partidos deixaram de cumprir seu papel e que sua derrocada no momento atual envolve dois processos correlatos. De um lado, os partidos falham em não conseguir mais o engajamento do cidadão: o comparecimento em eleições decresce e quem vota se identifica e se compromete cada vez menos com posições partidárias. É o que Mair caracteriza como uma retirada da política convencional. De outro lado, os partidos já não têm mais caráter de base exclusiva para seus expoentes e líderes, já não representam mais a expressão por excelência das atividades e das posições de seus quadros mais destacados. Estes passaram a recorrer a outras instituições públicas, usando os partidos, quando muito, como plataformas, como trampolins para alcançar outras posições que já não dependem dos próprios partidos.[47]

Ao contrário do controle cartelizado da situação anterior, a atual situação de crise revela uma desconfiança generalizada em relação à possibilidade de se ter regras de justiça compartilhadas.[48] A simples remissão à democracia não é mais suficiente para produzir esse terreno comum sobre o qual se desenham as diferenças e as disputas. Há uma ruptura de fundo, aparentemente irreconciliável, pondo em disputa diferentes estratos sociais e econômicos. É uma ruptura que tem a ver com as regras de redistribuição de recursos pelo Estado. É uma ruptura em relação à cultura política democrática de fundo na qual as divergências podem ser elaboradas publicamente.

E, no entanto, o caso brasileiro parece aqui, uma vez mais, guardar sua peculiaridade sob alguns aspectos. Não que todos esses elementos de outras crises das democracias pelo mundo estejam ausentes, muito pelo contrário. Mas a força "de fora do sistema" que se mostrou em Junho de 2013 foi não apenas ignorada pelo sistema político como não conseguiu se "constituir estruturalmente", para retomar uma última vez a expressão de Mair.[49] Esta a origem mais profunda do travamento que acabou por levar à eleição de Bolsonaro em 2018: o sistema partidário fez de tudo para conter e dissipar a energia social de Junho; ao mesmo tempo, o sistema político, na sua configuração atual, não só não tem força ou organização suficientes para retomar o papel que tinha desempenhado antes como, com a parlamentada que destituiu Dilma Rousseff, em 2016, entrou em processo de autofagia, como veremos adiante, no capítulo 3.

A força do pemedebismo está na força do imobilismo em movimento que o caracteriza. E na força ideológica que impôs o arranjo segundo a lógica de um "mito da governabilidade" que exigiria a formação de supercoalizões. A força do pemedebismo está em sua capacidade de controlar o ritmo das mudanças, podendo optar pelo travamento puro e simples, inclusive.

O que o país viveu a partir de 2013 foi a experiência do limite dessa lógica. O resultado foi o pemedebismo na sua forma-limite, o pemedebismo instaurado pelo governo Bolsonaro em 2020. Não se deve subestimar o papel que teve a lógica de funcionamento pemedebista do sistema político na produção das condições que levaram à própria eleição de Bolsonaro.

O imobilismo em movimento que caracteriza o pemedebismo se deve, em grande medida, ao papel "estabilizador" que lhe é atribuído. Talvez o teórico que mais se aproxime de uma justificação desse tipo de modelo seja Giovanni Sartori e seu livro clássico *Partidos e sistemas partidários*.[50] É especialmente interessante para o exame do caso brasileiro pós-2018 porque estabelece a existência de posições e de partidos "antissistema" como a primeira característica do quadro de países que considera pertencerem ao que chama de "pluralismo polarizado", o que inclui a "experiência da República alemã de Weimar, na década de 1920, da Quarta República Francesa [1946-58], do Chile (até setembro de 1973) e do caso atual [década de 1970] da Itália".[51]

Segundo as análises de Sartori, são países marcados pela

localização, no centro, de um partido (Itália) ou de um grupo de partidos (França, Weimar). Embora se deva reconhecer que faz diferença o fato de o centro ser unificado ou fragmentado, todos os nossos casos têm ou tiveram — até seu desmoronamento — um traço fundamental em comum: ao longo do espectro esquerda-direita, *o centro métrico do sistema é ocupado*. Isso significa que já não lidamos com interações bipolares, mas, no mínimo, com interações triangulares. O sistema é multipolar porque sua mecânica competitiva gira em torno de um centro que tem de enfrentar *tanto* uma esquerda como uma direita.[52]

O pemedebismo foi certamente uma maneira bastante peculiar de "enfrentar" os polos representados por PT e PSDB no período 1994-2013. Na metáfora mecânica de Sartori, trata-se de um posicionamento de centro, e não necessariamente de uma "ideologia" de centro, seja lá o que isso signifique. Com isso, Sartori pode atribuir a esse "centrismo", digamos assim, a capacidade moderadora do conjunto do sistema.

Mais do que isso, Sartori desenvolve uma teoria desse "centrismo", relacionando-a a seu característico "imobilismo", que vale a pena ser acompanhada de perto, mesmo a citação sendo longa:

> A existência de partidos localizados no centro também suscita várias questões intrigantes com relação à sua capacidade programática. Há alguns anos sugeri que o centro é constituído basicamente de retroações, significando isso que os partidos do centro tendem a ser muito mais passivos do que promotores e instigadores. Fui, com isso, levado a ressaltar o "imobilismo" de uma posição central. Ainda acredito nesse diagnóstico, mas a recente experiência chilena [o golpe de 1973] — caracterizada por uma instabilidade crônica dos partidos intermediários — justifica uma interpretação mais positiva. E diria o seguinte: embora os partidos do centro tendam a imobilizar-se, continuam sendo uma força equilibradora que desempenha "papel mediador". E a mediação não é o mesmo que o imobilismo.[53]

Sem dúvida. É um "imobilismo em movimento", como procurei caracterizar essa lógica, adaptando-a à redemocratização brasileira. Mas o importante aqui é que Sartori não está sozinho nessa sua visão positiva do "centrismo", do "imobilismo" de "uma posição central". Entendo que o presidencialismo de coalizão na versão que lhe foi dada por Marcus Melo e Carlos Pereira, por exemplo, guarda muita afinidade com essa posição de Sartori. E não apenas pela utilização decisiva da medida Sani-Sartori de distância ideológica.[54] Também porque é uma posição que não apenas leva à normalização, mas, em certo sentido, igualmente a uma justificação do pemedebismo. Não com pretensões normativas, mas de simples "constatação", de "dado da realidade".

Com isso, a posição de Marcus Melo e Carlos Pereira mostra ser uma versão bastante diferente do presidencialismo de coalizão quando comparada a posições como as de Sérgio Abranches ou de Argelina Figueiredo e Fernando Limongi. Para ficar em um único exemplo, desaparecem todos os embaraços em termos de posicionamento ideológico dos partidos, tal como apontado por Cesar Zucco. Trata-se de fato do caso-limite de formalização completa do paradigma. E tem como um de seus resultados o desaparecimento de qualquer possível "crise da democracia": o que há são apenas eventuais gerenciamentos inadequados do pemedebismo, que é ele mesmo tido como dado, em termos de uma "constatação" da lógica de funcionamento do sistema.

Como diz claramente um texto escrito por Carlos Pereira e Samuel Pessôa em 2015:

A campanha eleitoral no Brasil não pode apresentar o nível de conflito e disputa das eleições americanas, com suas regras eleitorais majoritárias. A famosa frase de Margaret Thatcher "o consenso é a ausência de liderança" é consistente com as instituições políticas da Grã-Bretanha, o mais majoritário dos sistemas políticos, distante das nossas instituições políticas consensuais. Adaptando a frase de Thatcher, no Brasil liderar é construir consensos. Esse elevado grau de consenso requerido pelo nosso sistema político pode gerar incômodo. A institucionalização de mecanismos de ganhos-de-troca também pode gerar desconforto. Diversas instâncias possuem poder de veto, e há necessidade de fazer compensações para que não advenham obstáculos insuperáveis. Esse quadro corresponde ao fenômeno que Marcos Nobre nomeou de pemedebismo e resulta na dificuldade para implantar reformas profundas. Não se trata de uma defesa do nosso sistema político, apenas de uma constatação. Fosse outro o sistema, seriam outras as possibilidades de atuação na política. Os atalhos, no entanto, se revelaram ineficazes. O comportamento hegemônico do PT, como se estivesse em um regime majoritário, corrompeu os pilares básicos da nossa política, assim como a desconsideração das restrições econômicas resultou na grave recessão que vivemos. Ambas as crises decorrem de uma gestão que desrespeitou a realidade.[55]

Para Carlos Pereira e Samuel Pessôa, a gestão Dilma Rousseff "desrespeitou a realidade" sob dois aspectos: econômico e político. Não deixa de surpreender que os autores não se deem conta da normatividade evidente de sua posição, na qual a teoria determina o que seja "a realidade", e não o contrário. Insistem em afirmar que sua posição tem pretensão meramente descritiva — "apenas de uma constatação", diz o texto — quando, do ponto de vista político, não só tomam o pemedebismo como padrão de medida do bom funcionamento do sistema como atribuem à então presidente Dilma Rousseff a responsabilidade pelo seu mau funcionamento. Como se, no quadro teórico institucionalista em que inscrevem seu trabalho, fosse possível sem contradição responsabilizar atores individuais por disfuncionalidades de grande magnitude.[56]

Em um quadro como esse, não surpreende que Carlos Pereira considere que a democracia brasileira não corre nenhum risco sob a presidência de Bolsonaro. Esse posicionamento foi duramente criticado por Celso Rocha de Barros em uma coluna de janeiro de 2022.[57] A refutação de Celso Barros é marcada por sua habitual argúcia, precisão e clareza, com uma argumentação certeira, a meu ver. Mas o que eu gostaria de destacar aqui é outro trecho do mesmo texto, como que sua introdução:

> Carlos Pereira é um grande cientista político brasileiro. Escreveu com Marcus Melo [...] um livraço, *Making Brazil Work*. Reunindo pesquisas empíricas de alta qualidade, a obra mostrou que o sistema político brasileiro funcionava bem melhor do que se pensava. O problema é que o livro saiu quando já parava de funcionar. *Making Brazil Work* continua sendo um ótimo estudo dos vinte anos anteriores. Suas conclusões podem voltar a ser aplicáveis quando a crise política passar.[58]

Como poucos dentre quem se filia a orientações institucionalistas, Celso Barros parte da ideia de que o paradigma do presidencialismo de coalizão parou de funcionar em algum momento por volta de 2013. Mas, na minha maneira de ver, seria importante começar a discutir o que significa "funcionar" no caso do sistema político brasileiro. É claro que o pemedebismo "funciona". Mas isso não significa que reproduza o modo de funcionamento de outros sistemas políticos democráticos, nos termos pretendidos pelo paradigma. Tampouco significa que o funcionamento pemedebista do sistema seja compreensível sem o que o sustenta: um acordo de base que trava mudanças estruturais.

Podemos deixar para outra ocasião discutir se isso é "bom" ou "ruim". Mas sei que Celso Barros, como eu, considera que é ruim.[59] Neste momento, trata-se apenas de saber se, em vista de sua crise, o paradigma do presidencialismo de coalizão de fato mantém seu poder explicativo mesmo no período pré-crise, ou seja, se de fato "funcionou" no período do acordo do Real, de 1994 a 2013. E em que medida, já que importa, sobretudo, discutir o que significa de fato "funcionar".

Mas, para além disso, Celso Barros explicitou também, em seu texto de janeiro de 2022, uma expectativa que é generalizada, mas que raras vezes é dita de maneira clara: que o período 2013-22 pode ser caracterizado como de "crise política", sem mais. Como quando escreveu que as conclusões do livro de Carlos Pereira e Marcus Melo "podem voltar a ser aplicáveis quando a crise política passar". Como se fosse possível, passada a crise, voltar de alguma maneira ao mundo pré-2013. Mesmo que de maneira modificada. É essa miragem que, acho, precisamos evitar para começar a entender o que realmente aconteceu e continua acontecendo.

Uma das primeiras atitudes para evitar a miragem é deixar de inverter a lógica científica. Quem se diz institucionalista, por exemplo, não pode encontrar causas para o funcionamento imperfeito (segundo os parâmetros de perfeição que a própria teoria estabelece) das instituições na ação de indivíduos isolados. Essa é a mais implausível das explicações ad hoc. E, no entanto, foi o que fez, uma vez mais, Carlos Pereira em um texto de fevereiro de 2022:

> As relações de Bolsonaro com o Legislativo têm sido um desastre. Uma combinação predatória de falta de transparência, baixo sucesso legislativo e alto custo de governabilidade. Inicialmente ignorou e desenvolveu uma relação adversarial com o Legislativo. Mas, diante de vertiginosa perda de popularidade e de crescentes riscos de ver seu mandato abreviado, se aproximou do Centrão e montou uma coalizão minoritária, mas que lhe garante sobrevivência. Se observarmos as escolhas de Lula e dos outros governos do PT na montagem e na gerência das suas coalizões, vamos perceber desempenhos igualmente desastrosos.[60]

Não se trata aqui nem mesmo de procurar inconsistências na comparação entre essa avaliação e aquela presente no já mencionado livro de 2013, *Making Brazil Work*, já que o contraste é flagrante — em nenhum momento a montagem e a gerência de coalizões em governos petistas são ali remotamente qualificadas de "desastrosas", pelo contrário. Ainda mais grave do que isso é a afirmação implícita de Carlos Pereira de que, em 27 anos de governos sob o presidencialismo de coalizão, apenas oito — talvez nove anos e meio, se o autor decidir incluir o governo de Michel Temer — não foram montados e geridos de maneira "desastrosa". Se isso não é indício de que há um problema no poder explicativo da teoria, o que poderia ser? Uma vez mais, a realidade passa a ser uma derivação sem mediações da teoria, uma atitude que não apenas contradiz o ponto de partida teórico escolhido como revela o fundo normativista que sustenta a própria teoria. É o tipo de atitude que se revela, por exemplo, no uso da palavra "polarização". Não é aceitável transpor a polarização PSDB-PT para uma polarização PT-bolsonarismo, como se se tratasse da mesma coisa, se nada de substantivamente diferente tivesse acontecido, como se o modelo "continuasse funcionando como antes".

É prioritário tentar entender como uma candidatura antissistema como a de Bolsonaro foi possível. Uma coisa é dizer que a eleição de Bolsonaro em 2018 foi fruto de uma conjunção de circunstâncias particulares — todo resultado eleitoral o é, em alguma medida. Outra coisa muito diferente é dizer, como afirmou Marcus André Melo, que, além de ser fruto de "circunstâncias extraordinárias", Bolsonaro é um "líder acidental".[61] Como se, uma vez mais, estivéssemos diante da exceção que confirma a regra prevista pela teoria. O que — e isso é o mais relevante aqui — exime a teoria de explicar a "exceção", justamente.

Sobretudo, exime a teoria de enfrentar o processo que tentei reconstruir indiretamente neste capítulo e que está na raiz da eleição de Bolsonaro: o pemedebismo e sua crise, em especial a partir de Junho de 2013, com as específicas dificuldades de apreender esse processo com as ferramentas teóricas disponíveis. O outro lado dessa história — da mesma forma ignorado pelo paradigma do presidencialismo de coalizão — é justamente o da investigação de como o pemedebismo do sistema foi contornado pela candidatura de Bolsonaro em 2018. Afinal, como insisti neste capítulo, não é porque o pemedebismo está em crise que o sistema político irá abrir mão dessa sua maneira tão duradoura de operar — ou a teoria hegemônica deixará de continuar afirmando que seu paradigma mantém seu poder explicativo. Mesmo que seja ao preço da inviabilização prática do país e da continuidade da incompreensão teórica da magnitude das transformações atuais.

2.
Métricas, analíticas e partidos
na democracia do digital

Para alcançar uma descrição adequada da crise do pemedebismo e da ascensão de Bolsonaro à presidência em 2018, entendo ser necessário mostrar alguns pré-requisitos indispensáveis. Em primeiro lugar, é preciso ao menos esboçar os contornos da figura atual da democracia a partir de uma tipologia das formas da democracia prevalecentes no século XX, aquilo que se chamará aqui de uma "democracia do digital". Em seguida, estabelecer algumas das balizas estruturais segundo as quais opera essa nova configuração da democracia, dando especial centralidade aos efeitos da lógica das analíticas e das métricas e suas consequências para as instituições e para a pesquisa sobre as instituições. Em uma terceira etapa, examinar como esses desenvolvimentos podem se concretizar em uma reflexão sobre a natureza dos partidos dentro desse novo enquadramento, sem esquecer de suas figuras pregressas, ainda presentes no momento atual. Por fim, detalhar algumas das consequências desse novo quadro para a prática política em sentido amplo, incluindo aí, por exemplo, a caracterização dos novos fenômenos políticos em termos de outsiders. São essas as quatro partes em que se divide o capítulo.

I. Formas que precederam a democracia do digital

O livro de Bernard Manin, *Princípios do governo representativo*, foi publicado em francês em 1995, no início mesmo dos estudos sobre a crise dos partidos e dos sistemas partidários.[1] Atento a toda essa nova literatura, Manin procura demonstrar, no entanto, que esses fenômenos não devem levar à conclusão de que a democracia está em crise. Não apenas porque, na sua visão — expressa especialmente no posfácio que escreveu para a segunda edição do livro, em 2012 —, os partidos continuam ocupando o mesmo espaço central e estruturador de antes. Também porque, mesmo que uma crise estivesse em curso (e ele é cético a respeito), no esquema teórico de seu livro tal crise diria respeito a uma das *formas* do que ele chama de governo representativo — crise da forma que denomina "democracia do público", no caso — e não uma crise do *governo representativo* enquanto tal.[2]

Segundo Manin, o "governo representativo" é maleável, adaptável conforme a situação. Inventado no final do século XVIII por "aristocratas ingleses, proprietários fundiários americanos e homens de lei franceses",[3] essa forma de organização institucional se adaptou, cem anos depois, ao surgimento dos partidos de massa, dando origem ao que Manin chamou de "democracia dos partidos". Quase outros cem anos mais tarde, por volta da década de 1960, essa forma do governo representativo teria passado por nova transformação, dando origem ao que Manin denomina "democracia do público" (ou "democracia da audiência", como diz a tradução para o inglês).

Na forma "democracia dos partidos", as divisões do eleitorado — e suas preferências eleitorais, portanto — eram diretamente explicáveis por características sociais, econômicas e culturais do eleitorado, por divisões de classe, em suma. A partir da década de 1960, as preferências e escolhas passaram a variar entre eleições de maneiras que não correspondiam mais a essas características antes bem estabelecidas. A personalização do voto — em lugar do voto em um partido e/ou em um programa — passou a ser determinante. Essa transformação, entretanto, não significou, segundo Manin, um declínio do poder dos partidos, que continuaram a estruturar a política. O que ocorreu a partir daí foi que os partidos se tornaram tendencialmente "instrumentos a serviço de um líder".[4]

Essa é a nova forma de democracia, a nova forma de governo representativo que Manin chama de "democracia do público" e que, segundo ele, se mantém até o momento atual. É uma forma de governo representativo marcada por duas principais novidades características. A primeira delas é a das (então) novas técnicas de comunicação, o rádio e a televisão, que permitem que candidaturas sejam conhecidas sem a mediação das organizações políticas formais.[5] Comparados aos processos de seleção dos partidos de massa, com seus militantes e com sua hierarquia, os (então) novos meios de comunicação de massa selecionam um tipo novo de qualidades e de talentos, bem como figuras midiáticas, que dominam as técnicas de comunicação. Isso faz com que a democracia do público seja o *"reino do expert em comunicação"*. [6]

A segunda característica marcante dessa forma de democracia é a transformação do alcance da ação estatal, que aumentou consideravelmente, em especial do ponto de vista econômico e jurídico. Segundo Manin, isso teria tornado o detalhamento de programas políticos inviável e contraproducente. A multiplicação de atores e domínios de ação corresponde também a uma maior imprevisibilidade do ambiente em que as decisões são tomadas.[7] Esse desenvolvimento permitiria ver o "expert em comunicação" como uma resposta possível a esse novo estado de coisas.[8]

Nesse contexto, "democracia do público" significa, antes de tudo, um público (um eleitorado) essencialmente *reativo*, um *"público* que reage aos termos que lhe são expostos e propostos na cena pública".[9] O efeito disso sobre as candidaturas pode ser visto na comparação com a forma anterior de democracia tal como pensada por Manin, a democracia dos partidos. Na democracia dos partidos, não é necessário buscar a clivagem do eleitorado que será mobilizada na campanha: ela está dada, é uma clivagem de classe, uma clivagem dada, simultaneamente econômica, social e cultural. Na democracia do público, ao contrário, a clivagem tem de ser buscada, ela não está dada de antemão. São as candidaturas que propõem ao eleitorado as clivagens em que ele se reconhecerá e se organizará em termos eleitorais. É um processo de tentativa e erro, com larga utilização de pesquisas de opinião, em que ajustes vão sendo realizados à medida que o público reage a essas propostas de divisão e de organização do eleitorado.[10]

De um lado, trata-se do pressuposto clássico de determinadas correntes da ciência política de que a eleição é organizada de cima para baixo, de que o eleitorado responde ao enquadramento prévio do espaço lógico da escolha eleitoral por parte do sistema político. Ou seja, pressupõe-se uma sociedade relativamente amorfa com respeito a suas próprias divisões. Ao mesmo tempo, de outro lado, Manin realiza uma relevante abertura para a ideia de que há propostas de clivagens que não funcionam, de que é um processo de tentativa e erro e que, portanto, as propostas de clivagens têm de corresponder — de alguma forma, em algum nível — a divisões previamente existentes na sociedade, mesmo que apenas de maneira potencial.

Isso é tanto mais importante porque o fato de o eleitorado ser, na caracterização de Manin, reativo, não significa de maneira alguma que ele seja por isso "passivo", antes pelo contrário. Esse é um dos pontos de objeção de Manin a Joseph Schumpeter, que, segundo ele, não só desconsidera o papel fundamental desempenhado pela eleição a intervalos regulares,[11] como acaba por "reduzir a democracia representativa à seleção concorrencial de governantes e afastar como mitológica ou ideológica a ideia de uma influência dos eleitores sobre o conteúdo das decisões tomadas por tais governantes".[12] Essa reatividade — que é também influência sobre conteúdos das decisões políticas tomadas por governantes, como pudemos ler — não se dá apenas no momento da eleição e não é também apenas retrospectiva, já que significa uma antecipação do momento eleitoral a que governantes têm de estar atentos. Essa reatividade que é influência é, portanto, contínua, permanente. No caso de Manin, essa reatividade se concentra na ideia de "juízo público".[13]

Apresentado o problema a partir da "democracia do público", torna-se possível pensar o consentimento[14] em termos de adesão não apenas a um governo específico, mas, sobretudo, a determinada maneira de dividir a sociedade. Assim, torna-se possível explicar, por exemplo, por que Manin vincula tão claramente o consentimento à regra de maioria, em lugar de tomar a noção em sua formulação clássica mais abrangente, em que o consentimento é concedido ao próprio pacto social — o que significa dizer: ao poder, ou, mais contemporaneamente, à legitimidade e mesmo à dominação —, e não a suas divisões posteriores. Nesse sentido, momentos de crise para Manin são momentos de crise do que ele chama de "laço representativo"[15] — que, para todos os efeitos, substitui e sintetiza nessa posição o que se chama habitualmente de "representação política". Quando uma forma do governo representativo é deixada para trás em favor de uma nova, o que se altera é o laço representativo, e não o governo representativo enquanto tal.[16]

O resultado mais importante aqui é justamente que essa nova forma de democracia, a democracia do público, propõe uma nova forma de *representação*, muito mais personalista e personalizada, em que quem representa é também quem age no sentido de propor um princípio de divisão, de partição da sociedade, do eleitorado, do mundo, no limite:

Vemos assim se desenhar uma forma nova de representação. O representante é um ator que toma a iniciativa de propor um princípio de divisão. Ele procura descobrir as clivagens do eleitorado e leva algumas delas para a cena pública. Com isso, encena e dá acesso à clareza da consciência pública tal ou qual clivagem social: representa na medida em que dá presença a uma clivagem não evidente da sociedade. O representante não é aqui, portanto, um porta-voz. Dada a personalização da escolha eleitoral, ele é, de uma parte, um *trustee*. Mas ele é também um *ator* relativamente autônomo, que busca e revela clivagens.[17]

Esse processo de formação de uma esfera pública política tal como descrito por Manin para os países centrais democráticos não aconteceu dessa forma no Brasil. Muito pelo contrário, é como se a redemocratização brasileira da Constituição de 1988 tivesse envolvido simultaneamente todos os tipos ideais que Manin descreve como formas do "governo representativo" — o parlamentarismo (entendido em termos de um governo de "notáveis"), a democracia dos partidos e a democracia do público. Afinal, tivemos coronelismo, partido de massa e escolha de elites políticas com base no desempenho no rádio e na TV, tudo ao mesmo tempo. No entanto, entendo que pode ser útil e esclarecedor tentar utilizar algumas das caracterizações, esquemas e tipos ideais de Manin para tentar entender como esses processos se deram entre nós. E, talvez, tentar entender a situação atual em uma perspectiva que não fique restrita ao caso brasileiro, ainda que ele permaneça o ponto de fuga das análises.

Para começar, o processo de uniformização e oligopolização da mídia, que tornou relativamente unitária e uniforme a esfera política no Brasil, não se deu inteiramente sob a democracia, mas antes sob a ditadura militar de 1964.[18] Ou seja, na caracterização de Manin, no momento da massificação efetiva dos novos meios de comunicação, não tivemos no Brasil nem "público" nem "democracia". Sentimos até hoje as repercussões nefastas da ditadura de 1964 também sob esse aspecto. Sobretudo, os partidos brasileiros da redemocratização, em sua grande maioria, não têm e não tiveram escolas, jornais, rádios, TVs. Nasceram já sob a égide da "democracia do público", porém sem que uma "democracia dos partidos" tivesse se enraizado nos moldes descritos por Manin. Mas não só isso: se olharmos para a etapa seguinte, veremos facilmente que, desde o advento da internet, o Brasil sempre foi um dos países que se destacaram na utilização de plataformas digitais de maneira geral.

Isso é especialmente importante porque Manin caracteriza como "decisivo" para a formação da opinião sob a "democracia do público" o fato de os canais de informação e de formação da opinião, ao contrário do que acontecia na democracia dos partidos, não serem *estruturalmente* ligados às organizações que agregam votos em eleições, os partidos".[19] Essa nova configuração se deve em grande parte ao domínio de certa concepção-padrão de jornalismo, comprometida com determinado entendimento da objetividade dos fatos e com a separação rígida entre informação e opinião. Foi essa constituição não partidária do rádio e da televisão após o fim da Segunda Guerra Mundial que determinou sua posição e seu papel em disputas eleitorais. E foi essa "neutralização relativa da mídia frente às clivagens partidárias" que permitiu que indivíduos formassem suas opiniões políticas a partir de fontes de informação comuns, e não a partir de fontes de informação que coincidissem com suas preferências político-partidárias.

De acordo com Manin, todo o arranjo da democracia do público depende, em última instância, de que os "canais pelos quais se forma a opinião pública política" sejam "relativamente *neutros* com respeito às clivagens entre os partidos em competição pelo poder".[20] Se assim é, entretanto, o foco primordial para entender a situação atual não pode ser outro senão o do entendimento desses próprios "canais", já que é essa premissa que está em questão no momento presente. Sob esse aspecto, Manin não segue os princípios estruturantes de seu próprio livro. Porque recorrer a estudos empíricos que mostram que os partidos continuam tendo o papel central que sempre tiveram desde a "democracia dos partidos" ignora o fato de que esse papel é simplesmente formal se a condição para que ele seja exercido não mais existe. E acho que é exatamente esse o caso.

Esse estado de coisas deveria ter bastado — ou pelo menos assim me parece — para que um teórico da estatura de Manin chegasse pelo menos à conclusão de que, no esquema que ele próprio propôs, seria preciso pensar uma nova figura do governo representativo. Sendo essa uma forma democrática — também isso deixou de ser evidente —, teríamos de falar, digamos, de uma "democracia do digital". Não foi isso o que Manin concluiu. Mas é o que, acho, deveria ter concluído.[21]

Essa conclusão a que chego tem também uma consequência teórica e prática da maior relevância e urgência: é ilusório — e praticamente temerário, já que põe em risco a própria democracia — continuar a entender a situação atual como se as instituições estivessem funcionando como a teoria diz que funcionam. Como é igualmente temerário diagnosticar que esse modo de funcionamento se perdeu e que é preciso voltar a esses modelos de democracia que perderam seu lastro social. Não importa como se entenda esse lastro.

Essa conclusão — que é também um novo ponto de partida — exige que, no estudo da política — seja do comportamento eleitoral, seja de partidos ou de instituições políticas de maneira mais ampla —, a atenção tem de estar voltada na mesma medida tanto para a infraestrutura de formação da opinião quanto para o próprio funcionamento institucional. Por isso, é fundamental concentrar esforços no exame das condições estruturais em que se formam esferas públicas na atualidade.

De um lado, é preciso considerar que a sociabilidade digital impõe um desafio de grande magnitude para posições liberais clássicas, elas mesmas calcadas em uma analogia já precária entre competição de mercado e competição de ideias em livre circulação na esfera pública — a despeito de como se qualifique esse "livre" no caso de uma esfera pública controlada por oligopólios de comunicação. O princípio original diz que a livre circulação de ideias leva necessariamente à prevalência de um conjunto de princípios "os mais razoáveis", já que resultantes de um controle público racional, tal como se pode encontrar exemplarmente, por exemplo, em *Sobre a liberdade*, de John Stuart Mill. Quando as instâncias de consagração da racionalidade nesse sentido liberal da expressão deixam de ter o monopólio do acesso à esfera pública, cai igualmente por terra essa premissa, por mais viciada que já fosse sem a fragmentação e a pluralização próprias do mundo digital.

De fato, o neoliberalismo em sua fase progressista, nas décadas de 1990 e 2000, já tinha realizado ajustes nessa concepção, ao incorporar, por exemplo, o combate ao chamado "discurso de ódio", mas, até onde sei, essa restrição não foi devidamente pensada de maneira a poder ser acomodada em um quadro liberal clássico.[22] A nova sociabilidade digital apenas exacerbou essa dificuldade. Ao mesmo tempo, também ainda antes da revolução digital, já tinham sido levantadas objeções relevantes não só ao quadro liberal clássico, mas também à tentativa de sua apropriação teórico-crítica por Jürgen Habermas, como foi o caso da formulação dada por Nancy Fraser à noção de "contrapúblicos".[23]

De outro lado, um necessário ponto de partida para considerar a configuração de esferas públicas na atualidade exige entender redes sociais e plataformas digitais, que ocupam um espaço central na definição dessa noção. Não há dúvida de que redes sociais e plataformas digitais funcionam e tendem a funcionar em regime de oligopólio. Mas trata-se já de um oligopólio "agregador de opiniões" — "agregador e estimulador da formação de bolhas", seria igualmente possível dizer —, e não um oligopólio da *informação e da formação da opinião*, modelo que vigorou, grosso modo, na segunda metade do século xx. Mais que isso ainda, a arquitetura das plataformas e redes é feita para impedir o surgimento de um oligopólio da formação da opinião, justamente: tal oligopólio significaria o fim da disputa comercial pela atenção dos consumidores. Fica claro, portanto, que o surgimento de plataformas se deu *contra* o oligopólio da informação e da formação da opinião existente anteriormente, da "grande mídia", da "mídia tradicional", da "mídia mainstream". Assim, a discussão sobre a regulamentação de plataformas e de redes é por certo central, mas não atinge o cerne do negócio, a lógica da atenção.[24]

Sem pôr em questão e sem enfrentar a lógica do algoritmo da atenção, não faz sentido imaginar que plataformas digitais serão capazes de participar de algo como um novo pacto de relativa neutralidade com respeito às clivagens entre os partidos em competição pelo poder, como diria Manin. Não se trata apenas de constatar que um enfrentamento das plataformas nesses termos não está no horizonte. Trata-se antes de constatar a impossibilidade estrutural de um retorno a tal situação de "relativa neutralidade". Não apenas a arquitetura de plataformas e redes ela mesma impede um pacto desse tipo: levam antes na direção de como se formava a opinião no modelo da "democracia dos partidos" — só que sem "partidos de massa" agora — do que na direção de uma "democracia do público" renovada.[25]

No mesmo sentido desestabilizador das bases da forma "democracia do público" está a relação entre integrantes da política institucional e os partidos. Como argumentei no capítulo 1 com apoio nas investigações de Peter Mair, partidos se tornaram apenas um dos pontos de apoio da atuação de seus expoentes e líderes. No ambiente das plataformas e redes sociais, a personalização característica da "democracia do público" tende a se exacerbar. Sob esse aspecto, a situação atual passa a se parecer com a atuação de "notáveis" própria do que Manin chama de "parlamentarismo", identificado por ele como a primeira figura do governo representativo, com a agravante, como veremos no caso dos "partidos digitais", de produzir a concentração de poder em torno da figura do "líder".

Ainda assim, mesmo levando em conta essas mudanças estruturais, é necessário preservar a preciosa síntese de Manin de uma série de investigações empíricas: é papel primordial da liderança política propor clivagens ao eleitorado. Se pudermos estabelecer ao menos as balizas dessas mudanças, será possível pensar de que maneira esse mecanismo opera nas circunstâncias de uma esfera pública marcada por uma peculiar simbiose entre mídia tradicional e mainstream e mídias digitais. Porque a posição da mídia tradicional e mainstream como estruturante da política — no sentido que lhe deu Manin — ficou clara justamente no momento de sua crise, coincidente com a "crise da democracia". Foi nesse momento que se evidenciou seu papel de *gatekeeper* da esfera pública e, em consequência, de guardião do acesso ao sistema político. A crise da mídia tradicional e mainstream coincide com o surgimento, a difusão e a consolidação das redes sociais, cuja lógica de funcionamento e apropriação por quem dela se utiliza permitiram "contornar" esses *gatekeepers*, possibilitando o surgimento de movimentos digitais capazes, inclusive, de decidir resultados eleitorais.

II. O predomínio das analíticas e das métricas

O diagnóstico de uma democracia do digital depende fundamentalmente de localizar dentro dela a posição estratégica ocupada pela esfera pública. Mas não de maneira genérica, senão com atenção especial para a posição que nela ocupam as mídias. Não se trata aqui de reduzir a discussão simplesmente a uma suposta dominância da internet, das redes sociais e das plataformas digitais. A relação entre a mídia digital e a mídia chamada tradicional e mainstream é muito mais complexa do que isso, como se pretende mostrar nesta seção. Mais do que isso ainda, de modo algum se pretende aqui superdimensionar a importância das transformações digitais, como se fosse a causa de todas as transformações sociais relevantes da atualidade.[26] Trata-se tão somente de reconhecer que a revolução digital tem consequências estruturantes para a maneira de perceber e de fazer política.

Reconhecer a centralidade do papel das mídias não significa, entretanto, dizer que a mídia digital destruiu ou tornou irrelevante a mídia tradicional ou mainstream. Pelo contrário, é necessário compreender mídia digital e mídia tradicional em conjunto. Mais do que isso, é preciso entender como a conjunção das diferentes mídias opera de maneira diferente conforme o objeto seja o mercado, a cultura, a política. Ainda assim, Schroeder assinala corretamente que, da "perspectiva da mudança social de longo prazo, as consequências mais importantes da internet estão relacionadas à política".[27]

Essa posição estruturante das mídias em relação à política não se estabelece, portanto, como predominância da mídia digital enquanto tal em relação às demais, mas como predominância da lógica subjacente às transformações digitais. Sob esse aspecto, o recurso a David Karpf é aqui bastante útil.[28] Ainda que seu foco esteja no que denomina "ativismo analítico" (no sentido das "analíticas" como uso focado das "métricas")[29] e, portanto, em campanhas (incluindo campanhas políticas), Karpf recorre sempre a analogias no campo da mídia que são úteis para a circunscrição da lógica da visibilidade própria das esferas públicas.

As pesquisas de Karpf mostram uma combinação em proporções diferentes de mídia digital e de mídia tradicional ou mainstream, conforme o objeto em questão. Nesse sentido, também não se trata simplesmente da hegemonia das métricas sobre a lógica de curadoria ou de edição, mas combinações desses elementos. Comparando etnografias do campo do jornalismo, Karpf mostra a diferença entre estudos do final da década de 1970 e da década de 2010. Nos anos 1970, por exemplo, jornalistas prestavam pouca atenção no público, do qual, aliás, tinham pouco conhecimento. Editorias e conselhos editoriais tinham vagas noções das demandas do público, de modo que "pressupunham que as preferências do público se aproximavam das suas próprias".

A partir dos anos 2000, o processo editorial se altera com novos mecanismos de quantificação da audiência, especialmente com a introdução das métricas digitais. Nesse momento, as analíticas digitais se tornaram "um objeto estratégico" no âmbito das decisões editoriais: "Temos agora ferramentas para acessar de maneira granular preferências do público, e essas preferências, por sua vez, exercem uma pressão sobre juízos editoriais e avaliação do que deve ser notícia. O resultado é frequentemente depreciado como '*clickbait*'".[30]

Ao longo da primeira metade da década de 2010, Karpf notou uma mudança significativa no ambiente do ativismo digital, diagnosticando um deslocamento de foco da mobilização para a persuasão política. O caso que Karpf considera como paradigmático dessa mudança é o surgimento do Upworthy, que ele examina em detalhe. Suas conclusões mais gerais dizem que os novos processos de decisão combinam orientações humanas e provenientes de analíticas. Utilizando testes de tipo A/B, mesmo em versões altamente sofisticadas,[31] o site então promove o conteúdo por meio do Facebook, e-mail, Twitter, Tumblr e do site Upworthy, baseando-se em métricas analíticas únicas que priorizam o engajamento e o compartilhamento de usuários relativamente a visitantes únicos e *pageviews*.[32]

Esses desenvolvimentos apontam para mudanças nas condições de exercício do papel fundamental atribuído por Manin à liderança política na democracia do público, a saber, o de propor clivagens ao eleitorado. Não se trata de mera mudança de técnica, das pesquisas de opinião que dominaram o cenário político desde a década de 1950 para métricas analíticas construídas a partir de testes de tipo A/B a partir dos anos 2000. Trata-se antes de uma combinação desses elementos. Ainda assim, é fato que a própria lógica de atenção e de engajamento exigida pelas novas técnicas produz uma mudança estrutural na relação entre a liderança política e o eleitorado. E é esse o ponto que interessa mais de perto aqui.

Interessa, em primeiro lugar, tanto pelo que se sabe como por aquilo que ainda não sabemos. Está estabelecido que a disputa pela atenção tem de se guiar por analíticas e métricas em um ambiente de "oferta" extremamente amplo e diversificado. No entanto, como bem se pergunta Schroeder, será que as

analíticas moldam as notícias que são lidas ou vistas? Até o momento, existe pouca pesquisa sobre as consequências dessa mudança, e um problema é que as pessoas não utilizam unicamente fontes online para notícias (assim como as notícias não têm origem exclusivamente na mídia online). Outra complicação é a mudança para o consumo móvel de notícias, sobre o qual, novamente, pouco se sabe. Ainda assim, é claro que organizações de notícias usam crescentemente analíticas para atrair o interesse do público e essa quantificação do interesse molda as notícias que se tornam visíveis.[33]

Qualquer tentativa de aplicar esse conhecimento disponível à compreensão da competição por atenção, da mobilização e da persuasão no campo da política envolve a compreensão de sua relação com projetos autoritários em sentido amplo, abrangendo não apenas o que a vertente "crise da democracia" denomina "populismo", mas também o caso da China. Aqui, uma vez mais, nota-se a vantagem do estudo de Schroeder, que realizou uma comparação em duplas, com Estados Unidos e Suécia, de um lado, e China e Índia, de outro. O estudo também inclui a China sob a noção de "populismo", já que a pesquisa se concentra sobre movimentos nacionalistas radicais naquele país, que mostram afinidades com outras formas de populismo em outros lugares.

Com essa perspectiva, Schroeder pode superar uma oposição muito corrente entre "mídia digital", de um lado, e "forças populistas", de outro. Como mostra em seu livro,

o sucesso de populistas, sua força nos quatro casos examinados, não teria sido alcançado sem as mídias digitais não mainstream. Posto de maneira diferente, populistas obtiveram uma vantagem desproporcional com as mídias digitais em comparação com como se saem nas mídias tradicionais e em comparação com a maneira pela qual partidos ou movimentos políticos estabelecidos utilizam as mídias.[34]

Tendo como pano de fundo o pilar da "democracia do público" identificado por Manin nos oligopólios da comunicação de massas orientada pelo novo jornalismo pós-1945, torna-se assim possível estabelecer um contraponto instrutivo a partir do trabalho clássico de Markus Prior,[35] que, aliás, apresenta uma descrição e uma explicação bastante compatíveis com o quadro esboçado por Manin no que se refere às décadas de 1960 e 1970. Prior mostra que, nesse período, a TV teria de alguma maneira equalizado o acesso a informações políticas, já que não exigia habilidades de leitura e era consumida de modo relativamente homogêneo por todas as parcelas da população, nos mesmos horários e nos mesmos poucos canais disponíveis, que concentravam quase todo o conjunto da audiência.

Esse quadro começa a mudar rapidamente nos Estados Unidos com a expansão da TV a cabo, especialmente nos anos 1980. A mudança é ainda mais drástica com a rápida difusão da internet, a partir dos anos 1990, e do streaming, a partir dos anos 2000 — uma expansão que passa a ter, então, caráter global. Nessa transição, Prior consagra especial atenção àquelas pessoas que antes, quando não tinham opções, demonstravam interesse suficiente para assistir aos programas de notícias, mas que, diante da possibilidade de escolher entretenimento, não mantêm a mesma decisão.[36] Os efeitos dessas transformações são vitais para a compreensão do comportamento eleitoral e político, de maneira mais ampla, já que é conhecida a correlação entre interesse político e escolaridade, de um lado, e conhecimento político e comparecimento para votar, de outro, por exemplo.[37] Foi nesse novo quadro que Prior produziu o experimento *low choice/high choice*, baseado em um *survey* realizado em 2002, em que 2358 pessoas, escolhidas aleatoriamente, respondiam de início à seguinte pergunta: "Se você tivesse tempo livre às seis da noite e os seguintes programas estivessem disponíveis, a qual você assistiria, ou, então, você não assistiria à TV?". Na sequência, foram apresentadas, de maneira aleatória, uma de duas condições, com o objetivo de mimetizar as escolhas que as pessoas teriam em um ambiente de TV aberta ou de TV a cabo.[38]

São muitos os resultados interessantes da pesquisa de Prior. Cabe destacar aqui apenas os que dizem mais diretamente respeito às transformações em relação ao quadro inicial de que partimos, o da "democracia do público" tal como proposta por Bernard Manin.[39] Em primeiro lugar, os estudos de Prior confirmam hipóteses formuladas por Philip E. Converse no início dos anos 1960 — e convergentes com o pilar da "democracia do público" de Manin —, de que a TV tornaria setores menos educados da população estadunidense mais informados sobre política. E sem que isso alterasse os níveis de informação política dos setores mais educados.[40]

Por contraste com essa situação pregressa, para grupos expressivos da população estadunidense, a ampliação do raio de escolha de mídias e de opções de fontes de informação levou a graus mais rarefeitos de informação política, e não a um maior grau de informação.[41] É também nesse mesmo capítulo 4 de seu livro que Prior mostra como essas transformações acarretaram mudanças importantes do público votante. Aumentou a proporção de votantes com alto interesse no noticiário político e diminuiu a porcentagem de votantes menos interessados no noticiário político — que demonstram preferência por entretenimento em lugar de informação, basicamente.

Traduzido nos termos da argumentação aqui apresentada e guardadas as devidas diferenças entre um país em que o voto é facultativo e países onde o voto é obrigatório, é possível dizer que as novas mídias — e a mídia digital, em especial — tendem a estruturar a experiência política em dois polos: o desengajamento, de um lado, e o hiperengajamento, de outro.[42] O interessante é que, combinado com a lógica das analíticas e das métricas do mundo digital, esse desenvolvimento conduzirá a uma reestruturação da política que tende a sobrevalorizar e mesmo a conceder preferência ao hiperengajamento, com consequências diretas sobre as dinâmicas institucionais, sobre a organização dos partidos, sobre as campanhas eleitorais e sobre o funcionamento dos governos.

Ralf Schroeder reforça esses achados de Prior ao associá-los a outra pesquisa, realizada por Oscar Westlund e Lennart Weibull, que chegou a resultados semelhantes, porém ressaltando não apenas um relevante componente geracional, mas uma diferença importante no ambiente de mídia, já que a Suécia tem como referência principal os jornais, enquanto os Estados Unidos são muito mais centrados na TV.[43] Tomados em conjunto, esses estudos reforçam a conclusão de que, quanto maior a escolha, menor o interesse em política por parte de parcelas importantes da população. O questionamento seguinte que se faz Schroeder é sobre as consequências disso em termos dos "perigos e oportunidades" trazidos por essas transformações, pela mídia digital em especial. E a sua resposta é a seguinte:

> O principal perigo é que as elites reajam mais a sinais da mídia do que a demandas não mediadas, tornando-se enviesadas em relação aos inputs potencialmente mais deturpados da mídia digital. A principal oportunidade é de mudar a agenda para mais perto de questões ou grupos que foram negligenciados pela mídia tradicional, incluindo desafiantes ou outsiders de todos os matizes.[44]

Como se sabe, ambas as coisas se deram, tanto a prevalência do hiperengajamento na determinação dos rumos da política quanto o favorecimento de pautas e de grupos outsiders, marginalizados pela mídia tradicional. Esse será também o ponto de partida da próxima seção deste capítulo, quando estará em questão a forma partido, o "partido digital", em especial. Tomando como ponto de partida análises de Paolo Gerbaudo, veremos de maneira mais precisa como o ambiente digital favoreceu outsiders. Não exatamente "de todos os matizes", como diz o texto de Schroeder que acaba de ser citado, mas de alguns matizes determinados.[45]

Não cabe discutir aqui até que ponto a lógica das analíticas e das métricas se impôs a diferentes domínios sociais, em que medida algoritmos substituíram ou tendem a substituir escolhas editoriais, políticas ou de outro tipo, produzindo novos mecanismos de hierarquização[46] — até porque, como já enfatizado, sabe-se relativamente pouco a respeito (ou, ao menos, é o meu caso). A questão aqui é pensar, em primeiro lugar, como determinadas utilizações da mídia digital permitiram "contornar" os *gatekeepers* do sistema político e da mídia tradicional e mainstream com vistas a assaltos ao sistema político tal como estabelecido; e o efeito estrutural que essa manobra produziu, que foi o de estabelecer oposições de caráter irreconciliável, dada a lógica mesma das métricas e do impulsionamento de conteúdo nas plataformas e redes sociais.

Sob esse aspecto, Ralf Schroeder é, uma vez mais, de grande ajuda. Ao analisar o papel destacado do Twitter como correia de transmissão para a visibilidade na mídia tradicional, Schroeder mostra de que forma isso se deu no caso da campanha de Donald Trump em 2016. O Twitter não teve papel decisivo na campanha eleitoral, mas sim nas primárias do Partido Republicano para a escolha de seu candidato, quando a pré-candidatura de Trump teve uma cobertura desproporcional em relação às demais segundo os padrões até então habituais do jornalismo político, porque,

> comunicando-se via Twitter, Trump conseguiu contornar os *gatekeepers* convencionais de jornalistas e da TV e dos jornais mainstream porque estavam compelidos a cobrir suas visões em um ambiente competitivo baseado em cotas de audiência. Dito de outra maneira, Trump não falou

diretamente com seu público via Twitter — poucas pessoas estão no Twitter nos Estados Unidos. Mas ele pode contar com a mídia tradicional para difundir suas mensagens de mídia.[47]

Se nos voltarmos para os efeitos mais diretos dessas transformações em termos de campanhas eleitorais e de comunicação entre governantes e governados (para falar nos termos de Manin, de que partimos aqui), veremos consequências de amplo alcance nos dois âmbitos. Veremos surgir a possibilidade de usar a segmentação e a customização de mensagens no sentido de enviar informações que, comparadas, seriam abertamente contraditórias.[48] Os oligopólios da informação e da formação da opinião que sustentavam o tipo que Manin chamou de "democracia do público" não permitiam utilizar essa estratégia de comunicação, justamente. Ao contrário, exigiam uma uniformização do discurso que permitia alcançar o tipo de arranjo político que dominou toda a segunda metade do século XX onde a democracia se instalou e durou.

No que se refere à eleição de 2018 no Brasil, recursos como esses foram largamente utilizados pelo então candidato Jair Bolsonaro. No capítulo 3, esse processo, no caso brasileiro, vai encontrar analogia, por exemplo, com o episódio do atentado à faca sofrido pelo candidato em 6 de setembro de 2018, que representou um reforço adicional a uma estratégia que já vinha sendo até então utilizada com sucesso, amplificando o efeito de cobertura midiática desproporcional.[49] Mas, antes disso, é necessário examinar em detalhe um último ponto cego do quadro que serviu de base inicial para a elaboração deste capítulo, aquele proposto por Bernard Manin. Falta examinar as formas organizativas adequadas a esse tipo de assalto ao modo de funcionamento do sistema político por via eleitoral. Consoante as considerações e os resultados do capítulo anterior, falta ainda pensar nesse contexto o sentido e o significado de "partido" no momento atual.

III. Partidos, "partidos digitais", "partidos plataforma"

Uma das muitas marcas características interessantes das análises de E. E. Schattschneider é seu ponto de partida, com o qual abre seu livro clássico: "Um partido político é uma tentativa organizada de tomar o controle do governo".[50] Mais adiante no livro, Schattschneider apresenta a ideia em maior detalhe, explicando que um "partido político é antes de tudo uma tentativa organizada de ganhar poder. Poder é aqui definido como controle do governo".[51] Por isso, o método do partido, segundo Schattschneider, é primeiramente um "método pacífico. Os partidos não tomam o poder por um *coup d'état*".[52]

No quadro reconstruído até aqui, essa autêntica premissa de Schattschneider pressagia — seu livro foi publicado pela primeira vez em 1942, antes da expansão da televisão e do jornalismo baseado na rígida separação entre noticiário e opinião[53] — justamente a passagem, no pós-1945, do que Bernard Manin chamou de "democracia dos partidos" para a "democracia do público". Porque até esse momento, até o declínio da "democracia dos partidos", não havia apenas partidos que se consideravam em mera competição com os demais, que tinham como objetivo "tomar o controle do governo", simplesmente. Até a década de 1950, havia partidos de grande expressão eleitoral que pretendiam tomar o poder em sentido muito diferente de apenas controlar o governo. Partidos para os quais eleições, governo e a institucionalidade estabelecida, de maneira mais ampla, eram apenas um meio para instaurar outra institucionalidade.

Foi apenas quando esse modelo de partido perdeu relevância eleitoral, quando foi publicamente contido segundo as regras das democracias então existentes em seu objetivo de revogar a ordem vigente que se tornou possível caracterizar partidos tal como Schattschneider os caracterizou. E foi esse mundo partidário e eleitoral que se estabeleceu — com mudanças e variações, por certo — por algo como sete décadas. Foi aí que nasceu o "governo de partidos", como diz o título do livro de Schattschneider.

A abordagem de Manin (que nem sequer menciona Schattschneider, aliás) parte de um conceito relativamente uniforme de partido, um conceito minimalista que trata essa forma de organização como correspondente, no tempo e no espaço, ao tipo ideal estabelecido por pensadores como Moisei Ostrógorski, Robert Michels ou Max Weber nas duas primeiras décadas do século XX. Apesar da definição restrita de Schattschneider quanto ao que deve ser considerado um "partido", em nenhum momento ele perde de vista a multiplicidade de significados do termo. Muito menos considera que estudos comparativos devam ter por objetivo identificar e encontrar o que há de *comum* aos diferentes países. Nas suas palavras:

> Pressupor que partidos franceses, ingleses, alemães e americanos poderiam ou deveriam se comportar como se fossem associações idênticas ou equivalentes passíveis de ser livremente substituídas umas pelas outras como blocos de cimento é bloquear as mais interessantes e sugestivas investigações a respeito da natureza dessas associações. Somente quando se vê que partidos americanos são *diferentes* é que se torna provável ocorrer a alguém tentar explicar o caráter singular e especial do sistema.[54]

Mais que isso ainda, Schattschneider coloca o estudo dos partidos no centro do estudo da política. Foi isso, acho, que acabou se perdendo em grande medida ao longo dos quase setenta anos de "governo dos partidos", que é o termo que ele emprega. A concentração no estudo das regras institucionais da política deixou em segundo plano o estudo dos partidos como organizações orientadas para a tomada do poder. Os partidos passaram a ser subsumidos na ideia mais geral de "sistemas partidários".

É fundamental resgatar o impulso de Schattschneider de valorizar a diversidade organizacional dos partidos como elemento central de explicação da política na compreensão do momento atual. É o que pretendo esboçar nesta seção. Mas não sem antes considerar que um elemento fundamental do mundo pré-1945 se reapresentou, mesmo que sob cores diferentes, um elemento que desafia a premissa básica de Schattschneider: há de novo partidos eleitoralmente muito relevantes que não se orientam apenas para "controlar o governo". Não só partidos, aliás, como pretendo mostrar. Também "movimentos orientados para a institucionalidade" — digamos assim — que não podem ser reduzidos a "grupos de pressão", como diria Schattschneider, ou a "facções", como diria Sartori em sua brilhante reconstrução do caminho que levou das "facções" aos "partidos".[55]

Nesse contexto, ainda que tenha certamente colaborado para a inflexão duradoura que passou a entender os partidos apenas em termos de "sistemas partidários", o livro de Maurice Duverger de 1951, *Os partidos políticos*, guarda marcas do impulso que anima o esforço de um Schattschneider. Duverger insiste em ressaltar a necessidade de compreender as origens históricas e a diversidade organizativa dos partidos, ou seja, pretende entendê-los em sua especificidade. Na abertura de seu livro, lembra que, em 1850, não havia nenhum país do mundo, à exceção dos Estados Unidos, com partidos constituídos "no sentido moderno da palavra"; já em 1950 — quando escreve seu trabalho — Duverger nota que partidos nesse sentido "funcionam na maior parte das nações civilizadas, as outras se esforçando para imitá-las". Ao se perguntar pela passagem de um sistema a outro, Duverger escreve: "A questão não é apenas da alçada da simples curiosidade histórica: assim como os homens levam por toda a sua vida as marcas de sua infância, assim os partidos sofrem profundamente a influência de suas origens".[56]

Devidamente descontada a metáfora organicista, a afirmação não quer dizer que a origem deva ser absolutizada, ou que possa ou deva ainda ser mantida uma distinção como aquela entre origem "parlamentar e eleitoral" ou origem "externa" dos partidos, mesmo com todas as muitas ressalvas feitas pelo próprio Duverger à distinção que propôs.[57] Como bem argumenta em contrário Angelo Panebianco, a complexidade dos diferentes processos exigiria antes pensar conjuntamente essa ideia do modelo originário com os diferentes processos (e graus) de institucionalização.[58]

Precisamos de tipologias de partidos para poder estabelecer comparações e construir explicações que tenham caráter de generalidade. Porém produzir uma tipologia não é ponto de chegada, mas de partida. Mais que isso ainda: propor uma tipologia não significa reduzir todas as formas existentes a um tipo único e uniforme de partido — o que entendo que é um pressuposto implícito ou explícito de grande parte das explicações disponíveis, como já indicado anteriormente.[59] Pelo contrário, como também já mencionado, a situação atual mostra que há uma competição entre formas possíveis de partido. Se queremos acompanhar o que está acontecendo, precisamos levar em conta essa diversidade e a estrutura dessa disputa.

Para isso, é preciso também buscar não apenas a perspectiva comparativa em termos sincrônicos, mas, igualmente, alguma profundidade histórica. Essa perspectiva envolve algumas premissas, mesmo que seu desenvolvimento seja aqui apenas indicativo.[60] A primeira delas recomenda não tomar por evidente a estabilidade institucional em um sentido preciso: sempre haverá outsiders em busca da disputa de poder, e essa disputa entre "estabelecidos e outsiders", no caso do sistema político, se dá sempre entre formas estabelecidas e formas novas de organização política, partidária em especial. A segunda premissa se apoia na ideia de que os resultados dessa disputa se mostraram muito variados desde fins do século XIX, incluindo momentos em que a democracia foi abolida — daí a enorme relevância de estudar tanto a Itália do período 1897-1942 quanto a Alemanha do período 1918-45 e o Japão do período 1890-1945, ou, em chave certamente diferente, casos como o do Brasil de 1945 a 1985.

Mas a enorme relevância de estudos comparativos com esses países nesses momentos de grave instabilidade e de passagem ao autoritarismo ou ao totalitarismo tem muito a ver também com o desenvolvimento realizado até aqui a partir do quadro teórico proposto por Manin. Há elementos na formação da opinião e da vontade políticas no momento atual que se aproximam fortemente desse momento que, na formulação típico-ideal de Manin, foi o da democracia dos partidos. E que, portanto, a ligação das possibilidades de regressão autoritária do presente com o passado se dá também sob esse aspecto decisivo.

É certo que o tumulto atual não pode ser inteiramente compreendido mediante a mera remissão a períodos como o do fascismo, do nazismo, ou mesmo da ditadura de 1964 no Brasil. Porque houve o período de hegemonia da "objetividade jornalística" e de uma esfera pública formal relativamente homogênea (como decorrência de sua lógica altamente seletiva e excludente, por certo), inclusive. Mas não é possível ignorar que elementos decisivos que levaram a regressões autoritárias na primeira metade do século XX se reapresentaram, ainda que de forma inteiramente nova, em novo patamar. Entre esses elementos — com destaque para uma crise econômico-mundial aguda —, chamo aqui a atenção para aquele que organiza a vida política segundo "bolhas" ou "câmaras de eco".

São movimentos intimamente ligados ao ressurgimento de movimentos, forças políticas e partidos eleitoralmente expressivos que não pautam sua ação pela institucionalidade democrática como um fim em si mesmo. É nesse sentido preciso, a meu ver, que é possível aproximar a "crise da democracia" atual da década de 1920, em particular em países como a Itália, a Alemanha, ou o Japão.[61] É para trazer à tona uma disputa que tem suas raízes no desafio da institucionalidade mediante novas formas organizativas que abordo aqui o momento atual, tendo sempre em vista a premissa subjacente de que esse tipo de disputa é a regra e não a exceção quando se olha o processo em perspectiva histórica. Outsiders sempre desafiam a ordem estabelecida por meio de formas organizativas que igualmente desafiam as formas organizativas estabelecidas.

Desconsiderar premissas como essas é o que pode explicar, por exemplo, a relativa subteorização em relação ao tema "partidos" desde pelo menos a década de 1980. A relativa estabilidade das formas organizacionais do pós-1945 até a década de 2000 produziu a ilusão de que se trataria de um arranjo destinado a durar mais do que efetivamente durou. Também é essa a razão, imagino, para que seja dominante a ideia de uma volta às formas organizativas características desse período de quase sete décadas após o fim da Segunda Guerra Mundial. Mesmo tendo sido subteorizada a diversidade organizativa e organizacional partidária no próprio período a que se pretende "voltar". Mesmo não se tendo dado a devida atenção aos modos efetivos de operação dos partidos nesse período.

Para tentar esboçar um quadro da diversidade organizativa atual e suas consequências para as maneiras de pensar e de fazer política no momento presente, tomo como guia o livro de

Paolo Gerbaudo sobre o "partido digital". Fazer isso significa começar do princípio, ou seja, das caracterizações clássicas de Max Weber e de Joseph Schumpeter do partido moderno, que se confunde com a figura do partido de massas. Mais precisamente, cabe lembrar que são duas as características fundamentais da forma partido a partir do momento em que se estabiliza segundo suas duas versões principais, tais como teorizadas por Duverger, a saber, o partido de quadros e o partido de massas:[62] recrutamento formalmente voluntário e luta pela conquista do poder de Estado.

No final da década de 1980, Panebianco, tendo já em vista o declínio dos partidos de massa, sugere que o novo tipo seja designado como o do partido profissional-eleitoral,[63] que parece bastante mais adequado à forma partido que poderia corresponder à "democracia do público" tal como pensada por Manin. Para além disso, o ponto que interessa ressaltar aqui diz respeito ao que Panebianco considera como "desviante": o carisma pessoal na organização partidária.[64] O caso desse tipo de partido me parece tanto mais relevante porque os movimentos e/ou partidos que ora procuram destruir a institucionalidade democrática têm em comum a característica de se reunirem em torno de um líder.

Seguindo o ensinamento de Max Weber, Angelo Panebianco duvida da persistência no tempo de um partido carismático, dadas as suas características insurrecional-revolucionárias, personalistas, de incerteza e instabilidade organizacional, de ausência de financiamento regular, de instabilidade do próprio carisma (que é permanentemente posto à prova).[65] Panebianco insiste no caráter "antissistema" do partido carismático, com suas demandas inegociáveis e tudo o mais. Ele entende que esse caráter é explicável "à luz de qualquer organização em sua fase inicial, de conquista de um *domain*, de uma parcela do mercado, às custas das organizações já estabelecidas".[66]

São muitas as razões pelas quais é importante utilizar aqui "antissistema" em lugar de expressões ainda mais vagas, das quais a de maior notoriedade talvez seja a de "antipolítica". De saída, é preciso lembrar que "antipolítica" pode significar uma defesa da tecnocracia, por exemplo, que seria defendida nesse caso como antídoto à "política", habitualmente identificada à política "politiqueira". Em sentido contrário, posições antissistema ou antiestablishment não são antipolíticas, são contra a política tal como funciona. É o que podemos encontrar, por exemplo, na definição de Sartori: "Um partido pode ser definido como antissistema sempre que *enfraquece a legitimidade do regime* a que se opõe".[67]

Dito isso, é possível que Panebianco tenha razão, é possível que a formação de partidos de tipo carismático se dê unicamente em vista de uma disputa de mercado, de uma disputa entre outsiders e estabelecidos — como diz o título do famoso livro de Norbert Elias —, pelos respectivos quinhões pensados como devidos. Como pode ser que movimentos políticos desse tipo acabem tendo de assumir formas mais próximas da burocrático-legal[68] ou da patrimonial[69] para não desaparecerem. Mas não estamos lá ainda, se for mesmo esse o caso. Ao contrário, estamos em um momento em que organizações afins a partidos carismáticos têm se multiplicado em várias partes.

Especialmente porque o "partido carismático" pode ser aproximado do "partido digital", entendido aqui como organização própria de uma "democracia do digital". O livro de Gerbaudo examina mais detidamente os exemplos dos Partidos Piratas de Suécia, Alemanha e Islândia, assim como os casos do 5 Estrelas italiano e do Unidas Podemos espanhol. As análises são estendidas para movimentos como o britânico Momentum e o França Insubmissa. E aqui está um dos momentos mais importantes da caracterização, já que diz respeito diretamente à peculiaridade do caso Bolsonaro, a meu ver.

Gerbaudo justifica a circunscrição de seu foco nos Partidos Piratas, no Movimento 5 Estrelas e no Podemos por terem sido criados já digitais, ao contrário de organizações fundadas antes da era digital e que buscam, posteriormente, adaptar-se a ela.[70] Esse tipo de formação propõe uma nova forma de fazer política, fundada na tecnologia digital. O que, ao mesmo tempo, faz com que se apresente como promotora de uma política mais democrática, mais transparente, mais autêntica.

Gerbaudo diz que o partido digital é um "partido plataforma" porque ele

mimetiza a lógica de companhias como Facebook e Amazon de integrar a lógica guiada por dados das redes sociais em sua própria estrutura de decisão; uma organização que promete usar a tecnologia digital para produzir uma nova democracia de base, mais aberta à sociedade civil e à intervenção ativa de cidadãos comuns. Ele tem "fome de dados" porque, tal qual corporações de internet, busca constantemente expandir suas bases de dados, a lista, ou "*stack*", de contatos que controla. O partido digital é também um partido startup, que evoca "companhias unicórnio" como Uber, Deliveroo e Airbnb, partilhando de sua habilidade de crescer muito rapidamente.[71]

Há pelo menos um ponto aqui que me parece importante destacar e precisar e que entendo estar ausente do horizonte das análises de Gerbaudo. O que é compreensível, já que não diz respeito diretamente à organização política, mas de que é imperativo tratar quando o objetivo é inserir essas análises no contexto mais amplo da era digital. Porque, em todos os domínios, a expansão das bases de dados está ligada não apenas a chamar a atenção, mas a moldar a atenção. Nesse sentido, ao mimetizar a maneira de operar de plataformas e de mídias sociais, também é necessário pensar de que maneira os partidos digitais entram nessa disputa que, no caso mais imediato do mercado, envolve desde perfis de crédito e venda direta de produtos até medição de habilidades formais e perfis psicológicos para vagas de emprego.[72]

Acontece também que essa qualificação da discussão é hoje mais um horizonte de pesquisa do que resultado de investigações com resultados já disponíveis. Sobretudo, trata-se de um horizonte de trabalho que só se mostrará frutífero se a tendência à digitalização da vida política se mantiver, que é a tendência para a qual apontam todos os desenvolvimentos realizados aqui. Nesse sentido, o trabalho de Gerbaudo é pioneiro e inovador, buscando fundamentar essa tendência.

Como se pode constatar em sua argumentação a respeito:

O partido digital, ou, alternativamente, o "partido plataforma" — para indicar sua adoção da lógica de plataforma das mídias sociais — é, para a atual era informacional de redes onipresentes, mídias sociais e aplicativos para smartphones, o que o partido de massas foi para a era industrial ou o que o cinicamente profissionalizado "partido televisão" foi durante o período pós-Guerra Fria de alto neoliberalismo. Esse tipo de partido emergente integra dentro de si novas formas de comunicação e de organização introduzidas pelos oligopólios de Big Data, explorando aparelhos, serviços, aplicativos que se tornaram a marca mais reconhecível do período atual, das mídias sociais como Facebook ou Twitter até os aplicativos de mensagens como WhatsApp ou Telegram.[73]

Já foi mencionada a questão do "partido TV" e sua proximidade com o que Bernard Manin denominou "democracia do público". Naquele contexto, foi necessário levantar o problema:

será que o partido TV, o partido correspondente à "democracia do público", pode realmente manter a mesma forma do partido da "democracia de massas", sem que uma alteração tão decisiva nas suas condições estruturais se reflita na sua organização? Como se vê, essa é uma questão ampla, que se refere à questão ainda mais ampla da uniformidade no uso do conceito de "partido". Entendo que Gerbaudo também vê a necessidade de fazer a distinção entre as duas formas, relativas a dois momentos distintos do século XX.

Dito isso, o trecho citado mostra que Gerbaudo tende a identificar as duas expressões, "partido digital" e "partido plataforma". E, no entanto, entendo que o momento atual exige justamente a distinção entre essas duas formas. É isso o que buscarei fazer até o final do capítulo, sempre me valendo das análises de Gerbaudo para tentar indicar que, na sequência deste livro, pensarei em especial o caso de Bolsonaro e do bolsonarismo em termos de "partido digital".

A argumentação de Gerbaudo me parece muito convincente quando se trata de descrever um partido como o 5 Estrelas italiano em termos de um partido plataforma. No entanto, entendo ser possível manter a expressão "partido digital" para aquela forma de movimento e de organização com expressão eleitoral que "hackeia" partidos existentes, sem fundar um partido ou se fundir a um partido existente. Porque se baseia em uma mobilização permanente, não pode se institucionalizar no sentido tradicional da expressão. Daí serem partidos que hackeiam, que parasitam partidos institucionalizados. Em sentidos bastante diferentes, esse é o caso do trumpismo, nos Estados Unidos, e do bolsonarismo, no Brasil. Mas poderia também caracterizar iniciativas como as da França Insubmissa, ou mesmo do Momentum britânico, mesmo que não tenham chegado ao poder.

Mais do que isso ainda, entendo que, ao contrário do "partido digital" — tal como o circunscrevo aqui —, o tipo "partido plataforma" tende à institucionalização. Assim como entendo que, mesmo quando o partido digital se instala no interior de uma estrutura partidária já existente e, nessa medida, institucionaliza-se, não funciona da mesma maneira que um partido plataforma — muito menos como um partido tradicional, não digital —, nos termos em que Gerbaudo pensou esse tipo de organização, que, na sua interpretação, tem no Partido Pirata alemão, no 5 Estrelas italiano e no Unidas Podemos espanhol os seus casos exemplares.

Como mencionado na introdução, novos agrupamentos políticos de base que têm como modelo movimentos sociais desafiam os partidos existentes de diferentes maneiras, estabelecendo com eles arranjos igualmente diferentes, dependendo do objetivo. O objetivo pode ser desmantelar o sistema político tal como está organizado e, atingido ou não esse objetivo em sua integralidade, o novo agrupamento se institucionaliza e passa a operar em uma nova correlação de forças. O objetivo pode ser tomar um partido existente, mas, se isso não acontece integralmente, diferentes arranjos conflituosos se estabelecem, desde a competição aberta até a simbiose adversário-parceiro, em que um lado desafia o outro permanentemente, mas sem capacidade de conquista. O que importa ressaltar é que, em todos os casos, as novas formas de organização são de base digital.

Essa movimentação por certo envolve uma reação social não apenas aos resultados cada vez mais desiguais da globalização, mas igualmente ao processo concomitante de "cartelização" do sistema partidário identificada por Katz e Mair em meados dos anos 1990, cujo resultado mais importante é a tendência de que partidos viessem a se tornar parte do próprio aparato de Estado, em lugar de dispositivo de conexão entre a sociedade civil e o Estado.[74] Mas essa reação, esse desafio ao modelo cartelizado — tão típico do auge do neoliberalismo — por parte de forças sociais não se fez apenas por agrupamentos que tinham por objetivo um aprofundamento da democracia, mas igualmente por movimentos antidemocráticos. Isso foi tornado possível, entre outras coisas, pelo fato de que, na teoria e na prática, em grande parte da esquerda e da direita democráticas, o modelo cartelizado se apresentou como única versão possível da democracia, a sua versão "definitiva".

IV. Estabelecidos, outsiders e o hiperlíder

A nova sociabilidade digital impõe transformações estruturais à institucionalidade política. Para falar segundo os tipos ideais das formas do governo representativo de Manin, as formas atuais da democracia institucional envolvem elementos do parlamentarismo — como a extrema personalização das candidaturas e da atuação de quem detém mandato eletivo —, da democracia do público — como a proposta de divisão do eleitorado por parte de líderes —, ou ainda da democracia dos partidos — como a informação que chega já com a interpretação, como era o caso dos jornais e rádios dos antigos partidos de massa, hoje substituídos por dispositivos digitais que produzem efeitos como as "bolhas" ou as "câmaras de eco".

Mas o elemento de talvez maior relevância no momento atual é aquele que foi brevemente apresentado no início da seção III deste capítulo: o ressurgimento de partidos que não se consideram em mera competição com os demais pelo "controle do governo", mas que pretendem de fato tomar o poder no sentido de desfazer a distinção entre "o governo de um partido" e "o governo" enquanto tal. Nesse sentido, elementos do que Manin chamou de "democracia dos partidos" ressurgiram, já que não foram poucos os partidos de grande relevância eleitoral na primeira metade do século XX que viam na institucionalidade democrática não um fim em si mesmo, mas apenas um meio para tomar o poder e pôr fim a essa mesma institucionalidade democrática. Esse elemento é de particular relevância porque não parece se restringir a um movimento passageiro e fugaz, mas a uma tendência relativamente duradoura. Se chegará a ser a tendência dominante, apenas as lutas sociais em torno das formas institucionais da política o dirão.

As novas formas de organização têm base digital, seja quando mimetizam as plataformas digitais na sua maneira de se organizar e de tomar decisões — o que chamei aqui de "partido plataforma" —, seja quando não têm por objetivo a institucionalização — o que denominei aqui "partido digital". Há ainda tipos diferentes de partido digital. Há partidos digitais cujo objetivo ao não se institucionalizar é desafiar a institucionalidade democrática no sentido de seu aprofundamento. Há outros partidos digitais que veem na institucionalidade democrática apenas um meio para destruir essa mesma institucionalidade. Esta última possibilidade pode parecer incongruente para quem pensa "partido" sempre em termos de adesão à institucionalidade democrática. Mas basta lembrar que "partido" não foi entendido exclusivamente nesses termos senão durante um período relativamente curto, correspondente, grosso modo, à segunda metade do século XX.

Por fim, é preciso ressaltar ainda que a hegemonia da lógica das métricas e das analíticas se impõe a partidos criados antes da era digital, obrigando-os a se digitalizar. Não tenho conhecimento de estudos detalhados e específicos sobre processos de digitalização forçada de partidos criados no mundo pré-digital. O que conheço diz que partidos criados na era pré-digital realizam sua digitalização de maneira meramente adaptativa. Quer dizer, continuam a operar como antes, apenas se veem obrigados a levar em conta, como exigências para sua sobrevivência, os requisitos digitais que envolvem, entre outras coisas, a busca de votos e de consentimento à sua atuação.[75] Nesse sentido, partidos digitais e partidos plataforma representam de fato uma ameaça existencial para partidos pré-digitais em processo de digitalização. Não só em virtude do descrédito generalizado em relação a partidos tradicionais. Também porque a digitalização da política aponta para a possibilidade de transformações radicais na maneira de se entender "partido", tanto em termos organizativos e organizacionais como em termos de processos de decisão e de atuação, tanto na relação com a sociedade quanto com o Estado.

Como tentei mostrar até aqui, a questão vai muito além de "partidos" e de "sistemas partidários". Mas, para limitá-la ao tema dos partidos, vejo como resultado das análises que desenvolvi até aqui um quadro de multiplicidade de modelos e de padrões organizativos. Um quadro que aponta para uma diversidade de processos de institucionalização. O que representa ao mesmo tempo uma multiplicidade de objetivos presentes em cada uma das configurações partidárias possíveis no momento atual. Seja como for, essa breve (e lacunar) recapitulação da argumentação até aqui mostra que falta ainda tentar circunscrever os contornos da forma partido em suas versões digitais.

Seguindo a proposta de Paolo Gerbaudo, vou examinar não os processos de digitalização de partidos tradicionais, mas as formas que resultam de partidos que nascem, por assim dizer, digitais. Dentre esses, examinarei aqueles que permitem manter a conexão com a teoria tradicional dos partidos por meio da ideia de "partido carismático", que tomo como pano de fundo, particularmente em sua conexão com o que Gerbaudo denominou "hiperlíder". De outro lado, pressuponho a distinção que propus entre o "partido plataforma" e o "partido digital". Ambas as formas podem produzir — mas não é necessário que isso sempre aconteça — hiperlíderes. Meu foco aqui está na conjunção entre "partido digital" e "hiperlíder" no sentido em que entendo essas expressões.

Levar em conta os elementos comuns estruturantes das duas formas não significa eliminar diferenças importantes, como, por exemplo, a da natureza das mediações entre a base e as cúpulas desses partidos. Esse é um elemento decisivo, por exemplo, quando se trata de distinguir iniciativas autoritárias daquelas que não pretendem desafiar, em suas bases, a institucionalidade democrática existente. Mesmo que estas possam acabar produzindo, ao final, consequências menos democráticas do que pretendem alcançar.[76]

Uma atualização digital da ideia de "partido carismático" exige de saída o estabelecimento da conexão entre as novas condições digitais e a base social desses partidos. Nesse ponto, a tese de Gerbaudo de que partidos digitais são partidos de "outsiders" me parece bastante esclarecedora.[77] Escreve o autor:

> Partidos digitais são partidos de outsiders, de pessoas que, em razão da idade, da situação profissional ou insegurança econômica, se sentem excluídas da sociedade e, portanto, guardam ressentimento contra o sistema existente e contra os partidos do establishment, vistos como mais propícios a representar insiders. O outsider pode ser entendido como uma pessoa que experimenta uma condição social e econômica instável, lutando para pagar as contas, e que frequentemente se vê sobrecarregada pela falta de provisões estatais de bem-estar. Essa é uma condição que se espalhou desde a crise financeira de 2008, depois da qual partidos digitais emergiram e cresceram, e que são particularmente fortes entre millennials, o grupo que provê a maior parte do apoio para esses movimentos e que enfrenta altas taxas de desemprego e de insegurança no trabalho.[78]

Vê-se facilmente que outsiders representam aqui diversas formas de desigualdades: econômica, geracional, educacional, digital.

O que não quer dizer que esse grupo seja representativo do conjunto do eleitorado em termos quantitativos e de ponderação estatística, antes pelo contrário. Mas, como vimos, a lógica do digital é justamente a da amplificação de vieses, por meio de analíticas e de métricas que reconfiguram as esferas públicas, os públicos e os contrapúblicos.

E é aí que os descompassos sociais se conectam a balizas digitais de maneira estruturante. Por exemplo, no descompasso entre, de um lado, um grande aumento nos níveis de educação e o crescimento das desigualdades e o rebaixamento da qualidade de vida e dos empregos, e de outro, um descompasso que pode ser vocalizado e amplificado na vida digital de maneiras e sentidos impossíveis anteriormente. A conjunção de diferenças geracionais, educacionais e de capacidades digitais, amplificada pelas analíticas e pelas métricas, é capaz de produzir uma estruturação da política em que outsiders conectados — mas sem perspectiva de futuro ou de inclusão na política — desafiam os insiders desconectados, ou seja, os representantes do establishment político, representado em primeira linha pelos partidos políticos.

Esses traços gerais adquirem configuração particular no contexto brasileiro de desigualdades abissais. Gerbaudo tem em vista o contexto europeu, principalmente. Naquele contexto, por mais precarizada que tenha se tornado a vida, especialmente da juventude, não há termo de comparação possível com a situação brasileira. Gerbaudo trabalha com a oposição entre "outsiders conectados" e "insiders desconectados". No caso do Brasil, é necessário introduzir uma nova categoria: a de "outsiders desconectados", cujo contingente é expressivo.[79] Segundo o TIC domicílios, realizado pelo cetic.br, 13% das pessoas não têm nenhum acesso à internet, algo como 28 milhões de pessoas.[80] Dos 87% que utilizam a internet, 42% o fazem por computador e 99% por celular,[81] sendo que 58%

o fazem unicamente por meio do celular.[82] Isso significa que uma quantidade expressiva de pessoas usa, permanentemente ou pelo menos em alguns períodos do mês, apenas aplicativos "zerados", o controverso *zero rating* de aplicativos como o WhatsApp e o Facebook, que não consomem planos de dados. Isso significa que uma quantidade expressiva de pessoas não tem nem sequer o recurso de abrir um link.

É preciso muita cautela, portanto, com o emprego da categoria de outsider, que é sempre uma categoria relacional — como já ensinou Norbert Elias, aliás. Uma coisa é estar na franja do sistema político, sem capacidade real de influenciá-lo, mas estar "conectado", o que permite, com os novos recursos digitais, contornar os *gatekeepers* tradicionais para assaltar o centro do sistema. Em outros termos, ser outsider em relação ao *sistema político*. Coisa muito diferente é, além de ser outsider em relação ao sistema político, ser ao mesmo tempo outsider *social e econômico* — o que significa estar em uma posição de marginalização política quase absoluta. Uma posição de outsider não significa exclusão, já que toda pessoa está incluída de alguma maneira. O que importa é como está incluída, em que posição relativa em cada hierarquia. A precarização e a subalternidade brasileiras exigem investigar como centrais — para o jogo eleitoral, inclusive — categorias como a de "outsiders desconectados".

Seria muito interessante, além disso, poder relacionar essas diferenças de classe combinadas a acesso a recursos do mundo digital com os elementos geracionais aí envolvidos, tão decisivos na caracterização de Gerbaudo. Mas também aqui sabe-se relativamente pouco. Porque mapear diferenças geracionais é algo muito distinto de explicar causalmente diferenças geracionais — e não apenas no caso brasileiro. Pelo menos é essa a conclusão de Laura Stoker em seu artigo de síntese da bibliografia em torno do complexo gerações e política em países centrais — que são também o foco do estudo de Gerbaudo. Ao mesmo tempo, a autora considera ser razoável afirmar que, comparadas as gerações anteriores,

> as gerações mais novas são demograficamente diferentes — mais educadas, tendem a se casar menos, são menos religiosas e mais diversas em termos étnicos. Tendem a ter crescido com uma mãe que trabalha fora de casa, a descender de imigrantes e em famílias marcadas por divórcios. São filhas e filhos da era digital, com pronto acesso a video games e à internet. E, evidentemente, foram criados em um meio social e político diferente em muitos sentidos daquele experimentado por gerações precedentes.[83]

O que também quer dizer que, a despeito dos déficits explicativos para as relações entre mudanças demográficas (pensadas em termos geracionais) e política, é nelas que poderemos encontrar uma das chaves explicativas do momento presente.

Foi tendo isso em vista que Yascha Mounk realizou boa parte de suas investigações.[84] Seu raciocínio a respeito começa pela constatação de que se sabe desde há muito tempo que a confiança nas instituições democráticas vem declinando, mas que esse dado foi negligenciado pela ciência política até muito recentemente. Em especial, negligenciou-se o fato de que, em

> 1995, 34% de estadunidenses entre dezoito e 24 anos pensavam que um sistema político com um líder forte que não tem de se preocupar com o Congresso ou com eleições era bom ou muito bom. Em 2011, 44% de jovens estadunidenses pensavam da mesma maneira. O resultado entre estadunidenses de todos os grupos etários é similar: enquanto 24% endossavam um líder forte em 1995, 32% o fazem hoje [2018].[85]

Olhar para esses números simplesmente para concluir que o terreno estava preparado para a chegada de líderes autoritários é apenas parte de uma história muito mais complexa. Não só porque os números não apontam para a formação de uma maioria nessa direção. Sobretudo porque, como veremos rapidamente no capítulo 3 a propósito do caso emblemático da eleição de Donald Trump em 2016, as batalhas digitais incluem momentos bastante diferentes, desde o ambiente programaticamente apolítico do lulz, da "zoação", nos anos 2000, até a politização à esquerda de parte significativa desses grupos no começo da década de 2010 e a politização à extrema direita de outros grupos nos anos subsequentes.

A questão é, portanto, a de tentar qualificar o que poderia ser esse "líder forte" que surgiu e surge em todas as pesquisas sobre o tema. Paolo Gerbaudo o qualifica em termos de um "hiperlíder". Para tentar esclarecer o que pretende dizer com isso, Gerbaudo estabelece um contraste em duas formas organizativas políticas diferentes no mundo digital. A primeira é a do que caracterizei aqui como o típico partido plataforma, o Partido Pirata alemão, com seu sistema de decisão Liquid-Feedback. A plataforma se baseia no princípio de que usuários podem ou votar diretamente ou delegar seus votos sobre determinados temas e assuntos a uma pessoa em quem confiam. Essas delegações podem ser, por sua vez, delegadas a outra pessoa ainda, formando o que é descrito como uma "rede de confiança". Essa delegação pode ser revogada, alterada e modificada a qualquer momento.[86]

Por contraste, o hiperlíder é quem torna supérflua a mediação, eliminando especialmente a forma organizacional do partido político tradicional, com suas hierarquias e oligarquias. O fundamental aqui é a desconfiança em relação a qualquer tipo de mediação. O resultado, no entanto, é a atribuição de uma quantidade sem precedentes de poder para a figura que lidera.[87] Nesse modelo, a figura do simpatizante desempenha um papel essencial, já que realiza a "transmissão da confiança" do líder para a base.[88]

Na interpretação de Gerbaudo, quando esse tipo de atuação se vale de um mimetismo das plataformas digitais, com consultas periódicas aos usuários, por exemplo, isso faz com que a

> persistência da liderança e de mediações invisíveis por trás da fachada de desintermediação levem a formas de vieses ou de pura manipulação que levantam sérias questões sobre a qualidade democrática das consultas. Isso vem também do fato de que a plataforma não é um sistema inteiramente automatizado. É gerenciada pelo staff político, que presta contas à liderança do partido e que mantém diferentes canais de influência em operações aparentemente tão triviais como as chamadas e os agendamentos das consultas. A formulação das questões dos referendos pode ter um forte efeito manipulativo no eleitorado, dado que delimita o campo das possibilidades e apresenta sugestões ou opções preferenciais. Associado aos poderes de agenda nas mãos da liderança, esse poder pode ter uma forte influência no resultado dos votos digitais que, como visto no caso dos referendos online, quase invariavelmente trazem a resposta esperada pela liderança.[89]

Apesar do vocabulário muitas vezes centrado exclusivamente na "manipulação", como já ressaltado, Gerbaudo não deixa de sublinhar, em momentos importantes, que o conjunto de associados não é inteiramente desprovido de poder, que é necessário algum tipo de aprovação periódica do "hiperlíder" por parte de sua "superbase". E que baixas taxas de participação, adesão ou interação podem fazer soar sinais de alerta relevantes para a liderança e seu pequeno círculo mais próximo, o seu entourage direto, em que está concentrado o poder e a iniciativa. Para Gerbaudo, plataformas de participação podem ser descritas como a arena de "um cabo de guerra, ou de um círculo de feedback desigual, entre o conjunto de associados e a liderança, mas em que a liderança quase sempre prevalece sobre o conjunto de associados".[90]

Neste momento, faz-se necessário retomar uma vez mais a distinção proposta anteriormente sobre "partidos digitais" e "partidos plataforma". Ainda que ambos resultem na produção do "hiperlíder", os mecanismos de manutenção do poder da liderança são diferentes. Enquanto partidos plataforma dependem de consultas, referendos e discussões públicas, os partidos que chamei aqui de digitais dependem apenas de interações, de analíticas e métricas. Ou seja, partidos plataforma têm, bem ou mal, já algum grau de institucionalização. Partidos digitais são ainda menos institucionalizados. E, como defendi neste capítulo, não têm a institucionalização por objetivo. Mantêm-se como movimentos digitais ou, no máximo, hackeiam um partido tradicional existente. Isso é o que distingue, por exemplo, o 5 Estrelas italiano do trumpismo estadunidense, ou do bolsonarismo brasileiro. No caso de Trump ou de Bolsonaro, seus respectivos partidos digitais fazem uso das estruturas partidárias — e institucionais, de forma mais ampla — de maneira meramente utilitária, como meios para expansão de suas bases e para a obtenção de resultados eleitorais.

Retomar essa distinção também permite retomar outro ponto fundamental apresentado no começo deste capítulo. Com Manin, vimos que a passagem da "democracia dos partidos" para a "democracia do público" significou também a passagem para um modo de funcionamento em que os partidos se tornam tendencialmente instrumentos a serviço de um líder. Uma situação que se exacerbou — como vimos no capítulo 1, com Peter Mair — quando partidos deixaram de ser as plataformas exclusivas de que se valem os líderes políticos. Essa exacerbação da liderança está relacionada também ao abalo dos pilares da "democracia do público", de sua esfera pública uniforme, homogênea e de acesso controlado por oligopólios de comunicação.

Ao mesmo tempo, na democracia do digital, a liderança se constrói e se mantém de maneira muito menos unilateral do que na democracia do público, apesar de todas as estruturas certamente manipulativas presentes em partidos digitais e em partidos plataforma. Já Manin tinha mostrado que a posição do público não era simplesmente passiva, que não se tratava apenas da escolha de equipes de governo, de elites que implementavam políticas públicas em nome do público. Ao contrário, a posição reativa do público, mostrou Manin, significava de fato capacidade de influência sobre políticas públicas, já que o juízo público antecipava, ao longo do exercício de governo, o julgamento sobre as políticas implementadas que seria realizado na eleição seguinte.

Na democracia do digital, essa antecipação é agora uma combinação de reações instantâneas — de interações — com pesquisas de opinião clássicas e digitais. Há uma espécie de correção mútua entre as duas instâncias. As interações dão um parâmetro de atuação para a "superbase" (como a chamou Gerbaudo) enquanto pesquisas de opinião clássicas e digitais abarcam o conjunto do eleitorado. Mas, como argumentei na seção II deste capítulo, essa combinação se dá sob o predomínio relativo da lógica das analíticas e das métricas, em sua fusão peculiar com a mídia tradicional e mainstream. O que significa dizer, ao mesmo tempo, que o hiperengajamento acaba por ganhar um peso desproporcional tanto na repercussão pública como nas decisões políticas fundamentais de líderes.

Nesse sentido, o principal papel organizador da liderança política, segundo Manin, que é o de propor ao eleitorado divisões em que se reconheça, também não permanece o mesmo.

Como vimos, na "democracia dos partidos", a divisão — na qualidade de divisões de classe — era dada, cabendo aos partidos representá-las. Já na "democracia do público", as divisões não estão dadas, têm de ser propostas pela liderança política, em processos de tentativa e erro. No caso da democracia do digital, a liderança política já não detém mais o monopólio da iniciativa da proposição de divisões em que o eleitorado venha a se reconhecer, ainda que mantenha o monopólio da iniciativa de institucionalizar tais divisões por meio de iniciativas legislativas e de políticas públicas, de maneira mais ampla, o que é certamente decisivo. Dito de outra maneira, a origem da iniciativa da divisão se dá agora em processos de interação entre o hiperlíder e a superbase, não cabendo a nenhum dos lados, por princípio, o monopólio da iniciativa. Mesmo não restando dúvida de que o hiperlíder continua a ser o grande beneficiário dessa estrutura, ainda assim cabe ter cautela ao descrever o processo em termos de mera manipulação — o que, como dito, é uma forte tendência na interpretação de Gerbaudo —, como, aliás, é a tendência de grande parte da bibliografia sobre a sociabilidade digital, de maneira mais ampla.

Essas mudanças nos processos de produção das divisões do eleitorado também guardam relação com a afinidade de partidos digitais e partidos plataforma com o "partido carismático" da teoria de partidos tradicional. Como vimos, a ideia de "partido carismático" é desviante, no sentido de não corresponder bem a nenhuma figura organizacional estável a que se pode dar o nome de partido. E, no entanto, entendo que é essa figura a que melhor circunscreve as novidades organizativas surgidas nas primeiras décadas do século XXI.

Seguindo a lição de Max Weber a propósito do carisma em suas múltiplas manifestações, temos sempre de questionar a dificuldade de estabilização de formas carismáticas, quer se trate de um tipo de dominação ou de um tipo de partido.

Do ponto de vista do momento histórico em que nos encontramos, o que temos é apenas o fenômeno, e não sua estabilização sob alguma outra forma. Nesse sentido, é importante ao menos levantar questões como: e se o próprio carisma tiver mudado de configuração e de modo de funcionamento com a sociabilidade digital? E se tiverem surgido condições para a formação e a persistência de organizações políticas de outra natureza? São questões certamente amplas demais para os objetivos estreitos deste capítulo — e mesmo deste livro. Ao mesmo tempo, são questões que ressoarão ao fundo, de alguma maneira, nos desenvolvimentos a seguir, quando o objeto será diretamente a história política brasileira das duas primeiras décadas do século XXI, em especial nos "dez Junhos" entre 2013 e 2022.

3.
Das "novas direitas" à eleição de Bolsonaro

Ao longo de treze anos, de 2003 a 2016, o PT liderou sucessivos governos quase inteiramente analógicos. Baseando-se em experiências de administração local do partido nos anos 1990, inovadoras naquele momento, o PT entendeu que bastaria estendê-las ao nível do poder federal para alcançar o impulso democratizante que pretendia. E, segundo algumas visões, também para governar.[1] Foi assim que os governos petistas criaram conselhos e realizaram conferências nacionais de políticas públicas, introduziram mecanismos de participação e fóruns interconselhos.

No mesmo período, grupos identificados pelo nome genérico de "novas direitas" começaram a se organizar nas redes, que viriam a ser o grande novo espaço da política. Esse novo espaço foi também ocupado, mais ou menos ao mesmo tempo, ao longo dos anos 2000, por "novas esquerdas", que se tornaram especialmente visíveis a partir de Junho de 2013. Não é de espantar, portanto, que a conjunção desses movimentos subterrâneos, invisíveis na esfera pública formal, que foi Junho de 2013, tenha surgido como surpresa e como ameaça não só para governos petistas, mas para o sistema político como um todo.[2]

Mesmo tendo tido grande protagonismo em Junho como instigadoras, fomentadoras e organizadoras de manifestações pontuais iniciais, as novas esquerdas ocuparam um espaço menor quando comparadas às novas direitas na agitação das redes.

Não por último porque a esquerda tradicional ocupou, durante todo o período de ascensão das novas direitas, o poder federal, sob a liderança do PT. Mais que isso ainda, as novas esquerdas continuaram a mudar a face da política para além de Junho, como o demonstram os Comitês Populares da Copa e as chamadas primaveras feminista e secundarista, por exemplo, além do surgimento da Coalizão Negra por Direitos.[3]

Conceder destaque aqui às "novas direitas" não significa, portanto, diminuir a importância e a relevância das "novas esquerdas", antes pelo contrário. Significa apenas — como já enunciado desde a abertura deste livro — aceitar o pressuposto dominante no debate de reconstruir os eventos segundo o ponto de fuga da eleição e do governo de Bolsonaro. O que deve permitir mostrar as limitações desse pressuposto implícito e não discutido do debate em torno do momento atual, inclusive.

Mas há ainda outras razões para essa maneira de proceder. Não resta dúvida de que a ascensão da extrema direita global foi uma reação, uma ascensão que se deu em bases antifeministas, racistas, homofóbicas, xenofóbicas. Mas apresentar as novas direitas nesses termos significaria confundi-las com a extrema direita, mais um dos amálgamas que considero indispensável dissolver para entender como chegamos até aqui e como, talvez, poderemos sair.[4] Além disso, mesmo dissolvido o amálgama, resta ainda o equívoco, grave a meu ver, de enxergar a ascensão da extrema direita *unicamente* em termos de *reação* a movimentos de intenção emancipatória.

Porque entender a ascensão da extrema direita apenas em termos de reação às lutas emancipatórias não permite entender o que essa ascensão efetivamente *representa*, reduzindo-a a uma compreensão meramente negativa. E sem compreender a extrema direita em termos do que efetivamente representa, não conseguiremos avançar em nosso conhecimento da situação atual. Além disso, a posição teórica (e prática) de entender a ascensão da extrema direita apenas em termos de reação superestima a força dos novos movimentos emancipatórios, distorcendo a própria compreensão da correlação de forças política em que deve se dar o combate ao autoritarismo no presente.

Tomando o sistema político como referência, no capítulo 1, procurei descrever a crise do pemedebismo de um ponto de vista por assim dizer "interno", segundo a lógica autodestrutiva que continha em germe desde a sua refundação pelo Plano Real, em 1994. Por contraste, no capítulo 2, o que esteve em questão foi um ponto de vista por assim dizer "externo", buscando esboçar um quadro das novas bases sociais da prática política segundo a nova sociabilidade digital em suas conexões com a política formal. A intenção foi permitir entender as condições para a emergência de uma oposição social extrainstitucional como a que emparedou o sistema político no Brasil, sobretudo no período 2015-8, e que procurarei descrever neste capítulo, tentando reunir, assim, essas duas perspectivas, sempre tendo como ponto de fuga a eleição de Bolsonaro, em 2018.[5]

Como anunciado na introdução, a tese explicativa fundamental que apresento para o período de crise aguda do pemedebismo, o período 2015-8, diz que nesse momento se formou uma oposição extrainstitucional com razoável unidade, grande força política e significativa capacidade de mobilização. Não se tratou de uma oposição a um partido ou a um governo, mas de uma oposição antissistema, antiestablishment. Atacava o governo de plantão, por certo, qualquer que fosse o nível de governo ou o partido no poder. Mas não era uma oposição a um governo determinado. A origem da formação dessa oposição extrainstitucional pode ser encontrada sobretudo — ainda que não exclusivamente — nos diferentes movimentos dos anos 2000, que vieram a ser conhecidos posteriormente pelo nome de "novas direitas".[6]

É algo bem estabelecido que Jair Bolsonaro se elegeu presidente em 2018 aproveitando-se de uma janela única formada por toda uma conjunção de fatores de caráter peculiar. Mas isso não significa de nenhuma maneira dizer nem que Bolsonaro seria por isso um "presidente acidental" — como já enfatizado no capítulo 1 — nem que uma mera afirmação como essa possa remotamente equivaler a uma explicação. Para isso, é necessário mostrar como o período 2015-20 foi de uma perda de controle da política pelo sistema político que, no entanto, não resultou em um controle por parte de alguma força política alternativa, paralela, seja sob a forma de uma organização diretamente partidária, seja de uma organização unitária de caráter mobilizador da energia social de protesto dispersa e difusa que se mostrou particularmente visível em Junho de 2013.

É certo que Junho de 2013 mostrou que a blindagem pemedebista era vulnerável. Durante todo o segundo semestre daquele ano, o que se viu foi um sistema político atordoado, sem saber como responder a uma inédita perda relativa do controle da política. E, no entanto, apesar da perda relativa de controle da política pelo sistema político, não se formou naquele momento um polo de poder alternativo ao próprio sistema político, seja à direita, seja à esquerda. Ao mesmo tempo, a reação do sistema político foi de clara recusa de qualquer tipo de reforma, de recusa a qualquer abertura para novas vozes surgidas na sociedade e, de diferentes maneiras, politicamente articuladas — fossem elas de uma nova direita ou de uma nova esquerda.

Foi assim que essas novas forças se tornaram antiestablishment, antissistema. Como não encontravam canalização institucional possível, o único caminho possível foi o de se organizar em termos de uma oposição extrainstitucional. E foi aí que a decisão do PT como líder do condomínio pemedebista naquele momento de cerrar fileiras com o sistema político contra esses impulsos antissistema foi determinante para que eles fossem organizados e canalizados pela direita, em sentido amplo. A característica histórica da esquerda como força antissistema passou, assim, para as mãos da direita. Mas não para as mãos da direita tradicional, encastelada no sistema político, regida pela lógica do pemedebismo. Para as mãos de "novas direitas", justamente.

A expressão novas direitas pretende indicar que não se tratava de um movimento unificado, apesar de muitas tentativas nesse sentido terem sido feitas ainda nos anos 2000. Tratava-se de fato de um arquipélago de vozes, grupos, ideologias — e interesses, evidentemente. Ainda assim, enquanto força política tornada antissistema, essa oposição extrainstitucional necessitava de um escudo comum para fazer oposição. Um escudo bastante amplo e eficaz para impedir que o sistema político retomasse o controle da política. Um escudo que tivesse pelo menos um pé na institucionalidade que era vista como a inimiga a ser destruída, como o sistema a ser abatido, como o establishment a ser derrubado.

Essa multiplicidade de vozes que formaram essa oposição extrainstitucional encontrou na Operação Lava Jato esse escudo. Nesse sentido, a Lava Jato é o que há de peculiar no capítulo brasileiro das "crises da democracia". Mas não só. A outra peculiaridade da crise da democracia brasileira está no fato de um partido digital de extrema direita ter encontrado nas ruínas do pemedebismo sua configuração. Dito de outra maneira: com a candidatura Bolsonaro, a oposição extrainstitucional descambou para uma oposição anti-institucional. E a história dessa viragem precisa ser contada em detalhe, ela não estava escrita desde sempre, esse resultado não estava dado de antemão, ainda que as interpretações dominantes sobre Junho partam dessa premissa infundada.

A seção I deste capítulo tem como foco apresentar as chamadas "novas direitas" em seu desenvolvimento e em sua paulatina configuração em termos de oposição extrainstitucional durante os governos petistas, de 2003 a 2016. A seção II procurará mostrar como esses desenvolvimentos, com suas contradições e conflitos, correm em paralelo à construção da candidatura de Bolsonaro à presidência da República, bem como em que termos se deu a aproximação entre parte dessas novas direitas e essa candidatura. Caberá, por fim, à seção III reconstruir a crise do pemedebismo, especialmente no período 2015-8, do ponto de vista da expressão no sistema político dessas movimentações sociais profundas.

Em certo sentido, essa reconstrução da crise tal como se configurou em termos institucionais no período 2015-8 significará também uma retomada, em novo patamar, da cristalização das divisões e dos conflitos no ambiente das novas direitas. E isso não só porque esse é também o momento em que a oposição extrainstitucional conseguiu — valendo-se do escudo da Lava Jato, especialmente — emparedar o sistema político como um todo. Também a atuação do então presidente da Câmara dos Deputados, Eduardo Cunha, foi decisiva para consolidar uma fratura em germe, dividindo essa frente extrainstitucional em duas grandes vertentes, a "liberal-conservadora" (depois simplesmente "conservadora") e a "lavajatista". Ao mesmo tempo, a Lava Jato jamais teria tido a força institucional que teve se não tivesse recebido do STF e da Procuradoria-Geral da República apoio incondicional durante cinco anos para realizar esse emparedamento do sistema político, de 2014 a 2019.[7]

Para que seja possível compreender a emergência e o desenvolvimento dessa "oposição extrainstitucional", entretanto, é necessário desfazer alguns amálgamas que, na minha visão, bloqueiam a compreensão dos "dez junhos" de 2013 a 2022. É com esse objetivo que a seção I será também dedicada a distinguir dois amálgamas: de "Junho" com "Bolsonaro e o bolsonarismo", de "novas direitas" e "bolsonarismo". Desfazer esses amálgamas será ao mesmo tempo minha maneira de apresentar, em sua peculiaridade, as "novas direitas" brasileiras em sua história e desenvolvimento.

I. "Novas direitas", Junho, Bolsonaro

Sobre os antecedentes da eleição de Bolsonaro não sabemos — ou eu não sei, pelo menos — tanto quanto já se sabe sobre a história pregressa da eleição de Donald Trump, em 2016, por exemplo.[8] Aliás, na comparação internacional, há muitíssimo que não sabemos sobre processos tão fundamentais para a compreensão do momento presente da história brasileira, como os processos de transmissão da crise econômico-mundial desencadeada em 2008.[9] No caso dos antecedentes da eleição de Bolsonaro, o que temos, como já mencionado, são trabalhos de grande qualidade sobre o surgimento e o desenvolvimento das chamadas "novas direitas". E, como veremos adiante, pistas importantes sobre o papel das forças de segurança, do eleitorado evangélico e do agronegócio nesse processo. Todas peças-chave para a compreensão de como chegamos até aqui.

No "Anexo" a *Ponto-final*, argumentei em favor da necessidade de afastar as duas vertentes interpretativas dominantes das crises superpostas que caracterizam a vida do país desde 2013, organizadas seja em torno da tese que denomino "ovo da serpente", seja de uma tese segundo a qual a crise política derivaria de uma "falha de desenho institucional" que pode mesmo ser atribuída à própria Constituição de 1988. O capítulo I apresentou uma crítica ao caráter ad hoc da tese da "falha de desenho institucional", cuja versão mais saliente é a de Levitsky e Ziblatt e que poderia ser condensada na fórmula "quebra das regras informais de funcionamento das instituições".[10]

Agora, meu esforço será de mostrar as dificuldades da tese do "ovo da serpente".

Como não seria possível reunir aqui todos os trabalhos que considero partilharem, em alguma medida, dessa tese, dada sua impressionante amplitude e difusão, tomarei os escritos de André Singer como emblema dessa vertente explicativa.[11] A vantagem de tomar a posição de André Singer como emblema está na sofisticação de sua interpretação de Junho. O autor não deixa de reconhecer, por exemplo, que, na "ausência de uma resposta à esquerda, a não ser aquela oferecida pelo Psol e agremiações com menor inserção institucional, o centro e a direita ocuparam o espaço, propondo que se tomasse a direção oposta".[12] No mesmo sentido, procura entender Junho em termos de "classes cruzadas" e de "ideologias cruzadas", e não simplesmente como manifestações de direita, sem mais.

E, no entanto, toda a tentativa de manter a complexidade da análise não o impediu de chegar à conclusão de que já desde o seu quinto dia — segundo o calendário paulistano, não há como deixar de notar o privilégio local — de manifestações, já no dia 18, portanto, Junho de 2013 teria se tornado "de direita". Mais que isso, Singer identifica o "lulismo" como o alvo por excelência desse Junho tomado pela direita já em seu desenvolvimento inicial: "No afã de atingir o lulismo, erigido em perigo público, a direita apostou no '*que se vayan todos*', mesmo com algum prejuízo às administrações dirigidas pelo PSDB".[13]

O trecho é tanto mais significativo porque identifica implicitamente "direita" e "PSDB", identifica "direita" com a direita estabelecida do sistema político. É o tipo de identificação que desconhece a possibilidade de que essa "direita" se oponha à direita estabelecida no sistema político. É o tipo de identificação que desconhece inteiramente o caráter antissistema da expressão de que se valeu, o "*que se vayan todos*". De maneira ainda mais ampla, é o tipo de identificação que desconhece o caráter antissistema — e não de antemão "de direita", portanto — que caracteriza Junho, que é, entretanto, o que indicam os dados de que se vale o próprio autor.[14] Caráter antissistema que está presente, aliás, no próprio ciclo de protestos globais de 2011 a 2013, caráter que, portanto, não determina de antemão um resultado de politização à direita.

Mas Singer não se limitou a amalgamar "Junho" e "direita". Estendeu a identificação a Bolsonaro e ao bolsonarismo: "Começa ali o crescimento de grupos que iriam desaguar na pré-candidatura direitista de Jair Bolsonaro à Presidência da República em 2015".[15] Acontece que, em 2015, Bolsonaro ainda não contava com novos grupos de apoio.[16] Suas bases tradicionais se tornaram então mais densas por meio de um trabalho nas redes sociais, especialmente após a estreia de sua página no Facebook em 2013, assim como houve uma tentativa de aproximação maior de denominações evangélicas e de nacionalização de sua atuação política. No entanto, essencialmente contava com sua base eleitoral de sempre, aquela ligada às Forças Armadas e de segurança em geral,[17] e, a partir de 2011, com algum eleitorado evangélico.[18]

No momento em que Bolsonaro dá os passos quase simultâneos rumo a uma digitalização de sua atuação política e a uma nacionalização de sua atuação na forma de uma candidatura presidencial, essa base deixa de estar concentrada apenas no estado do Rio de Janeiro — em que obteve, já em 2014, extraordinária votação para deputado, tendo sido o candidato mais votado — e passa a contar com núcleos de apoio por todo o país. Mas ela se vale decisivamente dessas redes — elas mesmas nacionais — para se adensar. Esse é o sustentáculo inicial da candidatura de Bolsonaro, aquele que esteve com ele desde 2015, justamente.

Não há nenhuma evidência para além disso de que "grupos" tenham "desaguado" na pré-candidatura de Bolsonaro em 2015.

Todas as evidências de que se dispõe dizem exatamente o contrário, aliás.[19] Nem por isso acho que a afirmação de Singer — desprovida de apoio factual, a meu ver — deixa de ser representativa de uma posição muito difundida, que vê em 2013 o germe da vitória de Bolsonaro em 2018.

Entendo que não caiba falar de "falácia" no caso da tese subjacente — a tese do "ovo da serpente", em suas diferentes versões — porque é uma tese que visa produzir, em termos políticos, uma justificativa e uma justificação para a incapacidade da esquerda então no poder federal — bem como do conjunto do campo progressista, de maneira mais ampla — de dar uma resposta inovadora a Junho. O que, no caso, equivale simultaneamente a uma justificativa e a uma justificação para as decisões táticas e estratégicas que caracterizaram os anos de governo petista.[20] De modo que, antes de passar à próxima tarefa, a de distinguir Bolsonaro e o bolsonarismo das "novas direitas", entendo ser necessário me deter um pouco mais sobre esse ponto.

Interpreto as análises de André Singer de 2013 em diante como fundadas, em última análise, na ideia de que o "reformismo fraco"[21] de Lula teria encontrado seu limite no governo Dilma, que teria ido além dos limites do modelo, teria "cutucado onças com vara curta".[22] Entendo que esse posicionamento tem como resultado justificar os governos petistas, na medida em que apaga a opção prévia desses governos por uma ocupação do pemedebismo pela esquerda. Ou seja, Singer substitui os limites impostos pelo pemedebismo do sistema político a que os governos petistas aderiram pela ideia de limites que estariam dados por um suposto conservadorismo da população brasileira em seu conjunto.[23]

Pretendo indicar com isso que a tese explicativa de Junho como "ovo da serpente", em suas muitas versões e variantes, vem sempre acompanhada de uma defesa implícita ou explícita dos governos petistas de 2003 a 2016, bem como de uma justificativa e de uma justificação para a incapacidade da esquerda de oferecer caminhos políticos para as revoltas de 2013. Como se se tratasse de um fenômeno da natureza — de uma "onda" conservadora, como se passou a dizer a partir de 2015 — contra o qual nada poderia ter sido feito a não ser se proteger e esperar passar. Como se Junho fosse, enquanto tal, na sua origem e inescapavelmente, "de direita", cabendo à esquerda simplesmente se recolher e esperar dias melhores. Como se a virada à direita não tivesse sido resultado também de decisões táticas e estratégicas da esquerda, especialmente no período em que ocupou o poder federal.

Nesse quadro, a explicação para a virada à direita como resultado da ação de governos petistas é sempre favorável a esses mesmos governos, sempre positiva. É a explicação segundo a qual a virada à direita veio como reação à diminuição da desigualdade nos governos petistas, como reação de uma "classe média espremida" desde baixo pela ascensão de grupos antes relativamente muito mais distantes em termos de renda, consumo e prestígio social.[24] Trata-se, a meu ver, de uma tese que ainda está à espera, se não de comprovação empírica, ao menos de indícios plausíveis e convincentes. Seja por meio de estudos de natureza antropológica e sociológica abrangentes o suficiente, seja porque nem mesmo está estabelecido que houve de fato diminuição da desigualdade (e em qual sentido de desigualdade) ao longo dos governos petistas, ainda que seja indiscutível que houve uma melhoria geral dos padrões de vida, das condições de vida, inclusive dos mais pobres.[25]

Mas o que realmente importa para o argumento aqui é que a tese da "classe média espremida" integra o arsenal de justificativas e de justificações para o que seria o acerto fundamental dos governos petistas. E é esse o seu sentido ideológico mais profundo e mais importante. Porque, além de se combinar perfeitamente com a tese mais geral do "ovo da serpente", é uma tese que também se combina à perfeição à mitologia interessada de que Fernando Haddad teria perdido a eleição em 2018 unicamente por causa do "antipetismo" e de "fake news".[26]

Ou seja, uma vez mais, nem as decisões da campanha de 2018 nem dos próprios governos petistas ao longo de treze anos nem do modo de funcionamento do sistema político desde 1994 teriam qualquer responsabilidade pela ascensão de Bolsonaro. Não há dúvida de que a discussão nesses termos é de capital importância política. Mas não faz avançar em nada nosso conhecimento. Muito menos faz aprender. Porque resulta em mera defesa da inação e da incapacidade política de parte da esquerda que, ao mesmo tempo, não põe em questão o modelo de gerenciamento pemedebista do sistema político durante todo o período do acordo do Real. Sobretudo, trata-se de uma defesa que bloqueia o entendimento da ascensão de Bolsonaro e do bolsonarismo — e, nesse sentido, bloqueia também a visão das saídas para a ameaça autoritária.[27]

Para tentar evitar esses resultados, passo agora ao esforço de desfazer um segundo amálgama bastante corrente nas interpretações, aquele entre "novas direitas" e bolsonarismo.[28] Entender as "novas direitas" é o mesmo que entender como grupos e públicos que se consideravam à margem tanto da esfera pública formal como de qualquer influência sobre os rumos do sistema político se valeram dos novos recursos digitais para se fazer ouvir, para debater e para se organizar.[29] Podem ser caracterizados como "contrapúblicos".[30] Em termos de sua relação agressiva e conflituosa com a política institucional, esses contrapúblicos das "novas direitas" se compõem de "outsiders conectados", para retomar a caracterização de Paulo Gerbaudo.[31] Como escreve Camila Rocha, "foi especialmente importante o surgimento da rede social Orkut, criada em 2004, que acabou por se tornar o espaço principal de formação de arenas discursivas que dariam origem à nova direita brasileira".[32]

Para tentar entender a importância do Orkut como plataforma inicial de politização, pode-se tomar, por contraste, o ambiente virtual nos Estados Unidos no mesmo período. A pesquisa em torno dos ambientes digitais nos anos 2000 mostra que um dos celeiros de politização foi o ambiente do lulz, o ambiente da "zoação" ou da "zoeira". Era um ambiente que utilizava plataformas como o 4Chan, em especial o board /b/, conhecido também como random, criado juntamente com a plataforma, também no ano de 2004. Um ambiente em que hackers e gamers, com garantia de anonimato, postavam sem filtro e sem qualquer tipo de censura ou de autocensura, em busca do reconhecimento da comunidade por meio de repostagens que jogavam o conteúdo repostado novamente para o alto do board, dentro da mais pura lógica de captura da atenção. Não por acaso, foi essa também a primeira grande fábrica de memes do planeta.

Com o surgimento do Occupy Wall Street, em 2011, parte dessa comunidade, especialmente aquela reunida em torno do Anonymous, decidiu apoiar o movimento, produzindo uma crise na lógica de liberdade de expressão sem qualquer limitação defendida no ambiente da zoeira. Em repúdio a essa politização à esquerda, parte da comunidade gamer passa a antagonizar violentamente quem fez essa opção. Esse choque resultou, na sequência, em uma politização à extrema direita de parte da comunidade, especialmente pela canalização oferecida por veículos como Breitbart News, dirigido por Steve Bannon.[33]

Como já mencionado, é difícil construir paralelos porque — ao contrário dos Estados Unidos — sabemos muito pouco sobre o financiamento de todas essas iniciativas, por exemplo. Mas é possível dizer que o ambiente da zoação não operou da mesma maneira no Brasil. Talvez porque tenha lhe faltado uma plataforma como o 4Chan, acessível apenas para quem dominava o inglês, talvez porque a lógica das comunidades do Orkut, formatadora das experiências de plataforma no país, não tivesse espaço semelhante, talvez pelas duas coisas e mais outras tantas. O fato é que, no Brasil, a formação das novas direitas se dá em um ambiente de arquipélago, multipolar, sem uma plataforma comum, sem mesmo uma referência compartilhada pelos inúmeros grupos.

O espaço do Orkut foi radicalmente diferente do espaço dos "chans", e isso importa muito em termos da estruturação desses contrapúblicos e de suas organizações políticas. Mas há ainda outro elemento tão importante quanto esse na referência ao Orkut no Brasil em meados dos anos 2000: está se falando de um corte de classe bem determinado. Segundo o TIC domicílios, em 2005 quase 68% dos indivíduos nunca tinham acessado a internet, menos de 3% tinham acesso há mais de doze meses e apenas 11,37% tinham acesso a computador em casa.[34]

No Brasil, o arquipélago dessas novas direitas só veio a encontrar sua frente única uma década depois, com o surgimento da Lava Jato. De um lado, quando surgiu esse escudo comum, já havia um longo e paciente trabalho de mobilização e de organização no ambiente das novas direitas. De outro lado, como veremos, a convergência para a frente única da Lava Jato se deu com nuances decisivas.

O que se pode dizer aqui é que, no caso brasileiro, a politização à extrema direita, com a adesão à candidatura de Bolsonaro, não se dá principalmente como reação a uma politização do ambiente da internet à esquerda. As novas direitas acabam por aderir — tardiamente, ressalte-se — à candidatura de Bolsonaro em razão da ausência, às vésperas da eleição de 2018, de outra candidatura outsider que pudesse representar a oposição extrainstitucional formada sob o escudo da Lava Jato. Ao mesmo tempo, a eleição de Bolsonaro e a ida de Sergio Moro para o Ministério da Justiça tornaram essa canalização sem alternativa. Além disso, Bolsonaro soube administrar muito bem a parte dessa base social conquistada na eleição, que com ele permaneceu em parte substantiva até 2022, seja por ausência de alternativa, seja por ter se convencido de que ele é de fato o único representante dos impulsos antissistema.

Mas isso é uma antecipação. Por enquanto, trata-se de enfatizar o descompasso entre essas novas formas de intervenção e de politização e o que se passava na política oficial. Para que se tenha uma ideia da distância que separava essa realidade digital que se configurava daquilo que era praticado na política oficial — essencialmente analógica, em especial do PT desde o primeiro governo Lula —, basta lembrar que, em maio de 2006, "auge do Orkut e um ano após a eclosão do mensalão, a comunidade 'Fora Lula 2006' contava com 110 mil membros e a comunidade 'Eu odeio o PT', 93 mil; já a comunidade de apoio a Lula da Silva, chamada 'Lula presidente 2006', e a comunidade oficial do PT reuniam, respectivamente, cerca de 30 mil e 12 mil pessoas".[35] E isso quando Lula estava às vésperas de ser reeleito presidente.

Por volta desse mesmo momento houve diversas tentativas de organizar esse arquipélago de grupos, comunidades e públicos em um movimento unificado. Foi assim que nasceu, por exemplo, o movimento "Cansei", lançado em 2007, depois da reeleição de Lula, em 2006, e logo após o acidente aéreo com um avião da TAM em São Paulo, em julho, que provocou a morte de todos os passageiros e de sua tripulação. O nome oficial era Movimento Cívico pelo Direito dos Brasileiros. Liderado pela Ordem dos Advogados do Brasil — Seccional São Paulo e com a participação de diversas entidades e lideranças da sociedade civil, era um movimento, segundo seus organizadores, "em prol da cidadania" e sem "cunho político". O movimento chegou a reunir cerca de 5 mil pessoas na praça da Sé em São Paulo, que rezaram o pai-nosso, entoaram o hino nacional e bradaram gritos de "fora, Lula" e "Lula ladrão, seu lugar é na prisão". As lideranças afirmavam que o protesto era apartidário e pacífico, a despeito de manifestantes terem acuado militantes do PSDB que resolveram desfraldar bandeiras do partido aos gritos de "sem bandeira", "o PSDB também é culpado", "vagabundos, oportunistas" e "traidores da consciência do povo".[36]

A tentativa foi seguida, três meses depois, do "Tributo contra o Tributo", que tinha como reivindicação a extinção da Contribuição Provisória sobre Movimentação Financeira, a CPMF, então em vigor. Com atrações musicais de grande apelo popular, a manifestação pretendia levar nada menos que 2 milhões de pessoas ao vale do Anhangabaú, na cidade de São Paulo. Teve um desconto de algo como 99,9% na pretensão. A organização esteve a cargo do movimento Frente Nacional da Nova Geração, liderado pelo empresário Ronaldo Koloszuk, então com trinta anos, também diretor titular do Comitê de Jovens Empreendedores da Fiesp, entidade que custeou o ato juntamente com a Associação Comercial de São Paulo. Como as manifestações do "Cansei", também o showmício não permitia faixas e cartazes de partidos.[37]

O fracasso das tentativas não significou de maneira alguma o declínio das atividades de agitação e de criação de contrapúblicos da "nova direita". Pelo contrário, como bem mostra o livro *The Bolsonaro Paradox*, o período anterior a Junho foi marcado por uma "proliferação de contrapúblicos à esquerda e à direita, facilitada pela popularização da internet".[38] Essa proliferação é tanto causa da crise do pacto da esfera pública brasileira selado na promulgação da Constituição de 1988 como resultado das críticas e rebeliões contra as limitações desse pacto. O então novo pacto brasileiro de 1988 só foi possível porque, em alguma medida, ampliou o espaço da esfera pública, permitindo que grupos historicamente excluídos tivessem algum acesso, mesmo que limitado, ao debate público. Ao mesmo tempo, Junho de 2013 deixou claro que os termos desse pacto de 1988 tinham se tornado insuficientes. Dito de outra maneira, Junho precisa ser explicado como o longo processo de construção que de fato foi.

Para isso, é preciso ter claro de saída que a própria "contrapublicidade" se constrói não apenas no confronto e no conflito com a esfera pública dominante e com públicos e contrapúblicos que se opõem a ela, segundo as dicotomias dominantes. Constrói-se também no interior dos próprios contrapúblicos assim constituídos, que estão em competição entre si. Contrapúblicos de direita, reunidos inicialmente em uma grande frente antissistema, como "novas direitas", passam a divergir e a se opor de maneira radical. O resultado mais saliente da grande frente foi a eleição de um defensor da ditadura militar, o que está nas antípodas de posições de muitos contrapúblicos de direita.[39]

Mas esses foram os resultados. Resultados de um longo processo. A questão inicial aqui é como a Lava Jato conseguiu contornar todas as defesas tradicionais do pemedebismo para atingi-lo tão frontalmente como o fez. O caráter arbitrário dos procedimentos da Operação é algo já bem estabelecido.[40] Ocorre que estabelecer isso não serve como explicação nem do amplo apoio que teve nem do apoio significativo que ainda tem sob o manto do que se convencionou chamar de lavajatismo. O fato é que as arbitrariedades divulgadas pela chamada Vaza Jato não surgiram como surpresa para quem prestou atenção na decisão do então juiz Sergio Moro de divulgar áudios de gravações de conversas telefônicas da então presidente Dilma Rousseff com seu antecessor no cargo, Lula, em 16 de março de 2016. A data precisa é de grande relevância quando se pensa nas manifestações contra o governo de Dilma Rousseff ocorridas três dias antes, em 13 de março. E é tanto mais sintomática da postura de Moro porque ele caracterizou essas manifestações como de apoio à Lava Jato e contra a corrupção. Em seu texto, datado de julho de 2018, Moro não se referiu à manifestação de março de 2017, essa sim convocada exclusivamente em apoio à Lava Jato, mas apenas às manifestações dos anos de 2015 e 2016.[41]

Para quem apoiou — para quem ainda apoia — a Lava Jato, o sistema político se valeu historicamente de mecanismos arbitrários para se autoproteger. Ao fazer isso, teria já destruído, assim segue o raciocínio, as bases do próprio Estado democrático de direito. E, nesse caso, contra uma arbitrariedade judicial — a proteção do sistema político pelas cortes superiores — apenas outra arbitrariedade judicial — a da Lava Jato — poderia servir como remédio. E esse não é um raciocínio apenas de quem se identifica com o lavajatismo.

É assim que, se a Lava Jato instaura um regime de assédio judicial que atropela todos os procedimentos e direitos, três redes de TV estadunidenses interrompem a transmissão de um discurso de Trump no exercício da presidência dos Estados Unidos por estar apoiado em fake news. Se Facebook e Twitter censuram privadamente matéria do *New York Post* prejudicial a Biden, o ministro do STF, Alexandre de Moraes, combate o golpismo bolsonarista com arbitrariedade judicial. E tudo isso, de ambos os lados, em nome da liberdade — e, portanto, da democracia.

Essa divisão mostra que o princípio do Estado democrático de direito deixou de ser o campo comum da disputa política. Todo mundo continua a reclamar dele e da Constituição Federal de 1988. Mas os sentidos dessa reivindicação não são apenas diversos, são incompatíveis. Esse é o problema de base a ser enfrentado. Gritar "inconstitucional" ou "motivação

política" a cada disputa de interpretação sobre cada acontecimento não vai resolver o problema. Mesmo que seja necessário fazê-lo.[42]

Daí o caráter caricatural, hoje, das posições que culpavam
os governos petistas pela instauração de um "nós contra eles"
no país. Aquela polarização estabelecida pelo Plano Real, como
procurei indicar desde a abertura deste livro, é qualitativamente
distinta da que temos hoje. Não foram apenas as regras que
mudaram, foi o próprio jogo. Ainda se chama democracia, mas
virou a arma que algumas parcelas do eleitorado apontam para
a cabeça das demais parcelas do eleitorado. Na situação de
emergência democrática em que nos encontramos, é preciso
defender o que se tem de democracia como for possível. Mas
ignorar que o problema é muito mais profundo é caminho seguro para agravá-lo.

II. Breve história da candidatura de Bolsonaro

Como todo movimento autoritário de tendências fascistas, o
bolsonarismo se apoia em razões reais para criticar a democracia como funcionou e como funciona. Há muitas boas razões para duvidar da neutralidade de seus procedimentos, há
muitas boas razões para dizer que se trata de uma democracia pouco democrática, de fato. Acontece que o bolsonarismo
utiliza essas razões reais para dizer que vai instaurar a "verdadeira democracia" que, no caso de Bolsonaro, é a democracia
da ditadura.

E o curto-circuito se amplifica na medida em que o bolsonarismo se vê confirmado a cada vez nessa sua estratégia pela
reação a ele: grande parte das pessoas do campo democrático
passa a defender a democracia no formato e com as regras que
tinha antes. Como se voltar no tempo fosse possível e desejável, como se as bases do mundo anterior ao ciclo de revoltas

de 2011 a 2013 não tivessem simplesmente ruído. Nada pode ser mais inefetivo do que isso para combater o bolsonarismo: justamente porque se estabeleceu de propósito à margem da democracia como praticada antes, o bolsonarismo é infenso a esse tipo de tática.[43]

Também por isso, amalgamar Bolsonaro e bolsonarismo com "novas direitas" (ou simplesmente com "direita") é um grave equívoco teórico, que não faz avançar uma polegada nosso conhecimento sobre a sua ascensão. Mas é igualmente um grave equívoco prático: ignorar essas fissuras e rachaduras nos contrapúblicos de direita, nivelar artificialmente as diferenças e divergências pode acabar por fortalecer o núcleo duro autoritário no interior dessa multiplicidade de contrapúblicos. E, com isso, talvez permitir que Bolsonaro consiga de fato atingir seu objetivo de destruir a democracia no país.

Isolar Bolsonaro e o bolsonarismo significa afastar a hegemonia da extrema direita sobre o campo mais amplo da direita no Brasil. Se esse afastamento for possível, ele passará necessariamente por uma reorganização da direita em termos democráticos. Não é algo que esteja no horizonte próximo. Mas a possibilidade de que isso aconteça dependerá também de compreender que Bolsonaro não estava inscrito desde sempre no arquipélago das novas direitas como seu resultado inexorável. Dependerá de encontrar forças de direita que não se confundam com a extrema direita que as hegemoniza hoje.

Bolsonaro é resultado, não é causa nem acaso. Sua ascensão à presidência nada teve de inevitável, como se não estivessem objetivamente abertas outras possibilidades. Pelo contrário, continuavam a ocorrer intensas batalhas políticas fora do radar da política institucional, que só episodicamente alcançavam visibilidade na esfera pública tradicional. E, mesmo quando expostas na esfera pública então dominante, nunca o eram em suas dimensões sociais profundas. A inicial proliferação de movimentos e de iniciativas diversas vai aos poucos, no pós-Junho, se tornando "organização". "Organizações" peculiares, cristalizações organizativas em torno de "nós de rede". E que, além disso, se estruturam em hierarquias e estruturas de identificação peculiares. Ou seja, por mais que as circunstâncias importem, tudo depende de mostrar como se cristalizam como elementos estruturais.

Na sequência, procurarei acompanhar essa transformação de fatores circunstanciais em elementos estruturais por meio de uma brevíssima recapitulação de algumas das principais etapas do caminho de construção da candidatura de Bolsonaro à presidência, a partir de 2015. Parto aqui da constatação de que sabemos ainda muito pouco — ou é meu caso, pelo menos — sobre esse processo. Todos os indícios e evidências que consegui reunir têm de ser entendidos, portanto, em termos da formulação de uma hipótese bem informada sobre a ascensão política de Bolsonaro entre 2015 e 2018.

A pré-candidatura presidencial de Bolsonaro contou de largada com as redes nacionais das Forças Armadas e das forças de segurança — em alguns casos, em ligação com milícias —,[44] com uma atividade digital intensa e uma penetração incipiente no eleitorado evangélico. Renato Sérgio de Lima mostrou que, em 2010, considerando apenas militares e policiais que pagaram imposto de renda, alcançava-se 2,9% do eleitorado brasileiro, tendo esse percentual crescido 30,9% até 2018, alcançando 3,8% do eleitorado, "com destaque para o crescimento dos militares inativos, que cresceu 41,7% no período entre 2009 e 2018". E acrescenta:

Esse número, por si só, já chama muito a atenção e explica a importância das forças de segurança para o processo eleitoral no país. Agora, se multiplicarmos esse total pelo número médio de família do Sidra/IBGE, que era de 3,3, em 2008,

[...] teremos algo como 18,5 milhões de pessoas diretamente ligadas à "família policial" — pessoas que já votam ou que ajudam a irradiar percepções e representações sociais disseminadas nestas categorias sobre os rumos e sentidos da política.[45]

Ao mesmo tempo, está se falando de uma base de apoio social e eleitoral mais identificada com posições autoritárias ou potencialmente autoritárias. Não disponho de nenhuma pesquisa de trajetória que mostre a evolução do engajamento policial com o bolsonarismo no tempo. Mas temos ao menos os primeiros resultados de uma pesquisa preciosa do Fórum Brasileiro de Segurança Pública divulgada em agosto e setembro de 2020, que monitorou a atividade em redes sociais de policiais militares, civis e federais, que, entre ativos e inativos, somam quase 700 mil.[46] A pesquisa foi realizada sobre uma amostra de 879 perfis devidamente validados em sua autenticidade, incluindo cargos de praça e oficiais, no caso da Polícia Militar (77,5% da amostra), delegados e outros cargos/carreiras, no caso das Polícias Civil (21,4% da amostra) e Federal (1,1% da amostra).

A partir daí, dois grupos foram destacados quanto a sua atividade digital: bolsonaristas e bolsonaristas radicais. No que diz respeito à penetração do bolsonarismo, os resultados para cada uma das polícias e respectivas posições funcionais foi: oficiais da PM, 17% de bolsonaristas e 18% de bolsonaristas radicais (total 35%); cargos de praça da PM, 16% de bolsonaristas e 25% de bolsonaristas radicais (total 41%); delegados da PC, 3% de bolsonaristas e 4% de bolsonaristas radicais (total 7%); outros cargos/carreiras da PC, 6% de bolsonaristas e 4% de bolsonaristas radicais (total 10%); delegados da PF, 8% de bolsonaristas e 4% de bolsonaristas radicais (total 12%); outros cargos/carreiras da PF, 7% de bolsonaristas e 6% de bolsonaristas radicais (total 13%). Quando se pensa no efetivo da PM no país e no grau de penetração do bolsonarismo nessa corporação, não é difícil ver a importância dessa base para a nacionalização da candidatura de Bolsonaro.[47]

Outra vertente dessa mesma pesquisa dá ainda pistas preciosas sobre possíveis canais e caminhos das investidas de Bolsonaro no eleitorado evangélico.[48] É alta a porcentagem de policiais que não se manifestaram em ambientes digitais religiosos (mais de 70%). Mas a hipótese da pesquisa para explicar esse relativo distanciamento do ativismo digital em torno dessa questão é a sugestão de que "o pertencimento mais enérgico a alguma religião pode não ser tão bem-visto entre as corporações policiais de modo geral". Feita a ressalva, o resultado da pesquisa mostra, no geral, uma prevalência de perfis evangélicos atuantes no mundo digital entre policiais. Considerando que, na população geral, segundo os dados disponíveis antes da realização do novo censo demográfico, há 50% que se declaram católicos, 31% evangélicos (dos quais 75% do pentecostalismo), 3% espíritas e 2% adeptos de religiões afro-brasileiras, nota-se, nos perfis atuantes em ambientes religiosos no Facebook, uma clara sobrerrepresentação evangélica neopentecostal (51% na PM, 25% na PC, 53% na PF) e evangélica tradicional (18% na PM, 10% na PC, 11% na PF), em comparação com a presença católica (17% na PM, 51% na PC, 30% na PF), espírita (12% na PM, 15% na PC, 6% na PF) e umbandista (3% na PM, 0% na PC, 0% na PF). Também no que diz respeito a uma nacionalização da candidatura e a uma organização em rede, o campo evangélico se mostrou próximo da base de partida de Bolsonaro.[49]

Apesar de corretamente ressaltar que ainda "não há evidências suficientes para avaliar por que ou como se deu o alinhamento evangélico em torno da candidatura de Bolsonaro",[50] Fábio Lacerda considera que o apoio evangélico não foi obtido por acaso. Ao contrário, foi fruto de uma estratégia deliberada por parte da campanha do candidato. Cabe destacar que, em maio de 2016, Bolsonaro foi batizado nas águas do rio Jordão pelo pastor Everaldo, membro da Assembleia de Deus (Ministério de Madureira). A campanha de Bolsonaro usou slogans carregados de referências religiosas, tais como "E conhecereis a verdade, e a verdade vos libertará" (João, 8,32), e "Brasil acima de tudo, Deus acima de todos". Alguns dos mais importantes apoiadores de sua campanha eram evangélicos. Entre eles, pode-se destacar o senador Magno Malta (Partido da República, PR) e o deputado Onyx Lorenzoni (Democratas, DEM), que, com a vitória de Bolsonaro, tornou-se ministro da Casa Civil. Bolsonaro recebeu apoio das principais lideranças pentecostais brasileiras, tais como Edir Macedo (fundador e líder da IURD), Romildo Ribeiro Soares (líder da Igreja Internacional da Graça de Deus), Valdemiro Santiago (líder da Igreja Mundial do Poder de Deus), Estevam e Sônia Hernandes (líderes da Igreja Renascer em Cristo), Robson Rodovalho (líder da Igreja Sara Nossa Terra), Silas Malafaia (líder do Ministério Vitória em Cristo — AD), Manoel Ferreira (líder do Ministério de Madureira — AD), José Wellington Bezerra da Costa (líder do Ministério do Belém — AD) e Mário de Oliveira (presidente da Igreja do Evangelho Quadrangular do Brasil).[51]

Além do pé nas forças de segurança e nas Forças Armadas, além do pé no eleitorado evangélico, a partir do primeiro semestre de 2017 Bolsonaro começou a construir um pé no ambiente das "novas direitas". É o momento em que pesquisa Datafolha do final de abril daquele ano registrou um salto do candidato para um patamar entre 11% e 16% na sua intenção de voto, a depender do cenário de candidaturas. É também o momento em que se cristaliza uma radical mudança no ecossistema das novas direitas.

Como mostra uma vez mais Camila Rocha, foi nesse momento que a anterior "hegemonia liberal-libertária" deu lugar a "um amálgama ultraliberal-conservador": "Ultraliberais, como Bernardo Santoro, que havia ingressado no PSC em 2014, e Rodrigo Constantino passaram a se definir como liberais-conservadores [...]. De início, tal movimento gerou certo desconforto entre a própria militância, pois o rótulo de liberal-conservador parecia soar como um oximoro".[52] Esses ultraliberais, na nova correlação de forças do campo,

acabaram ficando em posição incômoda nos circuitos da nova direita, especialmente em face da adesão de militantes ao clã Bolsonaro. Com a ida de Jair Bolsonaro para o PSC, no início de 2016, onde estava um dos ex-presidentes do Líber, Bernardo Santoro, os liberais-conservadores passaram a ter um espaço político próprio, o que fez com que vários abandonassem o primeiro termo e começassem a se autodenominar simplesmente como conservadores.[53]

Estabeleceu-se aí a primeira versão da liga entre "ultraliberalismo" e "defesa da família, da religião, da lei e da ordem" que viria a caracterizar a campanha e a eleição de Bolsonaro em 2018. É ainda a primeira aproximação com vistas à formação do tripé de apoio de Bolsonaro na eleição, em que o terceiro pé será formado justamente por economistas pró-mercado. O recém-mencionado Bernardo Santoro não apenas acompanhou a família Bolsonaro em sua migração para o então renomeado Patriota (anteriormente PEN) como, na condição de secretário-geral do partido, "apresentou um economista conhecido do circuito pró-mercado a Bolsonaro, Adolfo Sachsida, doutor pela Universidade de Brasília e funcionário de carreira do

Instituto de Pesquisa Econômica Aplicada (Ipea), que, a pedido de Santoro, montou um grupo de onze economistas que semanalmente trocavam ideias com o capitão".[54]

Não pretendo dizer com isso que Bolsonaro tenha acedido nesse momento a nada remotamente próximo do coração do poder financeiro do país. Pelo contrário. Sachsida é uma figura inteiramente marginal nesse universo. Mas exatamente por isso é também importante para o argumento que desenvolvo aqui. Especialmente por ser parte integrante de um movimento mais amplo da candidatura Bolsonaro, que, pouco a pouco, passou a representar uma revolta em que uma parcela significativa de alguns dos estratos sociais de maior renda e escolaridade começou a desmantelar o sistema político desde baixo, desafiando os líderes próximos a eles. A revolta começou por estratos sociais que dispunham de recursos — relativamente à grande maioria da população —, mas que se consideravam excluídos, discriminados, marginalizados, ignorados por parte do sistema político. Foi um levante de membros de igrejas contra seus pastores, das baixas patentes contra a cúpula da hierarquia militar, do baixo clero contra o alto clero do Congresso, de pequenas e médias empresas comerciais, rurais e industriais contra suas entidades representativas, da base das polícias contra suas cúpulas, assim como dos escalões mais baixos do mercado financeiro contra os porta-vozes dos bancões.

Nasceu provavelmente nesse momento o persistente autoengano interessado de um Bolsonaro como "papel em branco", como candidato vazio cujo conteúdo seria fornecido pela ideologia das "novas direitas". Quando Bolsonaro entrou no PSC, no início de 2016, a militância originária dos fóruns do Orkut dos anos 2000 se surpreendeu com a presença de quadros "destituídos de referências ideológicas mais sólidas".[55] Ao mesmo tempo, no balanço final que faz, Camila Rocha acredita "que foi justamente uma combinação entre o pragmatismo político e a ânsia de se ver livre do PT e chegar ao poder — 'Bolsonaro é desprezível e será fácil que faça o que queremos' — que alimentou, ainda que a contragosto, a inclinação da nova direita pela candidatura do capitão da reserva".[56]

Posteriormente, a lenda de um candidato fácil de manobrar e ao qual pudesse ser imposto um programa preestabelecido deu lugar a outra metáfora também bastante comum: a da "fera" que precisa ser domada. E não faltaram candidatos ao posto, a começar por Paulo Guedes.[57] Um a um, todos os candidatos a domadores foram eles mesmos enjaulados e domesticados pelo próprio Bolsonaro. Ou postos para fora de seu governo, simplesmente. A lista aqui é longa e conhecida.

Seja como for, a celebração oficial de inauguração do terceiro pé do tripé veio em abril de 2018, quando Bolsonaro anunciou o nome de Paulo Guedes para ocupar o Ministério da Fazenda em um possível futuro governo. Mas o fato é que o caminho até esse momento esteve longe de ser reto e sem sobressaltos. Nada antes do segundo semestre de 2017 dizia que Bolsonaro poderia ser abraçado pelas cúpulas do mercado financeiro, do agronegócio ou mesmo das igrejas evangélicas como seu candidato de unificação. Muito menos por expoentes das novas direitas. Os avanços de Bolsonaro nesse campo foram feitos a custo de enormes conflitos e acirradas disputas.

Sirva de exemplo disso o III Fórum Liberdade e Democracia, realizado em outubro de 2016, em São Paulo. O relato da pesquisadora Camila Rocha, presente ao evento, mostra com clareza o grau de tensão a que chegava o conflito, e vale a pena lê-lo na íntegra:

Logo que cheguei ao evento, acompanhada de Bernardo Santoro, Fábio Ostermann [fundador e incentivador de

várias organizações de direita, entre elas o MBL] se apro-
ximou e, enérgico, passou a demandar explicações a respeito do apoio de Santoro a Bolsonaro, que chamou de
ditador. Demonstrando um desconforto similar ao que
tinha experimentado quando o militar exaltou a memória do coronel Ustra durante a votação do impeachment
de Dilma Rousseff, Santoro procurou contornar a situação com simpatia. No entanto, o pico de tensão daquela
tarde ainda estaria por vir. Ostermann iria participar de
um debate justamente com Jair Bolsonaro e com a senadora Ana Amélia, do DEM do Rio Grande do Sul, o qual
seria mediado por Hélio Beltrão, do Instituto Mises Brasil. O evento estava razoavelmente cheio e o debate ocorria de forma razoavelmente tranquila até que Bolsonaro
começou a ser vaiado por metade do auditório, e, ato contínuo, em resposta à vaia a outra metade começou a gritar em uníssono: "Ustra, Ustra, Ustra". Depois disso, segundo as fofocas que trafegavam nos circuitos da nova
direita, Bolsonaro teria optado por deixar de frequentar
tais espaços.[58]

A magnitude desses conflitos entre muitas vertentes das novas direitas e a pré-candidatura de Bolsonaro não significam,
entretanto, que houvesse unidade tática dentro das novas
direitas nesse momento. Pelo contrário, os próprios atores
dizem que foi um momento marcado pela ideia de "três fren-
tes", compreendidas em termos de adesão a três partidos: o
então recém-fundado Novo, o PSC e o PSL (e, dentro deste, a
tendência Livres, em especial). O envolvimento direto na política partidária era em si mesmo pensado seja em termos de
"entrar em partidos diversos e atuar por meio de uma frente
suprapartidária, ou, preferencialmente, entrar em bloco em
um único partido, ocupando-o".[59] Apesar das importantes

divergências táticas — concentração ou dispersão em um punhado de partidos —, parecia haver o diagnóstico comum de que era necessário entrar em um novo patamar de engajamento institucional, já partidário. Mas esse diagnóstico comum não foi suficiente para superar as divergências rumo a uma tática unificada.

Entendo que havia uma relevante divergência tática adicional aí. Entendo que parte importante das novas direitas, nesse momento, estava mais preocupada em manter a mobilização após o afastamento de Dilma Rousseff do que em decisões partidárias, simplesmente. Não por outra razão, a meu ver, foi convocada uma manifestação, em março de 2017, em apoio à Lava Jato. Era uma tentativa de manter uma mobilização de rua em torno daquele que tinha se tornado o escudo comum das novas direitas. Mas, como vimos — e como ainda veremos na próxima seção, a propósito da atuação de Eduardo Cunha —, a Lava Jato continuava a ser exaltada em público, continuava a ser bandeira unificadora relevante, mas já não desempenhava o mesmo papel de antes.

Essencialmente porque, em 2017, a maior parte das novas direitas entendeu que o momento da mobilização tinha passado, que a etapa seguinte era de organização com vistas às eleições de 2018. E, sob esse aspecto, a Lava Jato não tinha mais o que oferecer, já que não tinha articulado nem dava indicações de que iria articular candidaturas para as disputas eleitorais do ano seguinte. Dito de outra maneira, mobilizações de rua tinham deixado de fazer parte do cardápio das novas direitas agora "liberais-conservadoras" ou simplesmente "conservadoras".

Exemplo dos mais notórios desse momento de organização foram as investidas de Bolsonaro no campo do agronegócio. Foi o primeiro movimento de relevo de expansão da candidatura de Bolsonaro para além do tripé mencionado. E que se deu concomitantemente à consolidação desse mesmo tripé, já no ano da eleição, em 2018. Caio Pompeia mostra que, em

> 2017, a maioria das associações nacionais do campo do agronegócio manifestava predileção por candidatura presidencial do PSDB: algumas preferiam o então governador de São Paulo, Geraldo Alckmin; outras, João Doria, que era prefeito da capital paulista. Enquanto tucanos se digladiavam pela vaga do partido para concorrer à presidência da República, o deputado federal Jair Bolsonaro dava ênfase ao trabalho de campanha, nos mais diversos estados, com lideranças locais da agricultura patronal. Nessas situações, Bolsonaro mirava, sobretudo, os produtores de extrema direita. Suas propostas extremamente críticas às políticas ambientais, à demarcação de terras indígenas e à reforma agrária, além de seu incentivo ao uso de armas na zona rural, vinham ao encontro do que esse público esperava — e não ouvia de outros candidatos.[60]

A candidatura de Bolsonaro enfrentou marcada resistência por parte das entidades representativas do agronegócio até 2018. Parlamentares do PSDB estavam na coordenação da Frente Parlamentar da Agricultura, cujos financiadores mais destacados receavam que práticas antiambientais viessem a prejudicar o comércio exterior do agro. No entanto, o crescimento da popularidade de Bolsonaro no campo fez com que lideranças locais e regionais começassem a fazer pressão sobre as entidades nacionais. A pressão se tornou especialmente efetiva desde que a candidatura a presidente de Geraldo Alckmin mostrou que não iria vingar.

Mais interessante ainda, o crescimento de Bolsonaro no campo do agronegócio se deu mediante a revitalização de uma organização que se encontrava alijada dos espaços dominantes: a UDR [União Democrática Ruralista]. A organização tinha representação marcante de agentes patronais conservadores, com poder predominantemente local, que se notabilizavam pela defesa intransigente da propriedade privada da terra e por uma postura radicalizada com relação a movimentos sociais, povos indígenas e populações tradicionais. Ademais, a entidade se caracterizava pela concentração de atores política e economicamente subalternos no campo do agronegócio.[61]

Como já vimos no capítulo 2, o uso do qualificativo "subalterno" no caso de "outsiders conectados" — que é exatamente o caso aqui — tem de ser feito com cautela. Mas parece claro o que Caio Pompeia pretende dizer: trata-se de atores, grupos e associações que permaneceram nas franjas da política oficial, sem conseguir influência real sobre ela, o que explica que confluam para alianças de conveniência contra o "sistema". Está se falando aqui da revolta de "escalões inferiores" em diferentes domínios, e não de marginalizados em termos sociais ou econômicos e, de nenhuma maneira, de "outsiders desconectados".

Porém não foi qualquer tipo de revolta. Foi certamente uma revolta conservadora. Mas, antes de tudo, foi uma revolta organizada. Digitalmente organizada. A candidatura de Bolsonaro se valeu de táticas bem estabelecidas na extrema direita global, principalmente na extrema direita estadunidense, táticas dirigidas para contornar os *gatekeepers* clássicos da esfera pública formal e das instituições, em especial as instituições político-partidárias. O sucesso dessa candidatura está sem dúvida ligado à sua capacidade de influenciar o próprio comportamento eleitoral ao induzir novas maneiras de utilizar a comunicação digital.[62] Sobretudo, uma candidatura que soube como nenhuma outra contornar as próprias regras eleitorais vigentes.[63]

A candidatura de Bolsonaro se valeu, em suma, de uma organização digital inovadora e eficaz. E que atuou desde muito cedo, desde muito antes da campanha oficial de 2018. Analisando a eleição municipal na cidade do Rio de Janeiro em 2016, Rose Marie Santini, Débora Salles, Giulia Tucci e Charbelly Estrella concluíram que o uso de contas automatizadas (*bots* ou robôs) não só foi de grande importância para o resultado final como se constituiu em verdadeiro laboratório, preparando o terreno para a vitória de Bolsonaro em 2018.[64]

Os dois acontecimentos decisivos da eleição de 2018 foram certamente a prisão de Lula, em 7 de abril, e o atentado à faca contra Bolsonaro, em 6 de setembro. Mas essa eleição comportou também um não acontecimento de alta significação e simbologia. Um não acontecimento que pode ensinar muito. Porque, se o que foi apresentado até agora mostra que Bolsonaro foi tudo menos um "presidente acidental", cabe igualmente mostrar o equívoco de quem considera que a eleição de Bolsonaro era "inevitável". Em julho de 2018, os partidos do chamado Centrão, sob a liderança do então presidente da Câmara dos Deputados, Rodrigo Maia, chamaram o pré-candidato Ciro Gomes às pressas a Brasília para negociar um possível apoio. Ciro fez então juras de amor ao Centrão, mas o apoio não saiu. O bloco decidiu apoiar a candidatura de Geraldo Alckmin. Parecia então paradoxal que o Centrão apoiasse Ciro Gomes. Só que não.

O resultado da eleição mostrou o acerto do diagnóstico do Centrão na sua versão 2018 — o Centrão tem muitas e diferentes configurações ao longo do tempo. A despeito do fato de Ciro Gomes ter ou não condições de ser o representante desse diagnóstico — o que é duvidoso —, a premissa fundamental estava correta: só uma candidatura que conseguisse se apresentar de maneira verossímil como antissistema teria chances de ganhar. E essa candidatura jamais poderia ser a de Geraldo

Alckmin. Esse exercício contrafactual serve apenas, uma vez mais, para mostrar que poderia ter sido outra candidatura a receber o apoio da direita tradicional na eleição de 2018. Poderia ter sido outro o resultado. Mas não foi.

Ao longo de 2017, consolidou-se o tripé que levou Bolsonaro, no ano seguinte, à presidência da República. O pilar no qual se sustentou esse tripé foi o de uma organização digital em rede de amplitude e eficácia inéditas na política brasileira. E o solo comum inicial sobre o qual se ergueu o pilar e seu tripé foi a Operação Lava Jato, que, no terceiro semestre de seu governo, em abril de 2020, Bolsonaro pôde abandonar na estrada sem prejuízo considerável para sua posição, forçando Sergio Moro a pedir demissão do Ministério da Justiça.

A ascensão de Bolsonaro ao poder se deveu a uma crise aguda do pemedebismo no período 2015-20, que se expressou em seguidos assaltos ao poder, movimentos incompatíveis com a lógica pemedebista de evitar confrontos diretos e abertos. Foi nesse momento que forças políticas eleitoralmente minoritárias tomaram o controle do sistema político. Foram dois assaltos ao poder, em dois momentos diferentes. O primeiro, a parlamentada que derrubou Dilma Rousseff, quando o mercado financeiro chegou diretamente ao poder. Em seguida, na vitória de Bolsonaro na eleição em 2018, quando uma coalizão de conveniência de forças sociais relativamente marginalizadas da política oficial chegou à presidência pelo voto, sob a liderança de um admirador da ditadura militar de 1964.

Por isso, é fundamental reconstruir o processo de como a oposição extrainstitucional chegou à política institucional. Para isso, é preciso recontar a crise do pemedebismo de 2015 a 2018 em termos de um cabo de guerra entre o sistema político e a Lava Jato. Um cabo de guerra que fez da figura de Eduardo Cunha uma espécie de Newt Gingrich tupiniquim com pretensões de Silvio Berlusconi. É o que farei na próxima e última seção deste capítulo.

III. A crise do pemedebismo no período 2015-8

Durante pelo menos os vinte anos que se seguiram ao impeach-ment de Fernando Collor, em 1992, a figura do pemedebismo que se estabeleceu a partir dali funcionou para impor um ritmo lento e controlado à democratização e ao combate às desigual-dades. Como também costuma acontecer, serviu à sua maneira, uma maneira bem brasileira, ao modelo próprio da globaliza-ção triunfante dos anos 1990, que cooptou os sistemas partidá-rios e os sistemas políticos de forma mais ampla para a agenda neoliberal, forçando a ida das forças políticas organizadas ma-joritárias para um novo "centro". Essa foi a versão brasileira do "partido cartel" tal como conceituada por Katz e Mair.[65]

A ligação do pemedebismo com o "novo centro" neolibe-ral começou a se desfazer depois de Junho de 2013. Chegou a conta do custo pemedebista: um ritmo lento de democratiza-ção, um enfrentamento lento e marginal das desigualdades so-ciais. E o resultado veio sob a forma de uma autofagia do sis-tema político depois de 2013, quando este se blindou contra qualquer autorreforma significativa, ignorou a dimensão e a profundidade de Junho.

O ano de 2014 se encerrou com o estelionato eleitoral de Dilma Rousseff e com o questionamento do resultado por Aé-cio Neves, candidato derrotado. As consequências mais ime-diatas dessas duas atitudes foram que Dilma Rousseff não con-seguiu governar e que Aécio Neves insuflou um movimento do qual perdeu inteiramente o controle, se é que o teve em al-gum momento, já que, como vimos, esse foi um movimento gestado ao longo de toda década de 2000 e que tentei abreviar sob o rótulo "novas direitas". Foi nesse momento que se orga-nizou — ou reorganizou — um dos muitos avatares do peme-debismo, um codinome pelo qual é muitas vezes conhecido, no debate público, o Centrão.

Em sua primeira versão, durante o período Constituinte, entre 1987 e 1988, o Centrão foi uma estratégia defensiva da maioria conservadora do Congresso. Durante quase um ano de trabalho constituinte, a aliança progressista tinha demonstrado suficiente unidade, apoio e força para impor derrotas relevantes ao conservadorismo. O Centrão se organizou em reação e em contraposição a essa frente progressista. Entre a promulgação da Constituição e a crise do segundo mandato de Dilma Rousseff, a partir de 2015, o Centrão se dissolveu em um arquipélago mais amplo, o do pemedebismo do sistema político.

O avatar do Centrão dirigido por Eduardo Cunha tem sua história particular. Ainda no primeiro mandato de Lula, em fevereiro de 2005, Severino Cavalcanti, então deputado pelo PP de Pernambuco, foi eleito presidente da Câmara. Era um congressista desconhecido, fora do radar mesmo de quem acompanhava profissionalmente a política. No primeiro turno de votação, recebeu apenas 124 votos contra 207 do candidato oficial do primeiro governo Lula. No segundo turno, entretanto, venceu com trezentos votos. O candidato do governo conseguiu receber menos votos no segundo turno do que tinha recebido no primeiro: 195. Na época, a derrota parecia poder ser inteiramente explicada pela divisão dentro do próprio PT, que apresentou um candidato oficial e teve outro dissidente, que recebeu 117 votos no primeiro turno de votação. Depois, a explicação se mostrou insuficiente, especialmente quando analisada do ponto de vista da ascensão e queda de Eduardo Cunha.

Como no caso da eleição de Cunha à presidência da Câmara, em fevereiro de 2015, também a eleição de Cavalcanti foi uma derrota do governo, evento bastante raro. Foram ambas vitórias do que se costumava chamar de baixo clero. Em 2005, esse baixo clero teve o seu primeiro momento "emergente", jargão criado ainda na década de 1990 que se estendeu pelos anos 2000. Com Cunha, ganhou upgrade e se tornou novamente "Centrão".

Severino Cavalcanti durou pouco mais de sete meses no cargo. Renunciou depois do surgimento de denúncias de que recebia propina de um prestador de serviços do restaurante da Câmara. Com Cunha, o baixo clero novamente emplacou um candidato que podia chamar de seu. Mas Cunha não durou nem dez meses mais que Cavalcanti no posto.

E, no entanto, as semelhanças não devem impedir de ver que Eduardo Cunha foi um Severino Cavalcanti modernizado, com visão estratégica. Em 2005, Cunha estava em seu primeiro mandato como deputado federal. Entre 2003 e 2005, o governo Lula adotou a tática de tentar dominar o pemedebismo do sistema desviando-se das cúpulas partidárias e indo direto aos deputados para construir sua base. Essa tática levou basicamente a dois resultados. De um lado, o conflito com as cúpulas partidárias escalou a ponto de transbordar na denúncia do mensalão, não por acaso feita pelo então presidente do PTB, Roberto Jefferson. De outro lado, empoderou o baixo clero da Câmara, tendo como resultado mais visível a eleição de Severino Cavalcanti.

A experiência daquela eleição para a presidência da Câmara permitiu a Cunha ver a brecha por onde iria depois se infiltrar. O poder do alto clero no controle do Congresso é o poder das cúpulas partidárias. No caso do então PMDB, a cúpula partidária tinha deixado claro para Cunha naquele momento que, a depender dela, ele iria sempre pertencer ao baixo clero. A eleição de Severino Cavalcanti mostrou que o único caminho que lhe restava para subir seria contornando a cúpula de seu próprio partido, acumulando poder junto a deputados de outras siglas. Criando, enfim, a sua própria bancada.

Cunha se especializou em estratégias de financiamento de campanha e de migração partidária. Apresentava soluções que permitiam aos deputados sob sua proteção conseguir recursos e, ao mesmo tempo, ao perseguirem seus interesses mais imediatos, escapar o quanto possível de eventuais punições por parte das cúpulas partidárias. Mas Cunha ele mesmo nunca deixou o PMDB. Usou poder externo ao partido para conseguir vencer obstáculos dentro do partido e subir na hierarquia. Cunha levou o pemedebismo a seu conceito: criou uma bancada própria, suprapartidária, contornando, assim, a hierarquia de seu próprio partido. (Cinco anos depois de Cunha, Arthur Lira, como veremos, apenas levou esse modelo a seu limite.) E, no entanto, Cunha sabia que só o PMDB, como líder do cartel de venda de apoio parlamentar no Congresso, poderia lhe permitir chegar aonde pretendia.

Mesmo depois de sua eleição para a presidência da Câmara, Cunha manteve ativa e organizada sua bancada particular, a despeito de fronteiras partidárias. Foi assim que se tornou o símbolo da autodefesa do sistema político contra a Lava Jato. E, sobretudo, tornou-se o grande árbitro das disputas entre deputados e as cúpulas partidárias, procurando sempre soluções que penalizassem o menos possível o baixo clero. Usou seu poder para influir decisivamente na escolha dos próprios líderes partidários, inclusive.

O problema é que, a partir de meados de 2015, essa posição de árbitro entre cúpulas partidárias e deputados entrou em conflito com o objetivo de afastar Dilma Rousseff e ocupar a presidência da República para tomar diretamente as rédeas do processo e "estancar a sangria" da Lava Jato. Ou seja, o modo de operar de Cunha dentro da Câmara entrou em conflito com o objetivo mais amplo do sistema político de neutralizar a Lava Jato. Além disso, as cúpulas partidárias já estavam preocupadas o bastante com a maneira de operar de Cunha, que lhes tirava poder e autoridade. E o governo Dilma, tendo nas mãos os lotes e quinhões a distribuir, jogava a favor das cúpulas partidárias contra essa maneira de operar de Cunha. Apenas não imaginou que as cúpulas partidárias tivessem como objetivo livrar-se tanto de Dilma Rousseff quanto de Eduardo Cunha, que foi o que, afinal, fizeram.

Nesse momento, para se contrapor às investidas do governo Dilma contra o impeachment, Cunha foi obrigado a se apoiar nas cúpulas partidárias para virar o jogo. A reconfiguração de forças depois desse período foi o sinal mais claro de que as cúpulas partidárias tinham retomado muito da autoridade antes danificada e que o destino do impeachment passaria necessariamente por elas. Eduardo Cunha gastou então todo o crédito que tinha acumulado junto ao baixo clero para avalizar a autoridade e o poder das cúpulas partidárias e, com isso, alcançar o impeachment.

O Centrão de Eduardo Cunha retomou o nome da década de 1980 porque se posicionou — como o bloco conservador durante a Constituinte — contra um progressismo que passou a ser identificado exclusivamente com o PT e com os partidos mais próximos dele no governo, e não mais com a ampla frente progressista que tinha se formado na redemocratização. Mas foi muito além disso também. Em primeiro lugar, Cunha deu novo sentido ao que até ali se tinha chamado de "polarização". A partir de seu rompimento com o governo Dilma, passou a mimetizar uma estratégia de busca de apoio social criada nos Estados Unidos por Newt Gingrich, em 1995.

Vinte anos antes da eleição de Eduardo Cunha para a presidência da Câmara no Brasil, Gingrich se elegeu para a presidência da Câmara nos Estados Unidos, no bojo da chamada "Revolução Republicana" de 1994. Tal como Cunha vinte anos depois dele — ainda que seja inevitável aqui o bordão "a primeira como tragédia, a segunda como farsa" —, também Gingrich sabia que não era considerado pela "intelligentsia de Washington", que o tomava por um "radical que operava bem longe das normas aceitáveis da política polida. Ele não se importava muito com o que pensavam; importava-se mais em embarcá-los no seu projeto".[66]

Tal como Cunha contra o governo da então presidente Dilma Rousseff, também Gingrich antes dele liderou a aprovação de uma série de "pautas-bomba" contra o governo Clinton. Tal como Cunha em relação a Dilma Rousseff, também Gingrich abriu um processo de impeachment contra o então presidente Bill Clinton, ainda que não tenha conseguido afastá-lo do cargo. Tal como Cunha, também Gingrich caiu da presidência da Câmara em razão de diferentes escândalos, ainda que não tenha sido preso, como foi o caso de Cunha.

Principalmente, tal como Cunha depois dele, também Gingrich confundiu os poderes da presidência da Câmara com os da presidência da República. No caso de Cunha, isso vem agravado porque ele não tinha apenas as pretensões de Gingrich. Queria ser também o Silvio Berlusconi que enterrou a Operação Mãos Limpas na Itália. E esse papel estava reservado unicamente a Bolsonaro, no pleno exercício dos poderes da presidência da República.

Mas o decisivo aqui é que Gingrich, assim como Cunha depois dele, moldou o conservadorismo estadunidense que, vinte anos depois, viria a ocupar a presidência com Trump. Apesar do próprio Gingrich, acrescente-se. No caso brasileiro, três anos bastaram até a chegada de Bolsonaro à presidência. E isso é decisivo porque a chegada de Eduardo Cunha à presidência da Câmara dos Deputados marcou igualmente a chegada do longo movimento das "novas direitas" à institucionalidade. Não exatamente como os diferentes grupos tinham pensado que aconteceria.[67] Mas chegou.

Ao mesmo tempo, a posição de Cunha representa um divisor de águas do ponto de vista da formação da frente de oposição extrainstitucional que resultou de uma confluência de mudanças demográficas, econômicas, da sociabilidade, de iniciativas, organizações e forças políticas configuradas já nos anos 2000. Extremamente ativo em sua condição de evangélico do Ministério de Madureira (AD), Cunha era, ao mesmo tempo, alvo preferencial da Lava Jato e, dentro da Câmara, objeto de um processo no Conselho de Ética. Com isso, Cunha reuniu em sua atuação dois vetores inteiramente contraditórios do ponto de vista dessas movimentações de mais longa duração: antecipou, de um lado, a cristalização da frente conservadora e, de outro, o combate à Lava Jato. Ou seja, mostrou, do ponto de vista simbólico, que a unidade entre "novas direitas" e "lavajatismo", essencial para organizar o arquipélago de iniciativas antissistema surgido a partir dos anos 2000, era uma unidade temporária e artificial.

Não que a frente conservadora tenha deixado de utilizar a Lava Jato como face unificadora, pelo contrário. Mas a atuação de Eduardo Cunha mostrou a uma parte dessa frente duas coisas. Em primeiro lugar, que ela já não dependia existencialmente da Lava Jato para se manter sobre seus próprios pés. Em segundo lugar, que o "conservadorismo" poderia ter prioridade e preeminência sobre o "combate à corrupção" sem maiores consequências em termos de mobilização e de engajamento. Dito de outra maneira, a atuação de Eduardo Cunha se mostrou absolutamente essencial para distinguir o lavajatismo do movimento mais amplo das "novas direitas" em seu desenvolvimento peculiar, que, como vimos, resultou no pacto de parte desses movimentos, no primeiro semestre de 2017, que criou uma frente "liberal-conservadora", ou "conservadora", simplesmente.

A disputa dentro das "novas direitas" sobre a natureza e o futuro da oposição extrainstitucional prosseguiu, mas, a partir dali, com uma fratura impossível de sanar a não ser com a vitória de um dos lados sobre o outro. Foi assim que a parte da oposição extrainstitucional que se pretendia mais autenticamente vinculada à experiência original das "novas direitas" dos anos 2000 passou a se identificar mais exclusivamente com o "lavajatismo", enquanto a outra parte da oposição extrainstitucional se tornou "liberal-conservadora". E, nesse momento, dois fatos determinaram os desdobramentos seguintes.

Muitas pessoas politizadas na experiência das "novas direitas" desde os anos 2000 decidiram se espalhar por diferentes partidos sem conseguir concentrar esforços para uma candidatura presidencial única, viável e competitiva. Isso também é verdadeiro no caso da vertente das novas direitas que continuou a se identificar com o lavajatismo. Foi esse quadro que levou, por exclusão, a uma concentração na candidatura de Bolsonaro como a única viável para as duas vertentes da oposição extrainstitucional. A atuação de Eduardo Cunha na presidência da Câmara levou tanto à organização da oposição extrainstitucional e sua entrada na política oficial como à divisão dessa mesma oposição em duas vertentes, cuja unidade forçada em 2018 foi representada pela candidatura de Bolsonaro.

O Centrão de Eduardo Cunha nasceu de um sistema político já então em frangalhos. Espelhava um governo que não conseguia governar e uma oposição que não conseguia se opor. Naquele início de 2015, a popularidade de Dilma Rousseff foi à lona em três meses. E o polo de oposição — PSDB e DEM, basicamente — perdeu todo o controle sobre a oposição congressual. Todos ficaram a reboque do Centrão, que desempenhava diversos papéis ao mesmo tempo: era governo, oposição e base de apoio do governo, conforme a necessidade e o interesse do momento.

Ao mesmo tempo, a tentativa de Dilma Rousseff, em seu primeiro mandato, de dar um abraço de tamanduá no aliado de chapa presidencial, o PMDB, cobrou seu preço. Dilma Rousseff tinha colocado lenha na fogueira da fragmentação partidária, estimulando a criação de novos partidos e a migração partidária. O objetivo era atrair diretamente políticos do PMDB, diminuindo suas bancadas na Câmara e no Senado. Mas, não sendo possível alcançar esse objetivo, a criação de novas legendas que pudessem aglutinar deputados e senadores já deveria servir para mudar o equilíbrio de forças no

Congresso. A ideia era produzir artificialmente dois ou até três partidos médios que pudessem formar um núcleo alternativo à liderança do PMDB do cartel de venda de apoio parlamentar. Esse "novo Centrão" acabou por se formar, de fato. Mas para produzir o impeachment de Dilma Rousseff, e não para enfraquecer o PMDB.

A estratégia eleitoral elaborada por Lula ao longo do primeiro mandato de Dilma Rousseff apenas reforçou essa fratura que acabou por se mostrar insanável no segundo mandato de Dilma. Lula pretendeu dar ao PT uma posição de maior destaque, de tal maneira a diminuir o preço do PMDB. Nas eleições municipais de 2012, Lula estabeleceu uma tática que envolvia estabelecer coligações tanto quanto confrontos diretos com o PMDB. Compunha onde achava que não podia ganhar e tentava tomar posições onde quer que achasse que tinha chance de ganhar. O objetivo não era apenas preparar as eleições de 2014, mas tentar tomar posições diretas do principal aliado, enfraquecendo-o. Não foi um movimento capaz de sufocar o PMDB, mas foi relativamente bem-sucedido em seu objetivo. Ao mesmo tempo, acendeu a luz vermelha no PMDB, que começou a esboçar reações mais duras às investidas.

Lula manteve a mesma estratégia para as eleições de 2014. Em um movimento que não acontecia desde os anos 1980, o PT lançou candidaturas ao governo nos estados com os maiores colégios eleitorais, em competição direta com o PMDB em todos eles, com exceção de Minas Gerais. O paroxismo se deu no Rio de Janeiro, onde uma aliança fundamental para a sustentação do governo Dilma — como já era visível então e se tornou ainda mais visível depois — foi rompida para o lançamento da candidatura de Lindbergh Farias ao governo do estado. Dos maiores estados, somente na Bahia o PT venceu sem uma aliança com o PMDB, em um governo de continuidade que vinha desde a eleição de Jaques Wagner, em 2006.

O primeiro governo Dilma solapou as condições de prosseguir com o modelo pemedebista sobre o qual, entretanto, se apoiou durante todo o tempo. E isso sem que tenha conseguido inaugurar um modelo alternativo. Dilma Rousseff identificou brechas e fraquezas nos mecanismos de controle do modelo de gerenciamento político em que ela mesma se apoiou, como FHC e Lula antes dela. E resolveu se aproveitar dessas brechas para impor uma espécie de blitzkrieg econômica.

Dilma Rousseff implementou um programa que envolveu nada menos do que remodelar inteiramente a relação entre setor público e privado nas concessões públicas de infraestrutura e no setor de energia, impor parâmetros radicalmente diversos ao setor financeiro, criar e fomentar novas e longas cadeias produtivas. A ideia era produzir transformações em tal velocidade e amplitude que já teriam dado resultados dos quais seria impossível recuar depois de mostrarem seus efeitos, que, assim se esperava, seriam positivos.

A primeira lição a tirar do fracasso da tentativa é que não há programa econômico que se sustente sem uma base política e social de apoio correspondente. Foi o tipo de incongruência que, nos limites de uma lógica tipicamente pemedebista, tanto Lula quanto FHC sempre evitaram. A segunda lição a tirar é que não existe reforma do pemedebismo desde dentro. Pode-se ocupá-lo pela esquerda, como fez Lula em seus dois mandatos, pode-se usá-lo como apoio para produzir um "reformismo fraco", que é como Singer caracteriza o lulismo. Mas não é possível uma reforma do pemedebismo enquanto tal. Muito menos pretender sufocá-lo fomentando ainda mais a fragmentação partidária, que foi o que Dilma Rousseff tentou fazer em seu primeiro mandato.[68]

Entre a aparente vitória nas eleições de 2012 e a dura derrota de 2014, o que se teve foi nada menos do que o terremoto de Junho, a tática de enfraquecimento do PMDB e o fracasso da blitzkrieg econômica iniciada em 2011. Dito de outra maneira: a vitória de Pirro de Dilma Rousseff em 2014 foi longamente preparada, muito antes de Junho.

O segundo governo de Dilma Rousseff, a partir de 2015, já não conseguia funcionar nos mesmos termos em que todos os governos nas últimas duas décadas. O ajuste fiscal aprovado entre maio e julho de 2015 não só não ajudou como acabou deteriorando ainda mais as condições da governabilidade. Para fazer ajuste maior, o governo teria de ter cortado ainda mais orçamento, dizimando por inteiro o investimento público, já que aumentar a carga tributária estava fora de questão.

Não por acaso, Eduardo Cunha anunciou seu rompimento com o governo ao final dessa etapa, em julho de 2015. Também não foi um acaso o fato de, em março, ter sido aprovado o chamado orçamento impositivo das emendas parlamentares individuais. Afinal, não é em qualquer circunstância que o pemedebismo pode se dar ao luxo de ver o presidente da Câmara declarar guerra à presidência da República. Alguma garantia precisa existir. Mesmo que não seja a que parlamentares aceitariam em tempos de pemedebismo em pleno funcionamento. Mesmo que metade dos valores devesse ser destinada à área da saúde, mesmo que a garantia de execução das emendas tivesse o limite de 1,2% da receita corrente líquida, ainda assim isso significou, em 2015, em valores nominais, cerca de 10 bilhões de reais. Uma das consequências interessantes para o futuro desse primeiro ensaio de "autonomia" do Legislativo relativamente aos esquemas de barganha anteriores foi sua peculiar continuidade no governo Bolsonaro.

O ponto a ressaltar aqui é que, em seu segundo mandato, o governo Dilma já não oferecia duas garantias fundamentais do modelo: acesso efetivo aos fundos públicos e proteção contra investidas da Justiça. Não interessa aos partidos e grupos que fazem parte da supercoalizão de governo (seja qual for o governo) dispor de ministérios, cargos e verbas e não poder efetivamente lançar mão dos recursos, mesmo que sejam escassos. Menos ainda interessa sustentar um governo Dilma que se mostra incapaz de oferecer proteção contra a ameaça da Operação Lava Jato e suas subsidiárias. Esse é um sinal de descontrole grave para o esquema de supercoalizões típico do pemedebismo.

Some-se a isso a decisão sobre o financiamento empresarial de campanhas, um dos episódios decisivos na tramitação da reforma eleitoral de 2015. O projeto original patrocinado por Eduardo Cunha previa financiamento empresarial a candidatos e a partidos, com estabelecimento de um teto de valor monetário fixo. Derrotado na votação, Cunha se saiu com uma gambiarra constitucional típica dos tempos atuais para, menos de 48 horas depois, aprovar o dispositivo, só que restrito dessa feita a doações de empresas a partidos. Na característica montanha-russa do período, o processo incluiu a rejeição do financiamento empresarial pelo Senado em 2 de setembro de 2015, sua restauração pela Câmara em 10 de setembro e o veto presidencial de Dilma Rousseff em 29 de setembro, doze dias depois da decisão do STF contrária ao princípio.

Mas o alerta final soou para o sistema político com a prisão do senador Delcídio do Amaral, em novembro de 2015. Ao estabelecer uma nova interpretação do flagrante delito de crime inafiançável para ordenar a prisão de um senador no exercício do mandato, a decisão do STF introduziu o estado de pânico em um sistema político já tomado pelo desespero. Com a nova interpretação, baseada na ideia de "estado de flagrância", a ameaça de exclusão do jogo se tornou imediata. A partir daquele momento, qualquer representante no exercício do mandato poderia ir para a cadeia se houvesse indícios de que seu crime era continuado e, segundo a nova interpretação, equivalente a flagrante.

Um senador no exercício do mandato foi preso unicamente com base em uma gravação. A polícia e o Ministério Público não foram capazes de apresentar nenhum indício de que Delcídio do Amaral tivesse praticado qualquer ação concreta de obstrução da Justiça. Fossem outras as condições, seria um caso para o Conselho de Ética do Senado, e não para uma ordem de prisão do STF. Não há acordo político que dure um dia com tal grau de incerteza. E, como não surgiram novas ações no sentido de assegurar um patamar mínimo de confiança e de estabilidade, a decisão do STF trouxe com ela o potencial de desintegrar o sistema político.

A prisão de Delcídio do Amaral foi o ponto de virada para que o sistema político abandonasse de vez Dilma Rousseff. Mas, antes disso, houve uma primeira estratégia para retomar o controle da política pelo sistema político. Tratou da tentativa dupla e simultânea de rearranjar a base parlamentar (entregando a tarefa ao então vice-presidente, Michel Temer) e de abrir canais de negociação com o STF para conter os avanços da Lava Jato. Temer assumiu o encargo em abril de 2015 e o deixou em agosto do mesmo ano, sem que a questão de base tivesse sido resolvida. As conversas com o STF deram de cara com uma maioria de ministros disposta a não interferir na Lava Jato, muito pelo contrário.

Alcançar 367 votos favoráveis à admissibilidade da denúncia de impeachment de Dilma Rousseff na Câmara dos Deputados e 55 votos no Senado, como se alcançou, é tarefa que está muito longe de ser óbvia. De modo que a primeira coisa a ser explicada é como foi possível que, com a caneta na mão, o governo Dilma não tenha conseguido impedir a debandada. Não há dúvida de que a magnitude das manifestações contra o governo Dilma foi decisiva para o resultado. Mas manifestações como as de março e de abril de 2015 ainda não eram pelo impeachment. Pelo contrário, todas as pesquisas disponíveis indicam que uma expressiva maioria rejeitava esse caminho naquele momento.

A pressão de rua só se tornou um movimento pró-impeachment quando encontrou dentro do sistema político um canal de expressão. Essa porta se abriu primeiramente no final de agosto de 2015, quando Michel Temer deixou a coordenação da articulação política do governo para embarcar no projeto. Mas essa primeira onda do impeachment morreu na praia. Até o início de dezembro de 2015, já não mais ameaçava o mandato da presidente. Foi quando Eduardo Cunha recebeu uma das denúncias contra Dilma Rousseff e deu início à segunda onda do impeachment.

Foi essa segunda onda que, aproveitando o recesso do Congresso e do Judiciário até fevereiro, conseguiu convencer o sistema político de que valia a pena correr o risco de trocar o incerto conhecido pelo incerto familiar. Foi também nesse momento que a grande mídia cerrou fileiras em favor do afastamento, oferecendo suporte adicional para o sistema político pemedebista dar o passo arriscado que não costuma dar. Dilma já havia abdicado de seu governo em favor de Lula em setembro de 2015, com a substituição de Aloizio Mercadante por Jaques Wagner na Casa Civil. Essa mudança foi suficiente para barrar a primeira onda do impeachment, mas não a segunda. Ao perceber que a onda tinha se levantado com força, Dilma nomeou Lula para a mesma posição. Só que já era tarde demais. Lula nem sequer conseguiu assumir a pasta. A pá de cal veio com a ação diretamente política do juiz Sergio Moro de determinar a condução coercitiva de Lula para depor e ao divulgar todos os áudios de conversas do ex-presidente.

Do "lado de fora" do sistema político, entre março de 2015 e julho de 2016, expressivas manifestações contra o governo se sucederam e ganharam corpo e apoio na mídia tradicional e mainstream. Foram altamente significativas as manifestações em defesa do mandato de Dilma Rousseff, ainda que, em termos quantitativos, não tenham alcançado o mesmo grau de adesão. A partir do momento em que as manifestações se tornam claramente pró-impeachment, depois das manifestações numericamente expressivas de março de 2016, consolidou-se no sistema político a ideia da inviabilidade da permanência da presidente. Juntamente com a ideia de poder fazer dela o bode expiatório que permitiria a retomada do controle da política.

Àquela altura, já estava também claro para o sistema político que a fragmentação partidária tinha atingido um nível extremamente perigoso, que impedia até mesmo a criação de uma efetiva coordenação para a defesa do interesse comum de se manter a salvo da Lava Jato. Estava claro, portanto, que o pemedebismo típico do sistema não poderia continuar funcionando nos mesmos termos. Para tentar salvar o pemedebismo sem perder os dedos, lideranças de importância passaram a apoiar uma reforma eleitoral de amplas consequências. Todas as fichas foram então colocadas na ideia de introduzir o chamado "distritão".[69] Essa ideia foi arrastada até o governo Temer. Só quando ficou claro que não seria aprovada é que a ideia foi finalmente abandonada em favor da reforma de 2017, que proibiu coligações em eleições proporcionais e introduziu uma cláusula de desempenho mínimo, crescente a cada eleição.[70]

A parlamentada de 2016, que derrubou Dilma Rousseff, foi, portanto, um recurso do sistema político para tentar retomar o controle da política. Da perspectiva "interna", institucional, do primeiro capítulo, foi o momento em que o caráter não só fragmentado, mas fragmentário do pemedebismo, mostrou sua vulnerabilidade máxima diante de ameaças "externas", da superposição das crises agudas na economia e na política, atingindo profundamente a legitimidade dos arranjos institucionais existentes. O sistema político tentou aplacar a fúria social entregando o PT às piranhas para tentar passar com a boiada tranquilamente mais adiante no rio, já em um governo Temer.

O fato de, no final, o governo de Temer ter sido ainda mais fragilizado pela Lava Jato nada muda nas motivações da política oficial para produzir o impeachment. Tratou-se de um governo de autodefesa do sistema político. Mas o governo Temer tentou também em grande medida ser de restauração. Somente tentou restaurar um modelo de funcionamento do sistema político que já havia caducado.

O governo Temer foi uma tentativa de retomada do controle da política pelo sistema político, mas totalmente fracassada do ponto de vista do apoio no eleitorado. Em especial porque foi o último governo inteiramente analógico da redemocratização. A base partidária de apoio ao governo Temer não se distinguiu daquela de Dilma, senão pela ausência de PT, PDT e PCdoB e pela entrada de PSDB, DEM e PPS, tudo o mais na mesma. Exceto, claro, pelo branqueamento e pela masculinização do conjunto da equipe, coerentemente com a posição subordinada ocupada por pastas como Cultura, Direitos Humanos, Igualdade Racial e políticas para mulheres. Exceto também pelo inusitado da ausência da liderança de um dos dois síndicos até aqui do condomínio dos últimos vinte anos, de um condomínio pemedebista sob direção formal do PMDB — ou seja, com ausência de liderança efetiva. Uma vez mais, o novo governo interino se iniciou com uma base formal que superava os 70% do Congresso.

É certo que a prisão de Delcídio do Amaral já tinha sinalizado a introdução de decisões que foram pontos fora da curva da jurisprudência.[71] De fato, um ponto fora da curva não faz verão jurídico. Não incomoda enquanto não tiver companhia. Ou enquanto ninguém se importar com seu acúmulo, por expressivo que seja. Para o direito, tempos anormais são aqueles em que as curvas parecem desaparecer, em que os pontos parecem se espalhar de maneira aberrante. O passado deixa de servir de parâmetro para o presente e não se vê com clareza qual nova interpretação do dispositivo legal pode fazer com que todos os pontos voltem a se distribuir de maneira normal, voltem a compor a curva suave com que sonha o direito.

Mas o ponto mais afastado da série foi a decisão, em maio de 2016, de suspender o mandato do deputado Eduardo Cunha, voto do então ministro Teori Zavascki acompanhado pelo conjunto dos ministros do STF. A decisão indicou que a curva e seus pontos simplesmente não iriam se encontrar tão cedo. O Judiciário deixou de atuar exclusivamente segundo a lógica política indireta que o caracteriza — aquela dos pontos e das curvas que é própria do direito — para agir de maneira diretamente política sempre que acha necessário fazê-lo. Foi assim que o STF se tornou bastião de sustentação da oposição extrainstitucional que se formou no país a partir de 2015, cujo escudo comum foi a Lava Jato.

A atuação da força-tarefa da Lava Jato foi pautada pela estratégia de manter permanentemente acuado o sistema político. Muitas operações anteriores ruíram como castelos de areia porque foram trancadas desde cima. O histórico de sucesso do sistema político em se autodefender de fato impressiona. Mas impressionou ainda mais a firme disposição da Lava Jato de não dar nenhuma chance para que um novo arranjo estável fosse alcançado. Contando com um amplo e difuso apoio da sociedade, a tática de cerco contínuo encontrou na fraqueza estrutural do segundo governo Dilma Rousseff o ambiente propício para seu sucesso. Aliás, foi em boa medida graças à desorganização do sistema político imposta pela operação que Dilma conseguiu preservar seu mandato ao longo de quase todo o ano de 2015. Mais importante do que tudo isso, entretanto, a grande maioria da população se dispôs a pagar o alto preço da instabilidade permanente exigido pela Lava Jato em nome de ver realizada a versão brasileira da Operação Mãos Limpas italiana. Até que, como veremos, Jair Bolsonaro apresentou-se para enterrá-la.

4.
O governo Bolsonaro como forma-limite do pemedebismo

Bolsonaro e bolsonarismo: tática e estratégia

Bolsonaro foi um candidato antissistema e assim continuou como presidente. Daí estar em campanha permanente, daí ter se lançado à reeleição menos de seis meses após ter tomado posse como presidente. Bolsonaro presidente é aquele que governa apenas para "os bons brasileiros". Ou seja, governa apenas para quem o apoia. Fazer com que a minoria que o apoia se torne dominante, esse é o cerne do projeto autoritário de Bolsonaro, que ele pretende alcançar como e quando for possível.

Dentro de sua estratégia de objetivo autoritário, a tática, do ponto de vista da manutenção de sua base social de apoio, foi, desde o início de seu mandato como presidente, dupla: esquivar-se permanentemente de qualquer responsabilidade como suposto dirigente do "sistema"; e vetar qualquer medida potencialmente danosa aos interesses dessa sua base de apoio. Mas, à diferença de autoritarismos consolidados — a Índia, destacadamente, mas também a Hungria, a Polônia, a Turquia ou as Filipinas —, o autoritarismo bolsonarista ainda estava em seu estágio inicial, estava ainda buscando estabelecer suas bases quando foi atingido pela crise pandêmica. Quando chegou a crise do vírus, em março de 2020, o plano autoritário de Bolsonaro, mesmo que ainda muito vago, estava apenas em sua primeira fase, a do desmonte das instituições democráticas.

A pandemia de Covid-19 pôs a nu esse momento destrutivo de sua intenção autoritária. Pôs a nu sua incapacidade de enfrentar uma verdadeira emergência: o parasitismo político que o caracteriza e que não permite governar no sentido habitual da expressão. Elemento estruturante dos autoritarismos da década de 2010, é o parasitismo político que vai de par com o caráter antissistema que lhes é próprio. A tática antissistema de Bolsonaro se beneficia do fato de que o "sistema" continua a funcionar, ao mesmo tempo que se beneficia de atacar esse mesmo "sistema" como origem de todos os males.

Essa tática é de grande relevância para o projeto autoritário de Bolsonaro por pelo menos duas razões: embaralha deliberadamente a divisão entre situação e oposição, reconfigurando-a em uma divisão entre "sistema" e "antissistema"; prepara uma constante destruição das instituições democráticas por dentro, buscando identificar a "democracia existente" ao "sistema" e propondo a identificação da "verdadeira democracia" com o período da ditadura militar. Isso não significa dizer, no entanto, que Bolsonaro tenha tido desde o início um projeto autoritário claro e bem delineado. Ainda mais em seu primeiro estágio, o do primeiro mandato, cujo objetivo é meramente destrutivo.

Como outros líderes autoritários pelo mundo, Bolsonaro vai descobrindo possibilidades e potencialidades à medida que consegue fortalecer sua posição. Ainda assim, em seu primeiro estágio, esse projeto tem ao menos duas marcas distintivas. Uma delas é o objetivo de tornar organicamente autoritário todo impulso antissistema, o conjunto de sua base de apoio. A outra marca distintiva é dada pelo alvo do ímpeto destrutivo das instituições, identificado com a redemocratização, entendida como a responsável por todos os males do país. Assim se poderia explicar o propósito de uma personalidade política que ama a ordem e odeia a disciplina, que cultiva o caos institucional em nome da ordem.

Expressões destacadas dessa combinação de promessa de ordem e permanente produção do caos são os negacionismos vários que caracterizam a atuação de Bolsonaro. Negacionismo dos horrores da ditadura militar, da objetividade científica e jornalística, da confiabilidade das urnas eletrônicas de votação, da eficácia das vacinas e do distanciamento social contra a Covid-19, entre tantos outros. Bolsonaro "nega" tudo o que faz parte do "sistema", e o "sistema", por sua vez, engloba todas as instituições: a mídia, a ciência e a tecnologia, a política e assim por diante.

Seria um erro, entretanto, entender os negacionismos de Bolsonaro como negação pura e simples da institucionalidade — ainda que sejam certamente negacionismos da institucionalidade *democrática*. É nesse sentido específico que o bolsonarismo é anti-institucional. Da mesma forma, é um erro achar que a mera "negação do negacionismo" seria um caminho frutífero para combater o bolsonarismo.[1] O negacionismo bolsonarista pretende buscar e mesmo dispor da "autêntica ciência", da "verdadeira objetividade factual", da "boa política" e assim por diante.[2] Os negacionismos de Bolsonaro não se voltam contra essas instituições enquanto tais, mas contra uma suposta perversão delas.[3]

No exercício da presidência, Bolsonaro continuou a mobilizar a oposição extrainstitucional tal como se cristalizou a partir de 2015. Só que agora sem poder contar com a totalidade dessa frente de oposição que se formou até 2018, apenas com a parcela dela que conseguiu fidelizar em termos de base de apoio. É também evidente que Bolsonaro não mobiliza essa parcela da antiga oposição extrainstitucional contra seu próprio governo, mas contra o "sistema". Que pode ser corporificado, por exemplo, por governos estaduais ou municipais.

Daí, entre outras coisas, a grande dificuldade de organização de qualquer oposição congressual. O único ato unificado do conjunto da oposição que teve alguma efetividade ao longo do mandato de Bolsonaro foi a chamada CPI da Covid, que funcionou no Senado (e apenas no Senado) entre o final de abril e o final de outubro de 2021. Ainda assim, é de notar que a CPI só foi instalada por ordem do STF e após a demissão do então ministro da Saúde, general da ativa Eduardo Pazuello, que, entre interinidade e exercício oficial do cargo, esteve no ministério de 16 de maio de 2020 a 23 de março de 2021.[4] Pazuello foi substituído no posto pelo médico Marcelo Queiroga, indicado pelo Centrão já dentro do acordo sacramentado com a chegada de Arthur Lira à presidência da Câmara.

Qualquer oposição parlamentar precisa da sedimentação de um governo contra o qual se opor. E Bolsonaro se recusa a deixar sedimentar qualquer governo. Seu âmbito de atuação política é, por excelência, o partido digital do qual é o chefe. Ainda assim, não deixa de ser um dos não acontecimentos mais importantes do período a ausência de oposição social organizada ao governo Bolsonaro. No Sete de Setembro de 2021, o bolsonarismo realizou um ensaio geral de golpe a céu aberto sem que tenha havido qualquer contramanifestação à altura por parte do campo democrático. É evidente que o contexto da pandemia de Covid-19 desorganizou muitas redes e dificultou enormemente a realização de manifestações de rua para o campo que respeita diretrizes científicas reconhecidas, como deve ser o caso do campo democrático. Mas isso não é explicação suficiente para a ausência de oposição efetiva a Bolsonaro ao longo de todo o seu mandato.

A primeira explicação para esse não acontecimento me parece estar em que Bolsonaro foi funcional para o conjunto do sistema político. Seja por ter liquidado a Lava Jato, seja por organizar o cenário eleitoral em sentido favorável às forças políticas, seja por outras razões ainda. Mas o mero fato de as diferentes forças políticas terem passado quatro anos fazendo cálculos meramente eleitorais enquanto Bolsonaro prepara um golpe já deveria produzir calafrios suficientes. A incapacidade de mobilização autônoma da sociedade em relação aos partidos em um momento de tamanha urgência mostrou a hegemonia e o controle que estes mantêm sobre a própria sociedade. No estado de emergência democrática em que se encontra o país, é uma dependência que pode ter resultados catastróficos, dada a inércia do jogo meramente eleitoral dos partidos e a relativa incapacidade que têm de fazerem frente ao partido digital bolsonarista não só no mundo virtual, mas também das ruas.

Para a parcela que o apoia, Bolsonaro foi convincente ao identificar "sistema" com "pemedebismo". Apesar de ele próprio ter recorrido a um acordo com o Congresso que tornou a lógica própria de negociação do pemedebismo ainda mais diretamente venal e explícita, um acordo negociado e implementado parcialmente ainda em 2020, após a chegada da pandemia ao país, mas selado e sacramentado apenas com a eleição de Arthur Lira para a presidência da Câmara, em fevereiro de 2021. Isso é particularmente visível no fato de Bolsonaro não ter a pretensão de governar para todo mundo. Esse discurso e essa prática seriam típicos do velho mundo da velha política, que era pura enganação. Trata-se de governar para uma base social e eleitoral que não é maioria, mas grande o bastante para sustentar um governo, para impedir que um presidente antissistema sofra impeachment por parte do "sistema" e para garantir uma vaga no segundo turno da eleição de 2022.

Como tornar essa base fiel, em especial em momentos críticos? Nas disputas eleitorais, a tática consiste em produzir inimigos odiosos o suficiente para ampliar essa base até o ponto da vitória nas urnas. Na Covid-19, para dar outro exemplo, a tática consiste em levar o método do caos ao extremo, no caso difundindo a ideia de que a pandemia seria uma manobra política para enquadrar Bolsonaro no "sistema".

Não havia como combater o vírus e enfrentar a crise econômica que acompanha a crise sanitária sem fazer uma gigantesca reorganização do "sistema". Nem mesmo fazer funcionar o "sistema" era mais suficiente; o desafio é de outra ordem de grandeza, exige um esforço adequado a uma emergência nacional. A tática de Bolsonaro envolveu sempre uma recusa de governar. Não seria a pandemia de Covid-19 que o faria fazer o que já não fez nem nunca pretendeu fazer.

Ao mesmo tempo, uma situação de emergência não permite manter a tática de levar o bônus de não governar e de jogar o ônus no "sistema" que ainda funciona, mesmo que aos trancos e barrancos. Daí a adaptação que Bolsonaro fez de sua tática habitual. Passou a permitir em certa medida — uma medida manifestamente insuficiente, como se sabe — que o "sistema" se reorganizasse para enfrentar a pandemia, ao mesmo tempo que continuou a atacar esse mesmo "sistema" reorganizado como aquele que imporia sacrifícios desnecessários e insuportáveis às pessoas, em especial governadores, prefeitos e o STF.

A retirada estratégica de Bolsonaro para seu bastião mais fiel coincidiu também com a decisão de montar um governo de guerra. Foi essa decisão que o levou a acrescentar à crise sanitária e à crise econômica uma crise política. A coincidência dessa manobra com o recuo para o núcleo duro de bolsonaristas se explica porque esse bastião é o primeiro a ser convencido de que o acordo com o Centrão não desmonta todo o discurso com que Bolsonaro fez campanha e com que se elegeu. Se seu núcleo de apoio incondicional não entender e não aceitar a manobra, muito menos o restante de sua base de sustentação poderá entender que tenha posto para fora do governo em plena crise pandêmica, em um momento de emergência nacional, o ministro da Saúde, Luiz Henrique Mandetta. Um ministro, aliás, que, no momento de sua demissão, em abril de 2020, registrava aprovação superior à do próprio Bolsonaro.

Tampouco o conjunto de sua base de apoio poderia entender por que Sergio Moro, ícone da Lava Jato que tanto impulsionou a candidatura de Bolsonaro em 2018, foi tirado do governo. Moro simplesmente não foi considerado confiável o suficiente para integrar um governo de apoio incondicional. Mas a saída do então ministro da Justiça e da Segurança Pública, oito dias após a demissão de Mandetta, teve muitos outros sentidos além de uma taxa mais elevada de popularidade que Bolsonaro em um momento de crise e de fraqueza. Da mesma forma como teve um impacto negativo inicial incomparavelmente maior.

A posição antissistema de caráter autoritário que Bolsonaro transformou em sua marca não lhe deixava margem para realizar a manobra de "reunião em torno da bandeira", o efeito de "união nacional" que costuma vir com o tipo de ameaça como a de uma pandemia. Seria impossível mudar radicalmente o discurso de anos em alguns dias ou semanas e manter o projeto autoritário ao mesmo tempo.

Bolsonaro escolheu manter o projeto autoritário. Entre abril e junho de 2020, patrocinou comícios golpistas, explorando a possibilidade de ter apoio das Forças Armadas para dar efetivamente um golpe. Mas era ainda muito cedo, o tempo no poder não tinha sido suficiente para criar as condições para o fechamento do regime. Teve de recuar. Porém não abandonou em nenhum momento o projeto, como o demonstram claramente as manifestações autoritárias que organizou em 7 de setembro de 2021, por exemplo.

Fez parte dessa tática defensiva fazer o discurso delirante muito bem calculado de tornar incompatíveis defesa da saúde e da economia, "morrer de fome em casa", como disse Bolsonaro. A campanha de desinformação por parte do presidente, de seus aliados e de sua máquina de propaganda foi muito bem estruturada. Como toda campanha de desinformação bem construída, baseou-se em pedaços de fatos reais escolhidos a dedo. É uma estratégia que consegue sucesso especialmente em uma pandemia, já que a evolução é dia a dia, semana a semana, a ciência tem de fazer descobertas e encontrar soluções em meio a um grau de incerteza e de pressão muito maior do que o habitual. Em uma situação em que, apesar do muito que se descobre e do muito que se fez, de fato se sabe bem pouco sobre o vírus, tem-se condições ideais para o florescimento do negacionismo.

O negacionismo se vale também do fato de a ciência, já há muito tempo, ter sido produzida tão colada ao poder que se distanciou de ser uma fonte de questionamento a ele. Também a ciência é parte do "sistema". Apontar para isso permite fincar ao menos uma narrativa alternativa à da ciência que é suficiente para produzir o que é essencial ao discurso de legitimação de Bolsonaro, que é a confusão e o caos. Trata-se de uma confusão deliberada. Daí não se tratar apenas de identificar método no caos produzido por Bolsonaro: porque, nesse caso, o caos é antes o próprio método. E, como todo líder autoritário, Bolsonaro se apresenta como solução para o caos que ele próprio produz.

Essa confusão foi construída fundamentalmente sobre a ideia de desastre natural. Bolsonaro foi bem-sucedido em fincar — para uma parte relevante da população, ao menos — a ideia de que tentar responsabilizá-lo pela pandemia é politizar um fenômeno que não pode ser, no limite, evitado. Ou seja, quem politiza a pandemia é "político", faz parte do "sistema", da "velha política". Com isso, Bolsonaro reforça a ideia de que também na pandemia tenta lutar contra o "sistema" que, por sua vez, tenta destruí-lo, politizando a tragédia, a morte das pessoas.

Alguma coordenação pontual durante a pandemia existiu, mesmo por órgãos de governo. Mas não houve coordenação nacional. A política adotada pelo governo Bolsonaro foi essa. Com isso, até para obter dados minimamente confiáveis, foi necessário recorrer a órgãos de saúde estaduais, os veículos da imprensa tradicional precisaram criar um consórcio independente para produzir e divulgar dados da pandemia. Com isso, foi reforçada por Bolsonaro a oposição entre o governo federal — que defenderia a vida e a liberdade das pessoas porque defende a livre circulação e o "direito de trabalhar" — e os demais entes federados, que, na narrativa do desastre natural, estariam empurrando as pessoas para a morte e cerceando suas liberdades.

Bolsonaro apelou para teorias da conspiração, para "maldades do sistema" e para remédios falsamente milagrosos como resposta às crises sanitária e econômica que atingiram em cheio seu governo. Não se pode dizer que foi malsucedido em convencer uma parcela significativa da população de que sua versão fazia sentido. E isso certamente é o mais preocupante de tudo. Não, por último, por não honrar em nada a memória das centenas de milhares de pessoas mortas por causa do vírus.

A forma-limite do pemedebismo

Do ponto de vista da operação do Legislativo, o modelo Eduardo Cunha se mostrou duradouro. Ao longo da quase tripla presidência de Rodrigo Maia, de julho de 2016 a fevereiro de 2021, houve uma tentativa de restabelecer a retomada do controle por parte das cúpulas partidárias. Para isso, Maia operou de maneira muito mais colegiada, abrindo mão, em muitos momentos, de exercer todos os poderes da presidência da Câmara tal como escancarados por Eduardo Cunha.

Mas a eleição de Arthur Lira como presidente da Câmara dos Deputados, em fevereiro de 2021, representou não somente a retomada do modelo Cunha, mas seu aprofundamento a um ponto antes impensável. Não apenas, por exemplo, o colégio de líderes partidários se tornou uma formalidade vazia como também o controle de Lira sobre o conjunto de deputados passou a se dar individualmente, caso a caso, tudo sempre concentrado na sua coordenação e administração pessoal. Tal poder veio ancorado no chamado "orçamento secreto", emendas sem autor claro e sem destinação conhecida, sob controle de Lira. Enfim, a base de apoio ao governo é, com pouquíssimas mediações, a base direta de Arthur Lira — em aliança preferencial com o PL, ao qual acabou se filiando Bolsonaro, partido que manteve desde março de 2021 o controle sobre a articulação política do governo (a Secretaria de Governo).

Mas tantas mudanças em tão pouco tempo, na lógica pemedebista do sistema político, necessitam de alguma perspectiva histórica para poderem ser compreendidas. Durante a presidência de FHC (1995-2002), o pemedebismo característico da política brasileira foi ocupado pela direita, produzindo estabilidade para o funcionamento do sistema político com o Plano Real e a aliança PSDB-PFL depois do momento disruptivo do impeachment de Collor (1992). Com Lula (2003-10) e Dilma Rousseff (2011-6), o pemedebismo foi ocupado pela esquerda, uma novidade que demorou a ser elaborada pelos dois lados, tanto pelo pemedebismo como pela nova geração da elite política que ascendeu ao poder federal.[5] Com Temer (2016-8), o pemedebismo chegou diretamente ao poder.

Neste último caso, o então ainda PMDB cometeu um ato suicida: afinal, ocupar a posição de líder do cartel de venda de apoio parlamentar é incompatível com ocupar diretamente a presidência da República. É possível que não lhe restasse outra opção em vista da estratégia de defesa contra a Lava Jato que tinha adotado, oferecendo, em uma primeira etapa, a esquerda no poder em sacrifício para passar com o restante do sistema político mais adiante no rio dominado pela oposição extrainstitucional e, em seguida, tomando diretamente o poder para "estancar a sangria", expressão consagrada de um dos mais destacados líderes do pemedebismo, Romero Jucá, uma das primeiras vítimas eleitorais da ascensão direta do pemedebismo ao governo federal. Mas foi um equívoco fatal para a própria sobrevivência do partido como líder do pemedebismo.

Foi nesse momento que nasceu também a fantasia interessada de um "parlamentarismo informal", de um "semipresidencialismo". Os nomes pomposos recobrem um interesse bastante elementar: a produção de unidade do conjunto do sistema político — mesmo com sua mão esquerda quebrada — para enfrentar a Lava Jato, buscando apoio social onde fosse possível para isso. Os nomes pomposos apenas davam aparência de profundidade e seriedade a esse interesse mais do que comezinho.

Esse tipo de ilusão interessada se prolongou de maneira espantosa pelo governo Bolsonaro, como veremos, sob o manto de um suposto "parlamentarismo branco". Mas o fato é que a perda pelo PMDB de sua posição de líder do cartel de venda de apoio parlamentar foi um sinal claro de que o pemedebismo típico do acordo do Real estava já nos seus estertores. Estava em seus estertores o pemedebismo liderado pelo PMDB, partido que, não por acaso, mudou o nome para MDB em 2018, após o fracasso de sua chegada direta à presidência da República por meio da parlamentada de 2016.

Apesar de sua clara inspiração à direita e de sua tentativa de emular de alguma maneira o período FHC, apesar do objetivo unificador de pôr a Lava Jato fora de combate, o governo Temer teve baixa eficácia na imposição de uma coordenação transversal, assemelhando-se antes a uma feudalização segundo critérios de bancada e força congressual. Ainda assim, foi no governo Temer que aconteceu a única efetiva reação do sistema político ao seu próprio processo de autofagia a partir de 2013, como descrito no capítulo anterior: a aprovação da proibição de coligações em eleições proporcionais e a instituição de cláusulas de desempenho para que os partidos possam obter financiamento e manter seu funcionamento parlamentar pleno.[6] E, posteriormente, em 2021, sem ferir os objetivos fundamentais pretendidos com a introdução desses novos dispositivos, a possibilidade de formação de federações partidárias.[7] A introdução dos novos dispositivos não produziu efeitos significativos nas eleições de 2018, mas isso deve mudar a partir das eleições de 2022.

Não por acaso, portanto, no governo Temer as decisões congressuais foram muito mais colegiadas do que antes. A unidade contra a Lava Jato assim o exigia. Mas também porque, em razão da necessidade dessa unidade, acordos congressuais tinham passado a valer como acordos com o Executivo, cuja agenda só se distinguia daquela do Legislativo em sua busca de apoio social onde pudesse encontrá-lo. O fato de o governo Temer ter procurado esse apoio no mercado financeiro e na mídia tradicional e mainstream diz muito. Quando o chão desapareceu sob os pés do sistema político, foram esses setores os únicos que se ofereceram para lhe fornecer sustentação. E para cobrar a implantação de sua agenda, evidentemente. Porque outro apoio não havia. O resultado foi o desastre eleitoral de 2018, do qual surgiu um Congresso com a maior fragmentação partidária da história e um presidente da República comprometido com um projeto autoritário.

O governo Bolsonaro representa uma ocupação do pemedebismo pela extrema direita. Da mesma forma, representa a ascensão ao poder de grupos sociais que se consideravam até ali marginalizados da participação efetiva em círculos de decisão no período da redemocratização, como seria possível dizer, por exemplo, das forças de segurança, do eleitorado evangélico, das Forças Armadas, do chamado lavajatismo, dos escalões inferiores do agronegócio. E, sob Bolsonaro, a liderança do cartel de venda de apoio parlamentar passou para uma dupla de partidos que trabalham em coordenação: o PP e o PL, com o apoio do PR.

Mas de nenhuma maneira esse processo pode ser comparado aos anteriores. É certo que essas características podem levar ao risco de se compreender o governo Bolsonaro como mera nova coalizão social e eleitoral que chegou ao poder pela primeira vez na redemocratização. Como se fosse o caso de uma simples "alternância de poder", como se uma nova coalizão social, tendo chegado ao poder federal, se deparasse, como suas antecessoras, com o pemedebismo do sistema. Acontece que a ocupação do pemedebismo pela extrema direita é qualitativamente diferente das três anteriores. Em especial por contar com um núcleo duro e organizado de apoio de fundo autoritário e uma organização — mais ampla ainda do que seu núcleo duro autoritário — que descrevi no capítulo 2 em termos de um "partido digital". Pela primeira vez desde a redemocratização, o eleitorado de inclinação autoritária, que andava disperso desde o fim da ditadura militar, concentrou sua votação em uma única candidatura e chegou à presidência da República.

O pemedebismo do governo Bolsonaro é o pemedebismo levado ao limite: aponta para nada menos do que o fim do próprio conservadorismo *democrático* que o conceito de pemedebismo procurou circunscrever. Porque a forma-limite do pemedebismo representada pelo governo Bolsonaro é também a forma-limite do conservadorismo democrático. Sem a manutenção da institucionalidade democrática, é a noção mesma de pemedebismo que perde seu lastro na realidade e, portanto, seu sentido conceitual.

As principais armas do pemedebismo como forma democrática de conservadorismo estão nas posições ocupadas no Legislativo e na possibilidade de alternância no poder. Essa é outra maneira de dizer que o pemedebismo é indissociável da democracia. Em sua forma-limite, em coadaptação com o bolsonarismo, são essas duas armas que estão em risco. Ao mesmo tempo, a forma-limite é também o desnudamento máximo do pemedebismo. Como a tática antissistema de Bolsonaro tem como efeito entregar diretamente ao Legislativo recursos e liberdade para tratar de tudo o que não diga respeito diretamente à sua base de apoio, é muito mais larga a margem de ação do Congresso. Sobretudo sob a cobertura de mecanismos como o orçamento secreto, mecanismo mais próximo de uma ordem ditatorial que se pode ter em uma democracia, sinal de uma democracia já em estado avançado de deterioração.

Um regime ditatorial é o estabelecimento do amálgama definitivo de partido de sustentação do governo e Estado. Em uma ordem ainda democrática, o pemedebismo não consegue se amalgamar inteira e definitivamente ao Estado porque existe sempre o risco de um partido ser colocado em condição de oposicionista, de não ser incorporado à supercoalizão de governo. O governo Bolsonaro representa a forma-limite do pemedebismo porque sinaliza o fim desse risco, que é, ao mesmo tempo, o fim da ordem democrática.

O que não significa ignorar que o fenômeno ultrapassa o contexto brasileiro, pertencendo a um ciclo autoritário muito mais amplo, global, como procurei enfatizar ao longo de todo este livro. O sucesso eleitoral dos levantes conservadores típicos da década de 2010, de que a vitória de Bolsonaro em 2018 faz parte, coincidiram com uma crise econômica que só tem paralelo naquela iniciada em 1929. E foram movimentos que mobilizaram déficits reais do modo de funcionamento das democracias existentes, bem como instrumentos e táticas de novo caráter, pertencentes já a uma sociabilidade digital.

Uma vez que o objetivo último de Bolsonaro e do bolsonarismo é a destruição da institucionalidade democrática, não faz sentido falar em termos de coabitação com o sistema político tal como estabelecido no país desde fins da década de

1980. E, portanto, não há também como falar em "presidencialismo de coalizão" em qualquer sentido razoável da expressão. E, no entanto, se não se trata de coabitação — como em regimes presidencialistas ou semipresidencialistas naqueles momentos em que Executivo e Legislativo são dominados por forças políticas opostas —, houve certamente coadaptação. Um processo de coadaptação, pode-se dizer, com benefício mútuo, ainda que com prejuízos incalculáveis para o presente e para o futuro do país. Sem contar que, em um processo de coadaptação, uma das espécies participantes pode se dar muito mal.

Esse processo de coadaptação marca o que há de específico e o que há de peculiar no caso brasileiro. Se, no capítulo 3, procurei mostrar que a formação de uma oposição extrainstitucional em conjunção com a Lava Jato era o que havia de específico no capítulo brasileiro das "crises da democracia", cabe agora refletir sobre o destino dessa oposição extrainstitucional e da própria Lava Jato após a chegada de Bolsonaro à presidência da República. Da mesma forma, assim como procurei mostrar que uma das características do momento atual é uma proliferação de tipos de partido, o fato de ter identificado entre esses tipos aquele que chamei de "partido digital" e de tê-lo aproximado de Bolsonaro e do bolsonarismo leva agora à necessidade de refletir sobre qual o destino desse partido digital no governo Bolsonaro.

Pois não foi só por meio da mobilização antissistema que Bolsonaro conseguiu se manter no poder. Foi igualmente mediante dois outros processos. De um lado, um acordo que devolveu o controle da política ao sistema político, liquidando a mesma Lava Jato que teve papel essencial na sua própria eleição em 2018. "Sistema político" do qual Bolsonaro busca ao mesmo tempo se destacar e se afastar, enquanto com ele celebra um pacto que concede a esse sistema poder sobre todos os temas que não afetem diretamente a base de apoio mais fundamental do bolsonarismo. De outro lado, se Bolsonaro reservou para si um poder de agenda muito mais limitado do que o presidencialismo permite — e exige, em grande medida —, essa autolimitação, por assim dizer, é o que fortalece e confere coesão à organização anti-institucional sobre a qual se sustenta sua base social de apoio, o seu "partido digital".

Breve história de uma coadaptação I: Executivo e Legislativo sob Bolsonaro

Ao contrário de presidentes do "antigo normal", Bolsonaro não arbitra conflitos, apenas veta tudo o que é prejudicial à sua base mais direta de apoio. Bolsonaro permite que cada feudo dentro do governo e do Estado estabeleça suas próprias diretrizes, sem coordenação com os demais. Bolsonaro só chega quando os conflitos já se acirraram a tal ponto que a situação saiu do controle, quando já não têm mais solução possível e adequada. Foi assim que vetou, por exemplo, a recriação da CPMF e enterrou uma reforma da Previdência que não poupasse militares e policiais. E assim por diante.

Os problemas de coordenação se mostram nesses vários aspectos, portanto: Bolsonaro instalou primeiramente um governo sem quadros aptos, incapaz de elaborar e implementar uma agenda transversal, sem condições de produzir sinergia e eficiência entre ministérios, agências e estatais. Um governo altamente disfuncional, em suma, que vive do parasitismo do funcionamento corriqueiro do Estado e de suas políticas públicas de médio e de longo prazo. Não que dificuldades de coordenação e implantação de agendas transversais não existissem antes de Bolsonaro, pelo contrário. Mas antes dele, o sistema político tinha encontrado, aos trancos e barrancos, uma solução mais ou menos funcional para o problema.

O governo de Bolsonaro só ganhou alguma funcionalidade nesse sentido anterior do "antigo normal" ao selar o acordo com o Centrão, a partir de meados de 2020. Foi um acordo implantado progressivamente ao longo do segundo semestre de 2020 — passando inteiramente por cima da presidência de Rodrigo Maia em seus últimos oito meses de mandato — e sacramentado definitivamente com a eleição de Arthur Lira para a presidência da Câmara dos Deputados. Mas foi um acordo que não suspendeu ou modificou a tática antissistema que caracteriza a atuação de Bolsonaro. A tática continuou no que diz respeito ao funcionamento do próprio Executivo e se acirrou mesmo no que diz respeito às relações entre Executivo e Judiciário, o STF, em particular.

Derrotas de propostas do governo no Congresso servem de combustível à própria tática antissistema de Bolsonaro. Apenas do ponto de vista do "antigo normal político" é que são consideradas "fraqueza" ou "debilidade" do presidente. No sentido do "normal antissistema", apenas podem ser consideradas autênticas derrotas congressuais aquelas relativas a propostas destinadas a favorecer a base de apoio de Bolsonaro. E, para além dessa base, tudo o que é considerado essencial para seu esforço reeleitoral, de maneira mais ampla. Mas, raciocinando nos novos termos estabelecidos por Bolsonaro, é difícil apontar casos de efetiva derrota nesse novo sentido.[8] Daí também a necessidade de interpretar em sentido inteiramente novo quaisquer contagens tradicionais de "sucesso legislativo da presidência".

Sob Bolsonaro, houve uma a divisão de poder com benefícios mútuos para o Executivo e o Legislativo, com convergência integral de interesses em torno de um único ponto, a ser examinado em maior detalhe adiante: dar cabo da Lava Jato. Para além disso, o projeto autoritário de Bolsonaro não tem convergência evidente com os interesses do pemedebismo a não ser na tática de não governar e de cuidar apenas de sua própria base, o que tem como principal consequência deixar para "os políticos" todo o resto — ou seja, governar, basicamente, já que ele próprio não pode governar no sentido do "antigo normal" sem perder sua imagem antiestablishment.[9]

Sirva de exemplo disso a reforma da Previdência, aprovada e promulgada pelo Congresso em novembro de 2019. Quando Paulo Guedes entendeu que Bolsonaro não iria mexer um único dedo para aprovar qualquer reforma, estabeleceu imediatamente diálogo direto com Rodrigo Maia. O então presidente da Câmara aceitou conversar, mas exigiu o empenho pessoal do presidente como condição. Recebeu insultos e esculachos em massa nas redes como resposta. Insultos e esculachos que ecoavam e amplificavam a frase lapidar de Bolsonaro de março de 2019: "Eu, no fundo, não gostaria de fazer a reforma da Previdência".

No mais, a entrega de parte relevante do orçamento não obrigatório ao Congresso foi barganhada em troca do atendimento às três necessidades básicas de Bolsonaro: não acolhimento de nenhum pedido de impeachment; aprovação de itens e programas para permitir que sua candidatura pudesse chegar viva a 2022, em condições de alcançar uma vaga no segundo turno na eleição presidencial; não interferência do Congresso com a criação de CPIs, assim como no aparelhamento em curso da Procuradoria-Geral da República, da Polícia Federal e do Judiciário de maneira mais ampla, não apenas para a defesa do mandato de Bolsonaro, mas de sua família. Dissonâncias do acordo, quando surgiram, vieram do STF. A resposta do bolsonarismo foi acuar o Tribunal em ataques permanentes nas redes, a resposta de Bolsonaro e do Congresso foi ignorar, procrastinar e descumprir decisões do STF.

A outra ponta dessa mesma história está na criação de figuras como o chamado orçamento secreto ou o Sistema de

Deliberação Remota (SDR), a partir de 2020, no contexto da coadaptação com o Centrão. As dificuldades objetivas impostas pela pandemia de Covid-19 foram utilizadas como oportunidade, tanto pelo Executivo como pelo Legislativo, para diminuir ou mesmo suspender mecanismos antes aparentemente consolidados de transparência e de *accountability*.[10] Sobre o funcionamento remoto do Congresso, dispomos do acompanhamento por parte do trabalho do Observatório do Legislativo Brasileiro, que também pesquisa o sucesso legislativo do presidente e outros temas que serão abordados na sequência.[11]

A primeira comparação importante a fazer é aquela entre o governo Bolsonaro antes e depois do acordo com o Centrão, o que coincide, grosso modo, com a divisão entre o período pré-pandemia e o período pandêmico.[12] O modelo não leva em conta os efeitos não raro positivos para a tática antissistema do fracasso de iniciativas da presidência, o que leva o estudo em questão a considerar como agravante da situação precária do governo, por exemplo, o fato de Bolsonaro ter deixado o partido pelo qual foi eleito em 2018, o PSL, o que, na interpretação que proponho aqui, tem antes o efeito positivo de mostrar sua posição antiestablishment até mesmo quando se trata de estar filiado a um partido. Feita a ressalva, nota-se que o primeiro ano do governo Bolsonaro registrou na Câmara dos Deputados a pior taxa de sucesso dos últimos cinco mandatos presidenciais; o mais baixo número de medidas provisórias aprovadas em vinte anos; um número incomparavelmente maior de decretos legislativos iniciados na Câmara para derrubar decretos presidenciais relativamente aos dois mandatos de Lula e aos dois governos de Dilma Rousseff; uma taxa de votações nominais muito mais alta do que nas gestões anteriores comparadas, o que indica maior grau de dissenso tanto dentro da casa legislativa como na sua relação com o governo, além de um grau de consenso nessas mesmas votações em que a presidência de Bolsonaro só se compara àquela de crise permanente do segundo mandato de Dilma Rousseff. Ou seja, no geral, em comparação com o período pré-pandêmico, o período pandêmico examinado mostra um aumento do conflito em plenário, com maior polarização.

Quando se olha para o Centrão da Câmara dos Deputados, nota-se sempre uma taxa de apoio ao governo mais elevada do que o apoio médio geral, além de um ligeiro crescimento dessa taxa a partir de 2020, movimento que ganha em significação, entretanto, quando se considera que foi feito em sentido inverso ao realizado pelos demais partidos.[13] Confirmando a ideia de um aumento no grau de dissenso no período pandêmico, encontrou-se que, sob a presidência de Arthur Lira, o alinhamento governista dos deputados tomados individualmente aumentou, assim como o desalinhamento, mostrando aumento na polarização. Porém o mais importante é ressaltar que a probabilidade de aprovação de um projeto é tanto maior se o proponente pertencer ao Centrão. Foi dessa maneira que a adesão do bloco ao governo Bolsonaro mostrou sua força.

É certo que essa correlação positiva entre aprovação de projetos e pertencimento ao Centrão está demonstrada nos últimos vinte anos. Mas, de um lado, a taxa em 2020 foi a maior desde 2003. E, de outro, mostra um protagonismo do mesmo Centrão em uma Câmara dos Deputados muito mais polarizada em plenário. Não se trata de ver aqui continuidade sob esse aspecto entre os governos Temer e Bolsonaro, nem entre o Bolsonaro do início de seu mandato e aquele que celebrou o acordo com o Centrão a partir da chegada da pandemia ao país. Afirmar esse tipo de continuidade me parece um equívoco, antes de mais nada porque a *função* do suposto "protagonismo" ou "independência" do Legislativo é completamente diferente em cada caso. Mais um amálgama a ser desfeito, em suma.

No caso de Temer, o que estava em jogo era a unidade contra a Lava Jato, o que incluiu recusar duas vezes no plenário pedidos de impeachment do presidente. Já no caso de Bolsonaro, o que está em causa é a deliberada ausência de governo, guiada por sua tática antissistema. Ainda assim, essa coadaptação teve duas versões diferentes: as das presidências da Câmara de Maia e de Lira. Essa diferença pode ser apresentada mediante um breve retrospecto da posição da Câmara em relação ao orçamento e, em particular, no que diz respeito às emendas impositivas.

Ainda com Eduardo Cunha na presidência da Câmara foi aprovado, em março de 2015, o chamado orçamento impositivo para emendas parlamentares individuais. Naquele momento, as limitações estavam em que metade dos montantes deveria ser destinada à área da saúde e com teto de 1,2% da receita corrente líquida (cerca de 10 bilhões de reais, em valores de 2015). Como vimos, esse movimento foi feito como preparação para a declaração de guerra de Cunha contra a então presidente Dilma Rousseff. No caso das duas extensões da prática do orçamento impositivo no governo Bolsonaro, os sentidos já foram diferentes.

A primeira extensão foi feita para alcançar também as emendas das bancadas estaduais, em junho de 2019 (limitado, nesse caso, a 1% da receita corrente líquida). Em seguida, a partir de 2021, a extensão foi feita com base em uma utilização inusitada e original de uma prática já existente: foi mudada a função e ampliado o alcance das chamadas emendas de relator. Utilizadas habitualmente apenas para corrigir erros ou omissões de ordem técnica do projeto de lei orçamentária, passaram a ser utilizadas de maneira a criar o que veio a ser chamado de orçamento secreto.[14]

O sentido da utilização do orçamento impositivo — e de sua versão bolsonarista, o orçamento secreto — permite distinguir os dois momentos do governo Bolsonaro, antes e depois da chegada da pandemia ao país. Rodrigo Maia teve uma atuação muito mais colegiada, abrindo mão de utilizar todos os poderes que tinham saído da caixa de Pandora aberta por Eduardo Cunha em 2015. Esse padrão de atuação prosseguiu mesmo sob Bolsonaro, mas já com um sentido diferente. Maia recorreu ao orçamento impositivo basicamente como estratégia de defesa do Legislativo em oposição às constantes ofensivas de Bolsonaro contra o Congresso.

Ocorre que, nos últimos oito meses de sua gestão, Maia foi simplesmente atropelado pelo novo acordo de Bolsonaro com o Centrão, ficou completamente no escuro com relação à real distribuição de recursos governamentais para parlamentares. Essa tarefa — como se soube depois — tinha sido assumida pela dupla Arthur Lira e Ciro Nogueira, já em aliança com o PL, que, em março de 2021, um mês após a eleição de Lira para a presidência da Câmara, viria a fazer de sua integrante, Flávia Arruda, secretária de governo e responsável pela articulação política.

Na presidência de Arthur Lira, o caráter impositivo do orçamento se tornou apropriação secreta do orçamento. Os nomes podem ser os mesmos, mas a função da "imposição" em cada um desses momentos é completamente diversa. Todos esses resultados são inteiramente compatíveis com outras decisões de Arthur Lira, como aquela tomada no início de março de 2022, de manter o SDR por tempo indeterminado. É o coroamento de um processo de centralização de poderes que foi descrito com precisão no balanço feito pelo Observatório do Legislativo Brasileiro:

A gestão de Lira tem sido caracterizada por alto grau de centralização decisória, mesmo após a suspensão parcial do SDR, que resultou em maior concentração dos trabalhos legislativos nas figuras dos líderes e do presidente da Mesa, devido à suspensão do trabalho das comissões. Ao longo de sua gestão, Lira tem manejado o regimento interno de forma surpreendente, atropelando ritos, levando à votação projetos cujo teor não foi previamente compartilhado com os deputados, criando comissões especiais para encurtar o tempo de debate, substituindo comissões especiais por grupos de trabalho e amparando a aprovação de emendas de plenário em desacordo com as regras regimentais.[15]

Breve história de uma coadaptação II:
o fim da Lava Jato sob Bolsonaro

Para a base de apoio do governo no Legislativo, o não governo de Bolsonaro abriu espaço para que se tornassem impositivas não apenas emendas parlamentares individuais e de bancada, mas também de relator e de comissão, sem exigência de intermediação da Caixa Econômica Federal, implementadas por ministérios e empresas estatais diretamente, sem necessidade de identificação de autoria. Para o sistema político de maneira mais ampla, o grande interesse esteve posto em um presidente antissistema que precisa de proteção contra iniciativas judiciais. É a pessoa certa no momento certo para matar a Lava Jato.

E, no entanto, a questão é saber como Bolsonaro conseguiu esse feito, quando tanto Dilma Rousseff como Michel Temer tentaram a mesma façanha e não conseguiram. A Lava Jato foi desmontada, e o grande artífice dessa desmontagem foi Bolsonaro — com o auxílio decisivo da Vaza Jato, da Procuradoria-Geral da República e do STF. E, sobretudo, porque o desmantelamento da Lava Jato não interessava apenas à parte do Centrão que aderiu a Bolsonaro, interessava ao conjunto do sistema político.

Foi suprimida a origem de parte da instabilidade do sistema político que pode ser atribuída à Operação ao longo do período 2014-9. Restou, evidentemente, toda a instabilidade produzida pelo projeto autoritário de Bolsonaro. Mas é possível dizer que um elemento mobilizador e catalisador importante, instrumentalizado por esse projeto autoritário, já não existe. O que é o mesmo que dizer que o Brasil está "apenas" diante de uma ameaça autoritária como em outros lugares, sem mais o elemento peculiar que o distinguia tão particularmente.

A concertação que foi o pilar do processo de coadaptação de sistema político e governo Bolsonaro conseguiu alcançar seu objetivo mais imediato e mais importante, que era manter investigados e réus fora da cadeia e politicamente atuantes. E, ao mesmo tempo, conseguiu minar o poder de mobilização da Lava Jato. Desapareceram as inúmeras fases da Operação. Nenhum político, grande empresário, ou operador de partidos foi preso do quarto mês do governo Bolsonaro em diante. E, a partir de março de 2019, pela primeira vez desde 2014, o STF começou a tomar uma série de decisões que puseram em causa procedimentos e decisões da Lava Jato.

Durante muito tempo — até a chamada Vaza Jato, em junho de 2019, talvez — foi ampla a tolerância social com a ausência de curvas visíveis nas decisões judiciais. Tolerância em perfeita consonância com a posição que assumiu o Judiciário de tutelar o país em meio à crise política. E só pôde se colocar nessa posição porque as instituições entraram em colapso, o próprio Judiciário, inclusive.

A dupla Bolsonaro-Moro garantiu ao sistema político a tranquilidade buscada desde que a instabilidade virou regra. Desde a instabilidade do segundo governo Dilma, a aliança Bolsonaro-Moro foi a primeira a dar ao sistema político a tranquilidade que buscava desde 2014. O preço cobrado por Bolsonaro foi o direito incontestes de malhar o sistema político um dia sim e outro também. Já Moro começou a delirar que um dia poderia ser presidente.

Sergio Moro sempre insiste no destino trágico da Mãos Limpas, modelo para a Lava Jato. Repete que a operação italiana foi sufocada pelo sistema político com a eleição de Silvio Berlusconi, em 1994. Moro disse que tinha aceitado ir para o governo a fim de impedir que a Lava Jato tivesse esse destino trágico. Mas, no fundo, pelo tempo que durou sua aliança com Bolsonaro, Moro foi tanto o principal líder como o coveiro da operação, foi Antonio Di Pietro e Berlusconi em uma única pessoa.

A imagem não pretende de maneira alguma tirar de Bolsonaro o título de Berlusconi brasileiro. Mas foi um Berlusconi muito mais eficiente graças ao apoio de Sergio Moro. No fundo, Berlusconi necessitou de dois mandatos diferentes como primeiro-ministro (pouco mais de oito meses a partir de 10 de maio de 1994 e, da segunda vez, de junho de 2001 a maio de 2006) para verdadeiramente enterrar a Mãos Limpas. Em seu primeiro mandato, Berlusconi aprovou, em julho de 1994, o chamado decreto Biondi, "que impedia a prisão preventiva para pessoas submetidas a investigações por crimes de corrupção, concussão e outros".[16] É necessário precisar, entretanto, que o decreto "não trouxe modificações no código penal com relação aos crimes contra a administração pública (ou, mais geralmente, para aqueles imputados aos réus da Tangentopoli)".[17]

E isso é importante porque o combate à Mãos Limpas foi longo. O esforço do sistema político foi relativamente constante, mas coube a Berlusconi, em seu segundo mandato como primeiro-ministro, completar o serviço, em especial porque, "em abril de 2002, foi praticamente abolido o crime de falsificação contábil; em dezembro de 2005, foram reduzidos de forma considerável os tempos de decurso a partir dos quais a prescrição extingue um crime".[18]

Tal como Bolsonaro em 2018, também Berlusconi se elegeu em 1994 com um discurso anticomunista, invocando divisões típicas do período da Guerra Fria. Assim como Berlusconi se elegeu com um discurso em defesa da Operação Mãos Limpas e em seguida começou a desmantelá-la, Bolsonaro fez o mesmo em relação à Operação Lava Jato. Berlusconi chegou ao poder para proteger a si mesmo da Justiça; Bolsonaro teve de fazê-lo quase simultaneamente à sua vitória na eleição de 2018, antes de tudo em relação a seu primogênito, Flávio. Assim como na Itália de 1994, Bolsonaro surgiu para evitar uma vitória bastante provável da esquerda. Tal como Bolsonaro em 2018, também Berlusconi se apresentou com uma plataforma liberal em economia.

Outra semelhança foi a crise econômica. Não que a catástrofe brasileira do período 2015-6 (7,2% de retração no biênio) seja remotamente comparável com o que aconteceu na Itália. Ainda assim, a queda de um crescimento do PIB de 3,4% em 1989 (com uma média aritmética de 2,7% ao ano na década) para um crescimento negativo de 0,9% em 1993 (com 2% em 1990, 1,5% em 1991 e 0,8% em 1992) é bastante significativa. Também a relativa desorientação do sistema político aproxima os dois casos. No caso italiano, a brusca mudança geopolítica que veio com a derrocada do bloco soviético "desorientou os blocos de poder que anteriormente haviam impedido as investigações de passar dos primeiros estágios".[19] No caso brasileiro, a já mencionada formação de uma oposição extrainstitucional que usou a Lava Jato como escudo comum para desestabilizar de maneira duradoura o sistema político.

Mas as diferenças importam aqui mais do que as semelhanças. É certo que, nos dois casos, como em outros lugares do mundo que passaram e passam por crises semelhantes, os partidos fizeram de tudo para retomar o controle do sistema político. E, tanto no caso italiano da Mãos Limpas como no caso brasileiro da Lava Jato, a luta pela retomada do controle da política pelo sistema político se confundiu com a luta pela sobrevivência de lideranças partidárias históricas. Mas o sistema partidário brasileiro não foi implodido — apenas aumentou sua fragmentação e disfuncionalidade —, e a grande maioria dos grandes caciques foi preservada, o que não aconteceu na Itália. Ao contrário do Brasil dos anos 2020, não parecia que a Itália do início dos anos 1990 estivesse imediatamente ameaçada pela ascensão da extrema direita. E, sobretudo, Bolsonaro já é um Berlusconi da era digital. Na Itália de 1994, a eleição de Berlusconi foi o auge da era televisiva da política. Já a eleição de Bolsonaro, em 2018, marcou a entrada definitiva do Brasil na era da política digital.

Não foi em termos estritamente italianos, portanto, que a Lava Jato foi enterrada. Berlusconi não poderia ter dito em 1994 o que Bolsonaro disse em outubro de 2020: "É um orgulho, é uma satisfação que eu tenho, dizer a essa imprensa maravilhosa nossa que eu não quero acabar com a Lava Jato. Eu acabei com a Lava Jato, porque não tem mais corrupção no governo. Eu sei que isso não é virtude, é obrigação". A Lava Jato como conjunto de processos judiciais continuará usando o mesmo nome, mas sua marca perdeu inteiramente a força. Foi enterrada e não ressuscitará. O impulso antissistema que carregava foi quase que inteiramente apropriado por Bolsonaro e seu partido digital.

A obrigação de acabar com a Lava Jato mostra como a demissão de Moro não foi apenas um bônus para a negociação com o Centrão que Bolsonaro iniciou a partir do momento em que se convenceu de que a pandemia poderia levá-lo às cordas do impeachment. Para que uma negociação como essa seja bem-sucedida, é fundamental manter a Polícia Federal sob controle estrito. É peça-chave do plano de sobrevivência de Bolsonaro e do sistema político.

Em 2020, após o afastamento de Moro, Bolsonaro teve de recuar temporariamente do objetivo de se apossar sem nenhum pudor da PF. Sua primeira nomeação, Alexandre Ramagem, foi barrada pelo STF — Bolsonaro o colocou na chefia da Abin. E, no entanto, Bolsonaro tentou reverter a decisão do ministro Alexandre de Moraes, que suspendeu a nomeação, quando já tinha ele mesmo anulado o ato e nomeado outra pessoa, Rolando de Souza, para o posto. Sabia que a tentativa seria inócua. Mas o objetivo era tão somente deixar claro ao novo diretor-geral da PF que sua posição era temporária e que apenas a estrita obediência poderia garanti-lo no cargo.

O novo diretor-geral, Paulo Maiurino, no entanto, só chegou em 8 de abril de 2021. Ou seja, após a sacramentação do acordo com o Centrão, com a escolha de Arthur Lira para a presidência da Câmara. E após a posse do novo ministro da Justiça, Anderson Torres, policial federal de carreira, empossado dois dias antes. Torres tinha sido secretário de Segurança Pública do Distrito Federal e, logo após se tornar ministro da Justiça, filiou-se ao PSL. No final de fevereiro de 2022, o próprio Maiurino foi, por sua vez, demitido. Por telefone.[20] O que mostra um dos mais consistentes padrões do governo Bolsonaro tanto em relação aos ministérios militares quanto em relação à PF: não manter pessoas nesses cargos estratégicos por tempo suficiente para organizarem redes dentro e fora do governo.

Mas é um padrão que se estende, por razões adicionais a essas, ao conjunto dos cargos a serem preenchidos. Bolsonaro opera exatamente como cartolas de clubes de futebol: se o time vai mal no campeonato, troca-se o técnico. Dito de outra maneira, Bolsonaro combina diferentes raciocínios de tipo persecutório em um só modo de atuação: protege-se contra possibilidades de utilização de posições na comunidade policial e de informação para prejudicá-lo, evita a formação de redes e de núcleos dentro do governo que possam lhe fazer frente, além de se desviar de qualquer responsabilização. Se as coisas vão mal, a culpa é do técnico, e não do cartola.

O partido digital bolsonarista

Conhece-se relativamente pouco sobre a organização digital bolsonarista quando o padrão de comparação é a eleição de Donald Trump e o trumpismo de maneira mais ampla.[21] Ou pelo menos eu conheço pouco. O que aprendi da leitura do trabalho dos laboratórios e centros de pesquisa já mencionados, especialmente com a equipe do NetLab/UFRJ nesse caso, é que o bolsonarismo dispõe de uma esfera pública alternativa relevante, controlando uma importante rede de desinformação e propaganda, fazendo uso extensivo de robôs conforme a necessidade e as exigências do momento. Com a ocupação da presidência da República, a partir de 2019, Bolsonaro investiu ainda mais pesadamente na criação de um ecossistema sustentável, tanto em termos financeiros como de mobilização. Esse movimento permitiu ainda o cancelamento de contas no Twitter e no Facebook e uma migração em massa para o Telegram, caracterizado pelo total anonimato do usuário e pela utilização autorizada da automação.

Foi contra a ideia mesma de partido que se criou aos trancos e barrancos essa cultura política digital antissistema, tornada por Bolsonaro anti-institucional a partir do momento em que venceu a eleição presidencial de 2018. A selvageria dessas novas formas de fazer política tem a ver não apenas com a falta de modelo institucional, mas também com a selvageria própria do mundo digital em seu nascimento — continuamos à espera da promessa do "contrato social" que irá nos retirar do "estado de natureza" digital. No mundo todo, a sociabilidade digital nasceu junto com três fenômenos de enorme amplitude: a crise econômica iniciada em 2008 e que até agora não encontrou solução ou perspectiva; a rápida expansão das grandes plataformas digitais; e as crises de representação dos sistemas democráticos, identificadas como uma crise do conjunto das instituições políticas. Foi um encontro claramente explosivo para as instituições tal como haviam funcionado até ali.

O lavajatismo é um caso exemplar desse tipo de desenvolvimento. Mas não apresentou uma candidatura viável na eleição de 2018. Álvaro Dias, do Podemos, não só não foi um representante verossímil do lavajatismo como teve desempenho desastroso em suas intervenções, nos debates televisivos em especial.

Pode-se fazer um exercício contrafactual para tentar ter ainda mais claro o quadro em que se desenrolou esse conjunto de processos. Pode-se pensar em caminhos alternativos para a canalização desses processos. Pode-se pensar no que poderia ter acontecido caso Sergio Moro ou Luciano Huck tivessem se candidatado à presidência em 2018. Mas nenhuma dessas coisas aconteceu. Aconteceu Bolsonaro e cabe entender as especificidades desse caso.

A eleição de um militar defensor de uma ditadura de 21 anos para a presidência da República não ocorreu em todos os lugares em que a extrema direita chegou ao poder. Da mesma forma, a chegada da extrema direita ao poder não se deu, em todos os lugares, depois da prisão e interdição do candidato favorito na eleição presidencial. A devastação ambiental como política de governo não ocorreu em todos os lugares onde a extrema direita chegou ao poder. Apenas para dar alguns exemplos de especificidades do processo brasileiro.

Mas essas características por si sós não me parecem constituir a peculiaridade do caso brasileiro. Não são estruturantes, por assim dizer. Se formos fazer uma comparação em termos de elementos estruturantes, teríamos de pensar em algo como a tentativa fracassada de golpe militar na Turquia, em 2016.

No caso brasileiro, muito mais estruturante da situação em sua peculiaridade foi, por exemplo, a maneira como se deu a formação e o gerenciamento de coalizões de governo desde o lançamento do Plano Real até Junho de 2013, com seu pemedebismo peculiar. Como peculiar do caso brasileiro é a formação de uma oposição extrainstitucional, em conjunção com a especificidade da Lava Jato. Como peculiar é a transmutação de parte relevante dessa oposição extrainstitucional em um partido digital que instrumentaliza a institucionalidade democrática com o objetivo de aboli-la.

É, portanto, da peculiaridade do partido digital bolsonarista que temos de falar. E, no entanto, até onde sei, sabemos relativamente pouco dessa organização tão decisiva. Temos os depoimentos e documentos da chamada CPMI das Fake News.[22] E temos o chamado inquérito das fake news no STF, dirigido pelo ministro Alexandre de Moraes, do qual alguma medida é tornada pública, do qual um ou outro relatório da PF vaza parcialmente. Mas pouco se sabe além disso.

No entanto, é possível começar fazendo algumas comparações com o caso dos Estados Unidos. A atuação bolsonarista se assemelha, sob muitos aspectos, à estratégia do Tea Party. Esse movimento de extrema direita se organizou no fim dos anos 2000 em defesa de uma pauta ultraliberal que incluía cortes de impostos e redução do tamanho do Estado, de maneira mais ampla, posicionando-se contrariamente a políticas públicas de apoio aos mais pobres e a programas públicos de saúde de caráter universal, além de defender posições como a supressão da regulação da iniciativa privada, a garantia da liberdade de portar e usar armas de fogo, a defesa de valores familiares tradicionais e "pró-vida", o desmantelamento de sindicatos ligados ao setor público e políticas migratórias altamente restritivas.

Em suas investigações sobre a extrema direita nos Estados Unidos, Arlie Hochschild chegou à conclusão de que "o Tea Party não era tanto um grupo político oficial senão uma cultura, uma maneira de ver e de sentir um lugar e suas pessoas".[23] Utilizando um método investigativo denominado "história profunda" (*deep story*), Hochschild chegou a inúmeras conclusões que me parecem iluminadoras do caso do bolsonarismo. Entre elas, destaco uma que me parece corresponder em muitos aspectos ao que pesquisas qualitativas sobre o bolsonarismo mostram:[24] "Você não se reconhece no modo como outras pessoas te veem. É uma luta para se sentir visto e prestigiado [*honored*]. E para se sentir prestigiado, é necessário se sentir — e sentir que é visto — avançando. Mas, por nenhuma falha sua, de maneiras ocultas, você está escorregando para trás".[25]

Esse tipo de investigação de cunho sociológico-antropológico é essencial. Também por deslocar a associação automática entre interesses econômicos e escolhas políticas. Hochschild parte de paradoxos familiares como, por exemplo:

Pequenos produtores rurais votando com a Monsanto? Proprietários da farmácia da esquina votando com a Walmart? A livraria local votando com a Amazon? Se eu fosse proprietária de um pequeno negócio, eu acolheria de braços abertos impostos mais baixos para empresas, sem dúvida, mas fortalecendo os monopólios que me fariam fechar meu negócio? Eu não conseguia entender.[26]

No mesmo sentido, a autora apresenta dados de diferentes fontes para mostrar que, em 2010, se uma pessoa vivesse em um distrito (*county*) com maior exposição à poluição tóxica, maiores as chances de ela "acreditar que americanos 'se preocupam demais' com o meio ambiente e que os Estados Unidos fazem 'mais do que o suficiente' sobre o assunto", e de forma semelhante essa mesma pessoa tinha mais chances de descrever a si mesma como uma republicana convicta.[27]

Dito isso, é evidente que esse tipo de pesquisa necessita encontrar sua contrapartida econômica,[28] assim como sua contrapartida institucional, que é mais diretamente o objeto aqui. Com esse objetivo, pode ser muito útil recorrer à história da relação do Tea Party com a institucionalidade tal como reconstruída por Theda Skocpol e Vanessa Williamson.[29] As autoras não se cansam de ressaltar alguns elementos estruturantes do nascimento e da história posterior do movimento: o seu caráter de base, de terreno; o repúdio a Obama; o surgimento da rede Fox News; e, não por último, a incapacidade da mídia tradicional e mainstream de entender o fenômeno e as consequências dessa incompreensão fundamental para os desenvolvimentos subsequentes.

O aspecto que interessa mais diretamente aqui é a relação do Tea Party com o Partido Republicano, no qual se alojou. Nas eleições legislativas intermediárias de 2010, a força do Tea Party fez com que os republicanos retomassem o controle da Câmara dos Deputados, lembrando muito a "Revolução Republicana" de 1994 mencionada no capítulo anterior. Não por acaso, o ícone daquela eleição intermediária, Newt Gingrich, agora já atuando, também não por acaso, nessa nova fase da rede Fox News, reaparece nesse momento, defendendo a ideia de que o Tea Party devia se tornar formalmente um partido, quebrando o bipartidarismo secular do país.[30]

Não foi esse o caminho escolhido pelo movimento. O exemplo das duas candidaturas de Ross Perot — como independente, em 1992, como representante da tentativa de implantar um terceiro partido, em 1996 — foram determinantes para essa decisão. Apesar de seu conservadorismo sob alguns aspectos relutante (em comparação com a pauta do Tea Party), apesar do relativo sucesso nas duas vezes em que foi candidato — 18,9% do voto popular em 1992 (mas nenhum voto no colégio eleitoral); 8,4% do voto popular em 1996 (e novamente nenhum voto no colégio eleitoral) —, a experiência Perot parece ter mostrado ao Tea Party que eram reduzidas as chances efetivas de uma terceira força organizada em termos partidários (ou como candidatura independente).

A decisão foi por pesar no dia a dia do Partido Republicano, o que incluiu não apenas apoiar candidaturas ultraconservadoras em geral, mas também, por exemplo, tomar comitês locais do partido.[31] Ao mesmo tempo, integrantes do Tea Party não se identificam como "republicanos", mostrando-se antes "céticos ou mesmo sarcásticos em relação a republicanos do 'establishment'".[32] Desde 2012, o Partido Republicano foi se tornando cada vez mais radical, até ser tomado majoritariamente por forças de extrema direita, em especial durante e após a campanha vitoriosa de Donald Trump, em 2016.

No Brasil, o multipartidarismo e a altíssima fragmentação partidária não exigem de um movimento nos moldes de um Tea Party a necessária tomada de um partido específico para alcançar poder institucional, como no caso do bipartidarismo estadunidense. O pemedebismo que domina o multipartidarismo brasileiro é, na verdade, o ambiente mais propício para uma utilização meramente instrumental da institucionalidade. E é isso o que caracteriza de modo mais profundo a relação do bolsonarismo com a institucionalidade: ela é meio e não fim para o tipo de organização digital que o movimento criou. Trata-se, portanto, de um movimento que hackeia o sistema político conforme a necessidade do momento, do objetivo tático mais próximo. Não foi por outra razão que Bolsonaro, no exercício da presidência, pôde se manter sem partido durante dois anos. Como não foi por outra razão, em sentido contrário, que Trump foi obrigado a hackear o Partido Republicano nos Estados Unidos e nele permanecer.

É preciso ficar claro que o fato de Bolsonaro não ter criado ou tomado um partido grande não o torna menos, e sim mais perigoso. O fato de Trump ter sido obrigado a hackear o Partido Republicano e nele permanecer põe algum freio em seu golpismo. Uma utilização meramente instrumental dos partidos, como faz Bolsonaro, é muito mais efetiva como estratégia contra a institucionalidade democrática. Se conseguir em algum momento fechar o regime no Brasil, Bolsonaro poderá evidentemente institucionalizar sua ditadura por meio de um partido. Mas aí já estaremos falando de outra coisa, muito diferente.

Apesar de as reformas eleitorais de 2017 e de 2021 tenderem a produzir uma diminuição da fragmentação partidária com o tempo, esses efeitos ainda vão demorar a chegar a ponto de impedirem a tática anti-institucional do partido digital bolsonarista. Mesmo que não sejam revertidas por contrarreformas eleitorais futuras, são mudanças que não têm ainda peso para alterar radicalmente a situação em um futuro próximo. Por muito tempo ainda haverá muitos partidos à disposição para hackeamento por parte do partido digital bolsonarista.

Em 2018, o bolsonarismo hackeou o PSL. Como vimos no capítulo 3, o hackeamento do PSL, especificamente, esteve ligado de maneira importante à tática de Bolsonaro de conseguir apoio no âmbito das novas direitas. Era de fundamental importância "normalizar" sua candidatura. Essa tentativa de desdiabolização implicava convencer que suas referências ideológicas iam além dos círculos autoritários, saudosos da ditadura militar, alcançando setores mais amplos da direita. Conseguir fincar pé nas novas direitas era especialmente significativo. Não apenas por causa dos impulsos antissistema de muitas das iniciativas nesse campo, mas também por representar uma *nova* direita, justamente.

Bolsonaro se desfiliou do PSL com menos de um ano no exercício do mandato de presidente, em novembro de 2019. Também esse movimento conta pontos em sua tática antissistema: afinal, é um presidente que nem partido tem. Muitas das pessoas que se elegeram em 2018 coladas ao impulso de sua candidatura a presidente estavam já espalhadas por diferentes siglas, o PSL inclusive. A tática aí foi, no geral, manter todos esses quadros nos partidos em que se encontravam, no PSL, inclusive. O que os unia era o partido digital bolsonarista, e não a sigla em que se encontravam.

Dois anos depois de sua desfiliação do PSL, em novembro de 2021, Bolsonaro se filiou ao PL. O importante aqui é ressaltar que esse movimento se deu sem qualquer prejuízo para Bolsonaro em termos de perda de base de apoio, de aprovação ou de intenção de voto. Na verdade, até ganhou alguns pontos positivos na virada de 2021 para 2022. Essa grande operação política foi realizada ainda durante a fase mais aguda da pandemia, quando Bolsonaro celebrou o pacto com o Centrão.

O partido digital bolsonarista conseguiu convencer sua base de que o acordo era necessário para que Bolsonaro se mantivesse no poder, vivo para continuar combatendo o "sistema". Mesmo que para isso tivesse de se aliar a tudo o que sempre denunciou como sendo o pior no "sistema". Justamente por não se *identificar* a nenhum partido, por conseguir caracterizar sua relação com a institucionalidade como de instrumentalização mútua, é que Bolsonaro conseguiu convencer que não tinha mudado, que continuava "o mesmo". Conseguiu convencer sua base social de que os fins bolsonaristas justificam os meios "sistêmicos".

O tripé partidário de apoio à reeleição de Bolsonaro ficou composto, então, com PL, PP e PR. Após o final da chamada "janela partidária", em 1º de abril de 2022, o PL se tornou o maior partido da Câmara, com 78 deputados (antes 33) — o PT se tornou a segunda maior bancada, com 56 deputados —, enquanto o PP passou a ser a terceira maior bancada, com 52 deputados (antes 38), e a bancada do PR passou a contar com 41 deputados (antes 30), tornando-se a sexta maior. O momento da filiação de Bolsonaro ao PL foi importante para dar tempo suficiente para a construção de alianças nacionais e o estabelecimento de palanques estaduais. Diferentemente de 2018, na eleição de 2022 Bolsonaro tem um governo a defender e adversários a bloquear.

Ao construir seu tripé de apoio partidário e ocupar espaços nas articulações estaduais, Bolsonaro foi muito bem-sucedido em bloquear de maneira decisiva a ascensão de quaisquer outras candidaturas competitivas da direita, que ficaram sem terreno para crescer. A construção de seu tripé também se contrapôs ao surgimento de um dos possíveis novos pilares do sistema político, o União Brasil, resultado da fusão de DEM e PSL. Essa fusão teve como efeito um impulso de reorganização relevante do sistema, fazendo com que outros partidos buscassem alianças e coordenação em nível nacional. Se esses movimentos se concretizarem, projetam um quadro de organização do futuro Congresso Nacional em três pilares: PL-PP-PR (além de PTB e PSC), PT-PSB-PV-PCdoB (além de Solidariedade, Psol e Rede) e União Brasil. Com a possível presença de um quarto pilar, caso o PSD consiga eleger um número de parlamentares que possa colocá-lo nesse patamar.

Nada dessa movimentação torna o partido digital bolsonarista mais institucionalizado ou menos preocupante. Não apenas pela posição anti-institucional que caracteriza esse tipo de partido segundo a tipologia apresentada no capítulo 2. Também por sua relação umbilical com as Forças Armadas e com as forças de segurança, mais especialmente. Para não mencionar o crescimento do número de pessoas armadas ao longo do governo Bolsonaro, com estímulo oficial. Com frequência, lideranças de motins policiais são não apenas bolsonaristas, mas têm o apoio de bolsonaristas com mandatos eletivos, como foi o caso do motim no Ceará, em fevereiro de 2020.[33] Não fosse pela chegada da pandemia, no mês seguinte, provavelmente teríamos visto, ainda naquele ano de 2020, uma série de motins semelhantes, que teriam servido como ensaio geral do tipo de fechamento do regime com que Bolsonaro ameaça o país de diversas maneiras.

Não tendo acontecido em 2020, aconteceu em 7 de setembro de 2021 o ensaio geral de golpe do bolsonarismo. Não que as forças de segurança tenham comparecido em peso aos atos. Armadas e mesmo fardadas, como tanto se temia. Pelo menos não dessa vez. Mas ensaio geral serve também para isso.

É inegável que os atos reuniram uma quantidade expressiva de pessoas. E isso em um momento em que o número de casos, internações e mortes por Covid-19 estava em queda, mas ainda assim registrava média diária de 250 mortes. Em um contexto de "tudo é política", em que negar os fatos deixou de ser privilégio da extrema direita, foi de grande importância o registro da análise de Luigi Mazza de que o Sete de Setembro bolsonarista "encheu" as ruas. Ao mesmo tempo, ao analisar levantamento realizado pela consultoria de dados Arquimedes sobre perfis e interações nas redes, a avaliação me parece equivocada ao contrapor a esse fato uma atuação nas redes em sentido contrário.[34] Acho essa segunda parte da avaliação equivocada porque não considera o elemento que me parece o mais fundamental: o sentido e o objetivo dos atos.

Foram atos muito bem preparados, que seguiram um roteiro bastante semelhante a convocações bolsonaristas anteriores.[35] Também por isso não foram atos dirigidos tão somente ao eleitorado bolsonarista. Não foram nem mesmo atos dirigidos ao bolsonarismo, em sentido amplo, incluindo entusiastas e simpatizantes e não apenas fanáticos. Foram atos dirigidos diretamente ao núcleo duro do bolsonarismo, aquele disposto justamente a atos de violência e de quebra direta da ordem democrática.

Pesquisa Datafolha divulgada em 17 setembro de 2021 permitiu interpretar que 11% da população adulta se compunha desses adeptos fiéis (chamado de grupo *"heavy"*) de Bolsonaro, ao mesmo tempo que as pesquisas qualitativas de Esther Solano indicavam uma hiper-radicalização dessa base fanática.[36] Do ponto de vista mais amplo da atuação nas redes, que tem uma visada mais abrangente do que somente o núcleo duro bolsonarista, o monitoramento contínuo do DAPP/FGV registrou, em março de 2022, não só a manutenção da liderança de Bolsonaro, mas, principalmente, a retomada da distância que o separa das demais candidaturas.[37]

É nesse sentido preciso que os atos do Sete de Setembro bolsonarista foram muito bem-sucedidos, sob todos os aspectos. E é também por isso que são de uma gravidade extrema. Mas tudo isso talvez não seja o mais espantoso no que se refere ao partido digital bolsonarista. O mais espantoso talvez seja como sabemos pouco a seu respeito quando se pensa no tamanho do desafio de enfrentá-lo. Apesar de toda a relevância que tem, apesar da evidente ameaça que representa.

O NetLab/UFRJ realizou um precioso estudo sobre esse evento, uma pesquisa que o delimitou no quadro mais amplo de uma tática de mobilização de médio prazo em que a convocação para o Sete de Setembro bolsonarista foi precedida e se superpôs à batalha pelo chamado "voto impresso auditável", uma pauta de mobilização reforçando a outra. Uma vez derrotado em votação na Câmara em 10 de agosto de 2021 o projeto do "voto impresso", a movimentação nas redes bolsonaristas concentrou todos os seus recursos na convocação para as manifestações de Sete de Setembro. No caso do Twitter, por exemplo, o estudo mostrou a grande importância dos *bots* (ou robôs), perfis automatizados que representam apenas 16,5% dos perfis analisados mas são responsáveis por 39% das publicações. Ainda assim, a participação de humanos é muitíssimo relevante, já que corresponde ao restante dos perfis analisados.

Mais relevante e preocupante ainda, o estudo concluiu que a mobilização mostrou alto grau de profissionalismo e de capilaridade, sendo não apenas uma campanha patrocinada, mas que envolveu políticos locais e veículos de pequeno porte em seus ataques às instituições democráticas. Mas a última conclusão do estudo é a mais preocupante de todas, já que aponta a relativa inação a essa campanha coordenada por parte do campo democrático: "Cluster progressista se atém a críticas genéricas ao bolsonarismo, sem desenvolver narrativa própria de valorização das instituições e da Constituição".[38] Dificilmente se encontrará um resumo mais preciso da situação em que nos achamos.

É o que mostra o segundo ato da contagem regressiva do golpe iniciada em 7 de setembro de 2021. Em 21 de abril de 2022, Dia de Tiradentes, mártir da Independência, Bolsonaro emparedou a última instituição que ainda resistia a seu projeto autoritário. Com apoio do Congresso e das Forças Armadas, assinou decreto que suprimiu a pena de prisão imposta pelo STF a um golpista contumaz de sua base de apoio. Uma vez mais, sem qualquer reação à altura por parte da sociedade.

O campo democrático continua jogando amarelinha eleitoral enquanto Bolsonaro monta o octógono de MMA do golpe. Que dará como for possível. Conseguindo a reeleição e fechando o regime desde dentro, produzindo um caos social duradouro, aguardando o fracasso de seu sucessor e as eleições de 2026, dando um golpe em moldes mais clássicos. Perdendo ou ganhando a eleição em 2022, o bolsonarismo já ganhou. Derrotá-lo será tarefa para muitos anos.

Considerações finais

Realizado o percurso, torna-se possível agora voltar ao que foi apresentado na introdução ainda sem a concretude do caminho, tentando retomar o quadro mais amplo esboçado naquele momento. O neoliberalismo não foi uma revolução, não instaurou uma nova ordem por meio de uma ruptura institucional. Sua tática foi antes a do aparelhamento, a de ocupar a ordem anterior, transformando-a desde dentro.[1] De diferentes ângulos e aspectos, desenvolvi ao longo deste livro a tese de que não será possível fazer o mesmo em relação à instauração de uma nova ordem, contrastante com o neoliberalismo em declínio. Talvez seja necessário, talvez seja inevitável, ter de construir uma transição para estruturas inteiramente diferentes sobre as "ruínas do neoliberalismo".[2] Mas não há mais ancoragem na realidade para a manutenção da institucionalidade própria das sete décadas posteriores ao final da Segunda Guerra Mundial.

Esse é o principal combustível a mover a extrema direita no momento atual. Ainda que sejam experiências cruciais e modelares, foram poucos os lugares em que os levantes democráticos da década de 2010 resultaram em reorganização das esquerdas como forças que se projetam para além do consenso forçado do neoliberalismo progressista. Os projetos autoritários foram muito mais bem-sucedidos em desafiar esse consenso forçado, em obter vitórias eleitorais como movimentos antiestablishment, antissistema.

Não há mais um modelo de institucionalidade hegemônico. Modelos diferentes de institucionalidade estão em competição, assim como modelos diferentes do tipo de organização que chamamos há quase dois séculos de "partidos", no sentido moderno da expressão. Modelos diferentes que correspondem, evidentemente, a posições geopolíticas e econômicas diferentes.

Talvez o caminho mais arriscado de manutenção da institucionalidade democrática seja aquele trilhado pela França sob Emmanuel Macron: uma versão *aggiornada* de neoliberalismo progressista é tudo com que sonha a extrema direita. Mas a situação não é menos arriscada do lado das forças democráticas que, à esquerda, veem agora a imperiosa necessidade de tomar distância do pacto do neoliberalismo progressista. Porque são forças que se veem diante da necessidade de manter taticamente esse pacto para preservar a democracia.

Toda a questão será saber se o novo pacto, a ser proposto em parte por forças de esquerda ou de centro-esquerda, será capaz simultaneamente de preservar a pouca democracia que temos — e que está em risco — e inventar uma nova institucionalidade. A contradição imposta pela correlação de forças do momento atual não poderia ser mais evidente: fazer alianças táticas com o que restou do neoliberalismo progressista para preservar a democracia; reorganizar a esquerda fora da lógica desse pacto infeliz que durou até os anos 2000.

Não está à vista o refluxo das tendências e dos impulsos antissistema. A pandemia de Covid-19 parece tê-los circunscrito e, de certa maneira, controlado, dada a necessidade de que o "sistema" funcione, e funcione de maneira eficiente para tentar evitar ou diminuir ao máximo o número de mortes, assim como para mitigar os efeitos do colapso dos sistemas de saúde e da crise econômica, para combater a fome e outras mazelas agravadas pelas crises. Mas mesmo o mundo pandêmico ficando para trás, os impulsos antissistema sobreviverão a ele, com força. Porque as causas desses impulsos já existiam antes da pandemia e continuarão a existir, não foram de fato superadas.

Também por isso jamais haverá volta à "normalidade". Especialmente, como insisti várias vezes ao longo do livro, porque não há um mundo a ser "restaurado", não há uma normalidade institucional para a qual "voltar". Esse mundo ficou para trás. Não temos ainda ideia das transformações profundas que a pandemia irá produzir no comportamento coletivo. Não sabemos ainda o bastante sobre os efeitos do período pandêmico na relação com o trabalho, com a família, com o espaço doméstico, com o mundo digital, nas relações interpessoais de maneira mais ampla. São transformações na base da sociedade que terão profundos impactos sobre as maneiras de fazer política. Mas ainda não se tornaram orgânicas, visíveis.

Daí a importância de enfatizar a multiplicidade de caminhos institucionais no momento presente e de manter a atenção para novos padrões de sociabilidade. Se deixarmos de olhar a multiplicidade, se reduzirmos a complexidade do cenário atual, deixaremos de ver as maneiras pelas quais esses novos padrões de sociabilidade que emergirão poderão se relacionar com a política. Daí também a importância de pensar sobre o que serão construídas as possibilidades futuras, a importância de pensar, com Wendy Brown, a natureza das "ruínas do liberalismo". São ruínas sobre as quais é difícil divisar o que poderia ser construído, a única coisa de certo é a impossibilidade de reconstruir a configuração anterior. Ainda que o material possa e deva ser usado tanto no combate à ameaça autoritária como para a construção de novos modelos de institucionalidade democrática.

Na minha maneira de ver, as propostas de Wendy Brown se contrapõem particularmente àquelas de Wolfgang Streeck, o que torna interessante apresentar o contraponto para tentar esclarecer o que entendo estar em jogo no momento atual. Streeck parte da ideia de que em "um mundo sem integração sistêmica, a integração social tem de carregar todo o ônus da estruturação, enquanto nenhuma outra nova ordem começa a se instalar".[3] O autor recorre aqui a conceitos de David Lockwood posteriormente retomados por Jürgen Habermas. A ideia é que está em crise o "sistema", o funcionamento "automático" da vida em sociedade — da economia, do Estado, o tipo de funcionamento que deve "aliviar" as pessoas do fardo de ter de discutir e de chegar a acordos sobre a reprodução material da vida. Essa crise sobrecarrega as pessoas, que passam a ter de se responsabilizar por aquilo que antes "se resolvia por si mesmo".[4]

Como inúmeras outras pessoas, também Streeck abusa da famosa frase de Gramsci sobre o velho não ter morrido e o novo não ter ainda nascido para caracterizar o momento atual como sendo de "interregno". Ao fazê-lo, estabelece como sua principal tese de diagnóstico que uma "sociedade em interregno" seria uma "sociedade *desinstitucionalizada* ou *subinstitucionalizada*, em que as expectativas só podem ser estabilizadas por curtos períodos, por improvisação local, e que por essa mesma razão é uma sociedade essencialmente ingovernável".[5]

Tomada sob esse aspecto do "essencialmente ingovernável", a posição de Wendy Brown é oposta à de Streeck, já que parte do diagnóstico de certa fusão de instituições sociais e instituições político-formais, o que ela chama de "projeto mercados-e-moral do neoliberalismo", "a crítica da sociedade e o objetivo de desmantelá-la do neoliberalismo".[6] Ou seja, se o foco de Streeck está posto na desinstitucionalização (cuja contrapartida é uma sociedade que tem de se virar), o de Brown é de uma dessocialização (cuja contrapartida é uma racionalidade neoliberal que se poderia chamar, no limite, de hiperinstitucionalizada).

A abordagem de Brown com certeza se inspira em Foucault. Mas é igualmente compatível com uma posição como a da *Dialética do esclarecimento*, de Horkheimer e Adorno, por exemplo, já que pensa o "ataque contemporâneo à sociedade e à justiça social em nome da liberdade de mercado e do tradicionalismo moral" como uma *"emanação direta* da racionalidade liberal, e não limitada aos assim chamados 'conservadores'".[7] E, no entanto, em pelo menos uma de suas consequências não intencionais, o projeto neoliberal resulta, na análise de Brown, em uma situação semelhante àquela descrita por Streeck:

> O neoliberalismo realmente existente exibe agora o que Sheldon Wolin caracteriza como uma forma "enfurecida" de regra de maioria (frequentemente denominada "populismo" por analistas) que se levanta da sociedade que neoliberais pretenderam desintegrar, mas que falharam em vencer, e que ficou, assim, sem normas ou compromissos de civilidade comuns.[8]

Ao longo deste livro, defendi posições muito diferentes tanto da Streeck como daquela de Brown. No entanto, acho que em ambos os casos o problema fundamental foi apresentado: entender de que "ruínas" se está falando. Em primeiro lugar, importa entender que o neoliberalismo hackeou e destruiu a configuração institucional e ideológica do capitalismo estatalmente regulado do pós-1945. Foi dessa premissa que parti. Dessa perspectiva, importa pouco que, ao final, o mundo neoliberal que resultou desse assalto às instituições de Bretton Woods não corresponda exatamente ao projeto dos chamados "ordoliberais", ou mesmo de qualquer outra corrente neoliberal (e existem várias). Ideólogos nunca se reconhecem nos monstros que produzem, é reservado aos políticos esse privilégio. O que importa, do ponto de vista econômico e institucional, é que o neoliberalismo foi uma configuração simplesmente predadora e destruidora da ordem de que se valeu. E que não foi capaz de assentar as bases para qualquer configuração alternativa.

A crise de legitimidade da ação do Estado — o grande troféu da tomada do castelo institucional pela lógica neoliberal — é também o que produz, em grande parte, a extrema desorientação política em que nos encontramos hoje. O amálgama entre sistemas políticos caducos e Estados nacionais tornou extremamente difícil a situação para quem quer de novo produzir legitimidade para a ação estatal, em especial no que diz respeito à sua função redistributiva e de enfrentamento da emergência climática.

Daí as mudanças observadas nas instituições pós-1945 hackeadas pelo neoliberalismo, como o Fundo Monetário Internacional ou o Banco Mundial. Em uma significativa mudança de orientação após 2008, essas instituições passaram a eleger a emergência climática e a desigualdade como os dois problemas prioritários. Cujo equacionamento, evidentemente, depende de um fortalecimento dos Estados nacionais e da criação de redes de ação global que exigem o abandono das mesmas políticas neoliberais fomentadas por essas instituições pelo menos desde fins dos anos 1970.

É uma mudança estampada não apenas em um livro de Walter Scheidel de tons explicitamente apocalípticos,[9] tomado como referência por essas instituições. Pode bem acontecer, por exemplo, que o grande crítico da ortodoxia econômica por meio dos instrumentos dessa mesma ortodoxia, Thomas Piketty,[10] venha a se tornar referência teórica e prática para instituições arruinadas pelo neoliberalismo, quem sabe. A agenda ambiental, antes restrita à ideia incremental do desenvolvimento sustentável,[11] assume agora tons muito mais dramáticos. Uma ideia como a da renda básica universal, até pouco tempo debatida somente em círculos acadêmicos restritos, tornou-se parte da agenda do establishment global. Pode ser que tendências como essas não tenham seguimento, que não se concretizem. Ainda que, dentro da lógica do establishment, representem hoje as tendências menos danosas.

A questão, como sempre, é a dos limites de uma estratégia como essa. Como mostrou de maneira convincente Paolo Gerbaudo a propósito do ciclo de revoltas globais iniciado em 2011,[12] o ciclo antiglobalização dos anos 1990 viu-se diante do impasse de não encontrar interlocutores globais para suas reivindicações, além de se defrontar com burocracias e corpos administrativos não eleitos e, portanto, não passíveis de sanção ou de aprovação eleitoral. Essa situação objetiva de impasse teria levado a um "retorno à nação", de tal maneira a reclamar esse espaço como próprio e a utilizar essa reivindicação como recurso de mobilização. Isso não significa, entretanto, abrir mão de redes globais. Pelo contrário, a "era pós-liberal envolverá a articulação desses diferentes níveis e possivelmente também uma reivindicação daquela visão política global que significou um avanço tão importante por parte do movimento antiglobalização".[13]

Ocorre que entre as "ruínas do neoliberalismo" se encontra justamente o projeto anterior de desenvolvimento, em que cada país procurava construir internamente cadeias produtivas completas, capazes de sustentar a autonomia nacional possível, tanto em termos econômicos como sociais, políticos e geopolíticos, incluindo aqui o aspecto propriamente de defesa, militar. Esse tipo de projeto foi objetivamente inviabilizado pelas cadeias produtivas globais e suas lógicas de especialização funcional. Voltar atrás nesse processo significaria renunciar a ganhos de produtividade e de bem-estar, atitude politicamente fatal para qualquer governo democrático. Ao mesmo tempo, as reivindicações por "mais Estado" do ciclo de revoltas de 2011 pretendem justamente que seja possível reunir esses dois momentos muito diferentes do pós-1945: Estado de bem-estar social e interdependência global de cadeias produtivas. Em condições capitalistas, nenhuma dessas duas figuras é sustentável enquanto tal no momento presente.

Conta ainda entre as "ruínas do neoliberalismo" o desmantelamento de organizações tradicionais da sociedade civil, como sindicatos e movimentos sociais, e a desconexão entre partidos e sociedade. Com isso, o único caminho para a emergência de protestos, reivindicações e revoltas é a "forma Junho": não há convocação única, não há liderança clara, não há beneficiários imediatos, não há canalização institucional visível para a multidão de bandeiras. Há, sobretudo, rejeição ao "sistema" e a tentativas de instrumentalização. Há um descompasso aparentemente insanável entre a produção global de riqueza e as reivindicações sociais. É como se estivéssemos de volta à estrutura dos conflitos típica da década de 1990. Só que agora em um quadro de interdependência global muito mais profundo e com interconexão digital em patamares antes impensáveis, o que torna as formulações teóricas e práticas da década de 1990 inteiramente inadequadas. A incapacidade dos Estados nacionais para lidar com os preços da energia na retomada econômica ainda em período pandêmico e, em especial, após o início da guerra na Ucrânia, no começo de 2022, é talvez o emblema e o lado mais visível do problema central para qualquer arranjo global minimamente positivo.

No quadro de meados de 2022 em que escrevo este livro, um analista sintetizou muito bem o problema:

Preços tão essenciais como os de energia e comida já comeram o poder de compra de pobres e remediados do mundo, "classe média" europeia e americana inclusive. Não haverá baixa de preços ou alta de salários tão cedo. Há risco de tumulto social e político — sim, temos peste, guerra e inflação.

Em um ano, o índice de preços da FAO aumentou 33,6%. Na virada de 2010 para 2011, subia a cerca de 30% ao ano. Foi quando começaram as revoltas sociais e políticas chamadas de "Primavera Árabe". Dizer que foram causadas pela carestia da comida é exagero, mas não muito (alta ainda maior de preços, em 2008, não chegou a causar revoluções).[14]

É decisivo que tipo de sociedade essa ordem neoliberal produziu e que não vai desaparecer tão cedo — importa investigar as condições concretas da "subjetivação da dominação", como seria possível formular em termos da Teoria Crítica. No âmbito de uma peculiar teoria das "cidades" — domínios sociais regidos por regras de justificação e de legitimidade próprias —,[15] Luc Boltanski e Ève Chiapello viram, em 1999, a possibilidade do surgimento de uma "cidade por projetos". As características mais marcantes dessa tendência são:

A vida social não é mais apresentada na forma de uma série de direitos e deveres em relação à comunidade familiar ampliada, como num mundo doméstico; nem na forma de assalariados inseridos num conjunto hierárquico cujos degraus é possível galgar, no qual transcorre toda a carreira e a atividade profissional fica nitidamente separada da vida privada, como num mundo industrial. Num mundo reticular, a atividade profissional passa a ser feita de uma multiplicidade de encontros e conexões temporárias, mas reativáveis, em grupos diversos, realizados em distâncias sociais, profissionais, geográficas e culturais eventualmente muito grandes. O *projeto* é a oportunidade e o pretexto para a conexão. Ele reúne temporariamente pessoas muito diferentes e apresenta-se como um *segmento de rede fortemente ativado* durante um período relativamente curto, mas que permite criar laços mais duradouros, que permanecerão adormecidos, mas sempre disponíveis.[16]

Mesmo que essa tendência não tenha se confirmado da maneira como imaginavam ao publicar o livro, é difícil não deixar de ver como as formas atuais de subjetivação da dominação guardam evidentes e profundas marcas desse projeto de organização da vida social. E esse é um dos elementos que tornam difícil ver a formação de tendências emancipatórias no momento atual. Não ocorreu apenas um desmantelamento das organizações clássicas de movimentos emancipatórios (sindicatos, movimentos sociais de contestação, partidos políticos de massa) e alterações nos ordenamentos jurídicos nacionais e internacionais que os tornaram secundários. Não aconteceu apenas o desmantelamento do símbolo maior desse mundo, que eram os regimes previdenciários fundados na solidariedade intergeracional. Também aconteceu simultaneamente uma domesticação de grande parte das forças sociais antes emancipatórias em vista da consideração de que a correlação de forças não permitia ir além de uma aliança tática com o neoliberalismo triunfante, buscando preservar, na margem, conquistas sociais e fazer avançar pautas de novos direitos.

Se o balanço de décadas recentes pode ser resumido na ideia de que o neoliberalismo não permite projetar nenhuma imagem de futuro, seu declínio permite entender que não foram apenas os últimos quarenta anos que se foram com ele. Foi todo o mundo e todas as instituições do pós-1945 que se esfacelaram. Os sistemas políticos aí incluídos, bem entendido.

A hegemonia neoliberal produziu o aparente paradoxo de uma redução do tamanho e do alcance do Estado juntamente com um extraordinário aumento de seu aparato repressivo, especialmente visível nas polícias. É impressionante como a lógica bélica, que teve a "guerra às drogas" como paradigma, impôs-se globalmente às sociedades. Com isso, aumentou correspondentemente o poder, a influência e o alcance dessas corporações. Se os sistemas políticos dos Estados nacionais fizeram um grande esforço na segunda metade do século XX para controlar suas Forças Armadas, para pô-las sob o domínio da política civil (e democrática, em alguns lugares), o aumento exponencial das forças policiais tornou-se hoje talvez a grande fonte de instabilidade e de risco para a ordem democrática. Especialmente porque em muitos lugares tem apoio social suficiente para vocalizar insatisfações e desejos das próprias Forças Armadas dos diferentes países.

Por fim, o autêntico produto da ordem neoliberal foi a China, símbolo máximo de um capitalismo que dispensa a democracia e o liberalismo. Em seus estertores, o neoliberalismo conseguiu ainda produzir, ao longo da década de 2010, as diversas formas de "democracia iliberal", como acabou por se autointitular o regime autoritário do primeiro-ministro húngaro Viktor Orbán — reeleito para o quarto mandato consecutivo em abril de 2022 — e cujo mais destacado representante a partir da segunda metade da década de 2010 foi a Índia. Esse rearranjo das "ruínas do neoliberalismo" aparentemente chegou a novo patamar com o início da invasão russa à Ucrânia, em fevereiro de 2022, encontrando como que uma contrapartida geopolítica, com a formação de um bloco autoritário de relativa consistência e indubitável relevância global. Resta saber se uma autêntica Internacional Autoritária pode sair desse arranjo, com consequências relevantes em cadeias globais de financiamento e de produção, inclusive.

Daí também que, na situação atual, quatro tendências de desenvolvimento pareçam se mostrar: o autoritarismo do partido único — como o da China —, o autoritarismo eleitoral iliberal — como o da Índia —, o prolongamento do neoliberalismo progressista — como o da França —, um novo acordo progressista proposto a partir da esquerda — como o do Chile. Essas tendências se superpõem, evidentemente, a disputas geopolíticas e comerciais de fundo. Concentrando algo como

15% da população mundial, a China pretende rivalizar com Estados Unidos e Europa (na medida em que esta consegue atuar de maneira unificada), mas não tem de fato um modelo institucional "exportável" — não só pela peculiaridade difícil de reproduzir, mas também pela limitação de seu campo de influência ideológico mesmo. Exceto, claro, pela exportação de técnicas de controle da esfera pública e de controle social, de maneira mais ampla, mas que não estão inseparavelmente vinculadas ao regime de partido único, que tem como contrapartida necessária, como sua sombra, um sistema de corrupção estrutural que precisa ser combatido pelo mesmo partido que o produz e o sustenta.[17]

Ainda que concentre quase 15% da população mundial, também a Índia não dispõe de um modelo "exportável" — para não falar na distância entre seus recursos, em sentido amplo, e aqueles da China. Mas pode vir a se reunir a outros modelos "iliberais" e com eles compor algo como uma internacional autoritária peculiar que lhe dê alguma sustentação como força global. Seria uma maneira de tentar construir uma aliança de um grupo de países capaz de dar sustentação internacional a seu autoritarismo.

A expressão de Wendy Brown "ruínas do neoliberalismo", tal como utilizada aqui, certamente inclui os casos da China e da Índia como produtos acabados do neoliberalismo. Mas não considera que esses dois caminhos institucionais tragam qualquer possibilidade desejável de desenvolvimento. De maneira que a expressão é tomada aqui no sentido de se perguntar tanto no que consistem essas ruínas como nas possibilidades de construir algo a partir dos escombros. Entendo que as ruínas são da institucionalidade tal como pensada e praticada desde 1945, tanto no seu período de capitalismo regulado pelo Estado — até o início da década de 1980, aproximadamente — como no seu período neoliberal — do início da década de 1980 até meados da década de 2010. Em resumo, essa primeira parte do diagnóstico diz que não é possível voltar ao mundo anterior à década de 2010 e que, nesse sentido, as ruínas são mesmo ruínas e nada mais.

Principalmente porque a sociabilidade digital produziu uma alteração estrutural na maneira de ver e de fazer política. Mas, dada a vastidão da tarefa de pensar o outro lado da questão das ruínas do neoliberalismo, aquele sobre o que é possível construir a partir dos escombros, uma maneira de tornar a questão menos inabordável é examiná-la sob o aspecto dos modelos de organização partidária tais como se configuram hoje. Como vimos ao longo do livro, há múltiplas possibilidades organizativas para a política institucional, dada por uma multiplicidade de combinação de diferentes fatores. Aos diferentes modelos correspondem diferentes possibilidades de projetos: autoritarismo eleitoral iliberal, prolongamento do neoliberalismo progressista e um novo acordo progressista proposto a partir da esquerda.

Esses modelos estão em competição e nenhum se deixará abater facilmente por qualquer dos demais. De todas essas possibilidades, as duas mais recentes e de maior interesse — porque capazes de produzir algum tipo de redistribuição e de estabilização democrática em um mundo pós-neoliberalismo — são as que vêm no bojo de uma esquerda que se vê em condições de estabelecer os termos de um novo chão para a política. Esse chão é cheio de buracos porque é esburacada a herança das ruínas do neoliberalismo. Mas é o chão que existe.

O novo pacto progressista se dá agora em condições diversas daquele imposto pela direita à esquerda a partir dos anos 1990. E não só porque agora, em alguns países, parte da esquerda a proposta de acordo, porque será um pacto em novas bases. Sobretudo porque as condições hoje são de luta contra a variedade de autoritarismos e de fascismos que ameaçam tomar o lugar de regulações democráticas da vida social.

A situação hoje, com todas as suas dificuldades — por causa delas, inclusive — é de frente ampla contra o autoritarismo. Já vimos esse filme: quando o capitalismo não consegue conter revoltas e insurreições — ou, às vezes, simples avanços democráticos — dentro da ordem estabelecida, o recurso ao autoritarismo e ao fascismo se torna aceitável — e o liberalismo político fica para depois, quem sabe. Acontece que, pelo menos nos países centrais, esse recurso deixou de ser tão simples e evidente porque o contraste entre a experiência fascista da primeira metade do século XX e a estabilidade alcançada em nome da democracia no pós-1945 se fixou nas instituições e na cultura política.

De outro lado, o que é necessário realizar são mudanças de fundo que dificultam repactuações políticas e sociais em grau máximo. Apenas para dar um exemplo entre muitos — ainda que seja um aspecto fundamental do problema —, a enorme mudança demográfica representada pelo aumento constante da expectativa de vida e das populações idosas já se expressa em divisões eleitorais marcadamente etárias. Essa mudança já havia se mostrado no declínio dos sistemas de Previdência Social a partir dos anos 1980, símbolo máximo da solidariedade intergeracional. Seu formato mais agudo surge sob a forma do protesto contra a inação dos países em concertações globais para combater a emergência climática que, uma vez mais, opõe jovens gerações a gerações mais velhas.

A essa quebra da solidariedade intergeracional veio se somar a perda de evidência de que a "verdadeira inclusão" (para falar o vocabulário do neoliberalismo progressista) se daria ainda pelo mercado de trabalho. Essa perda de evidência veio não apenas pela efetiva incapacidade do mercado de trabalho de redistribuir — como é de esperar de qualquer mercado. Veio também do fato de ter se rompido a equação trabalhador = cidadão.

Essas duas grandes quebras em relação ao mundo institucional pós-1945 parecem ser o ponto de partida de qualquer tentativa de reconstrução democrática. A tentativa neoliberal, entretanto, tem não só pouca legitimidade como também pouca margem de ação para sustentar com coerência e consequência sua posição, dados os níveis de desigualdade e a deterioração climática que produziu. Por isso, passou ao menos parcialmente para o lado da esquerda a possibilidade de propor saídas — mesmo que transitórias, mesmo não esquecendo de que a ameaça autoritária está sempre à porta. Mas também aqui as saídas não parecem ser homogêneas. Há pelo menos duas que tentam hoje propor o relançamento democrático em aliança com o capitalismo.

A primeira delas é já prática, não apenas teórica. É aquela estabelecida pelo programa de governo de Joe Biden como presidente dos Estados Unidos a partir de 2021. Mesmo se procura reforçar programas de transferência de renda e de serviços públicos, o forte do plano de Biden está em investimentos em infraestrutura. A União Europeia não tardou em segui-lo nesse caminho. Especialmente porque planos desse tipo permitem o direcionamento de recursos para obras e investimentos que se dirigem para a necessária transição climática. A invasão russa à Ucrânia certamente adiou todos os planos em relação à transição climática proposta por Biden, mas não parece tê-los enterrado em definitivo. De qualquer maneira, a sustentabilidade no tempo da agenda de Biden parece distante, para dizer o mínimo.

A segunda saída é até hoje apenas teórica. Também porque envolveria uma concertação de caráter muito mais global do que iniciativas isoladas, mesmo com o peso dos Estados Unidos ou da União Europeia. Essa segunda saída é a da taxação de riqueza e de uma reforma tributária redistributiva de caráter global, nacional e local, proposta que em muito ultrapassa os termos do debate no momento presente. Porque, até agora, o único caminho socialmente efetivo e aceitável que apareceu para substituir os mecanismos de solidariedade social e intergeracional representados pelos anteriores sistemas de Previdência e pelos mercados de trabalho estritamente regulados foi a redistribuição de renda direta pelo Estado. É claro também que a recuperação fiscal dos Estados, de suas capacidades de investimento, é condição básica para que grandes projetos de infraestrutura sejam possíveis. Ao menos para países que não contam com os recursos dos Estados Unidos ou da União Europeia.

E aqui surge o outro lado da moeda das considerações sobre os modelos de partidos presentes na atualidade, que é o da relação dos partidos com o Estado. E a própria posição relativa do Estado. A situação hoje é de um impasse produzido pelo declínio do neoliberalismo: um Estado endividado e deslegitimado em sua ação, mas sem concorrente para desempenhar as funções de coordenação e distribuição que realiza. O modelo chinês, uma saída iliberal como a húngara são maneiras de tentar enfrentar a crise — talvez sem precedentes — de legitimidade da ação estatal. Mudam o foco do Estado para as elites e os grupos que não mereceriam a posição destacada de poder social, político e econômico que têm. Prometem devolver o poder à sociedade e colocar a ação estatal no seu devido lugar — o que quer que isso signifique em cada caso. A questão central aqui é ir até a raiz da crise de legitimidade da ação do Estado, que está na sociedade.

Em um livro como este, "considerações finais" é o lugar em que se espera encontrar também "soluções", "remédios", "propostas". Como escrevi nas considerações finais a *Imobilismo em movimento* e reafirmo aqui, julgo que se trate de uma expectativa legítima. Em especial quando quem escreve adota uma perspectiva que considera teoria e prática como momentos certamente distintos — e é importante que o sejam —, mas, ao mesmo tempo, como imbricados de maneira inseparável. Sob esse aspecto, é trágico ser necessário acrescentar ainda mais urgências àquelas que enunciei há nove anos e que *não* foram enfrentadas desde então, como a universalização dos serviços de água e esgoto, a garantia de moradia, a formalização integral do mercado de trabalho, a transição para uma sociedade de baixo carbono, para dar apenas alguns poucos exemplos em que o país regrediu em vez de avançar. Seja como for, os acréscimos tragicamente necessários a fazer continuam a respeitar a cláusula pétrea de que "remédios" não podem sair da cabeça de algumas pessoas, sem mais.

O principal novo desafio é a ameaça autoritária, que impõe a formação de uma frente política para enfrentá-la que não estava no horizonte há nove anos. Mas isso não apaga nem deve apagar o fato chocante de que o país não só ficou paralisado em relação a suas urgências urgentíssimas como regrediu de maneira assustadora sob inúmeros aspectos. Se o pacto antiautoritário tiver alguma consistência para além de barrar a ameaça bolsonarista — o que já não terá sido pouca coisa —, será o de ter enunciado e realizado o imperativo categórico de não permitir que uma regressão como essa se repita.

Por isso, o que posso fazer aqui é tentar orientar aspectos das análises realizadas ao longo do livro para o exame de questões ainda mais concretas do que as já desenvolvidas. O que posso fazer é propor um aprofundamento dessas análises, de certa maneira. Mas, para isso, tenho de partir da retomada de um quadro geral ainda muito abstrato, já que considerações desse tipo dependem de um evento decisivo que ainda não ocorreu quando escrevo: as eleições de 2022.

Ainda assim, qualquer que seja o resultado das eleições de 2022 no Brasil, é possível dizer que a estrutura da política já mudou em alguns sentidos importantes. Como costuma acontecer, os partidos começaram a se antecipar aos efeitos futuros dessas reformas. Não apenas com a formação de federações, mas já com pelo menos uma grande e importante fusão partidária, a que deu origem ao União Brasil, fusão de PSL e DEM oficializada em fevereiro de 2022. Dito de outra maneira, o processo de fusões & aquisições partidárias, esperado desde a década de 1990, parece em vias de acontecer — na magnitude e nos limites possíveis dos arranjos partidários brasileiros, evidentemente. O União Brasil nasce com recursos de financiamento público da ordem de 16% do total do Fundo Eleitoral aprovado pelo Congresso em 2021, algo como 770 milhões de reais do total de quase 5 bilhões de reais afinal confirmado pelo STF em março de 2022 como valor definitivo. Para se ter uma ideia da importância desse valor, o segundo partido com maior participação no Fundo, o PT, receberá pouco menos de 10% do total.

Como vimos no capítulo 4, o surgimento do União Brasil aponta para a formação de pilares partidários e congressuais da política mais próximos da organização que se teve ao longo do período FHC, pelo menos. Mesmo quando não formalizam sua colaboração em forma de federações, muitos partidos têm essa figura como horizonte de atuação. É o caso, por exemplo, da aliança de sustentação da candidatura de Bolsonaro à reeleição, formada por PL, PP e Republicanos. Como é o caso, no campo oposto, da aliança entre PSB e a federação liderada pelo PT. Esses são os três grandes pilares de organização do sistema político. O PSD tem diferenças internas demais para conseguir fazer qualquer movimento no sentido de uma fusão de impacto semelhante à do União Brasil, mas isso não impede que se saia bem na eleição e consiga alcançar um patamar de votação que o coloque como um quarto pilar. Mesmo que não consiga essa posição, deverá permanecer ao menos como um sustentáculo menor nessa reorganização, podendo ocupar eventualmente a posição de fiel da balança em muitas situações.

Isso significa que a eventual derrota reeleitoral de Bolsonaro não significará apenas o afastamento — mesmo que não definitivo — da possibilidade de que a forma-limite do pemedebismo leve à destruição da democracia no país. Poderá significar também uma reorganização do sistema político que lhe permita sair da situação de quase completa descoordenação em que se colocou no período 2013-22. A chapa presidencial Lula-Alckmin é o emblema dos termos em que poderá se dar essa reorganização.

Também em outro sentido importante a estrutura da política no Brasil já mudou. Mesmo tendo vencido a eleição em 1989, Fernando Collor foi incapaz de se colocar como polo aglutinador do campo político da direita. Ao chegar ao segundo turno da mesma eleição, Lula terminou por aglutinar as forças de esquerda em torno de uma nova candidatura presidencial na eleição seguinte. Foi a formação desse polo de esquerda e, sobretudo, o favoritismo da candidatura Lula até o primeiro semestre de 1994 os fatores decisivos para que FHC conseguisse aglutinar as forças do campo da direita. Tendo como esteio concreto o Plano Real, de um lado, e a ameaça de uma vitória de Lula, de outro, FHC conseguiu impor ao pemedebismo do sistema uma magnitude de transformação maior do que seria normalmente aceitável. E, assim, o que poderia ter acontecido em 1989 acabou acontecendo somente em 1994: as duas candidaturas mais votadas se tornaram os dois polos a aglutinar a maioria das forças políticas em torno de si pelas cinco eleições seguintes.

À diferença de Collor, Bolsonaro conseguiu se impor como aglutinador da direita. O fato de um candidato de extrema direita ter conseguido tal feito eleitoral, de a direita ter aceitado a liderança de alguém da extrema direita, diz muito sobre as principais tendências para o país e para a América Latina, de maneira mais ampla. E, no entanto, a reorganização da direita no Brasil não se fez apenas com Bolsonaro.

Como vimos no capítulo 3, sem a Lava Jato o desenvolvimento teria sido inteiramente diferente. E isso quer dizer: o bolsonarismo não conseguirá sozinho aglutinar a nova direita. Se quiser liderar todo o bloco, precisará obter uma vez mais o apoio do lavajatismo. Se não conseguir é porque se formou uma direita competitiva, autossubsistente e relativamente independente do bolsonarismo. Se isso não acontecer, não restará ao lavajatismo outra saída senão ser linha auxiliar do bolsonarismo de maneira a conseguir alcançar alguma influência. E aí terá se formado em definitivo não um novo "polo" da política brasileira, como se estivéssemos ainda dentro do acordo do Real, mas um extremo que ameaça permanentemente qualquer institucionalidade democrática.

Essa possibilidade é uma certeza em caso de vitória de Bolsonaro na eleição de 2022. Basta para isso pensar quais poderiam ser algumas das primeiras medidas de um segundo mandato de Bolsonaro, todas tomadas, evidentemente, em nome da "liberdade", como todo projeto de tendências fascistas faz: abolição do voto facultativo, de maneira a caminhar, em um segundo momento, para efetivas restrições do direito de voto, segundo o modelo que está sendo seguido por vários estados trumpistas nos Estados Unidos; reintrodução do voto em papel, em conjunção com a organização de esquemas de fraude oficiais ou semioficiais; mudanças no STF, que podem começar pela redução da idade de aposentadoria compulsória — de 75 para setenta anos —, o que abriria quatro vagas de ministros, os quais se juntariam aos já empossados Nunes Marques e André Mendonça para compor maioria na corte, fazendo avançar a chancela judiciária de mudanças na legislação eleitoral que permitam a uma minoria se tornar maioria, segundo o modelo húngaro; legalização de uma polícia secreta, algo que vai muito além do aparelhamento dos órgãos de controle e das polícias já realizado. Apenas para mencionar algumas possibilidades mais visíveis.

Um programa mínimo de contenção efetiva desses processos — mesmo que sejam apenas remendos — tem de incluir pontos como a proibição de que "chefes da procuradoria, da polícia ou da Justiça possam ser indicados para tribunal superior pelo mesmo presidente que os nomeou para aqueles cargos", um "novo estatuto explícito e implícito para as Forças Armadas e polícias", novos mecanismos institucionais capazes de garantir a independência da presidência da Câmara em relação à presidência da República no que diz respeito a pedidos de impeachment, impedindo a sua simples cooptação. São exemplos de remendos porque, afinal, a "desbozificação é mais do que desbolsonarização: tem de lidar também com pântano em que isso brotou".[18] Isso significa, por exemplo, superar efetivamente a ideia de que a corrupção seja um tema "de direita" ou "de esquerda". Combater a corrupção é tarefa do Estado democrático de direito, não tem "lado".

A tarefa menos adiável e ao mesmo tempo mais delicada de todas é a do reposicionamento das Forças Armadas e das polícias na ordem democrática. É a típica tarefa que o pemedebismo da política brasileira adia indefinidamente. Mas esse se tornou um ponto tão central para a sobrevivência da democracia no país que a prática pemedebista da cegueira deliberada não pode mais ter lugar.

Como se vê, o pesadelo da continuidade do pesadelo bolsonarista é tanto mais assustador quando se pensa que, do lado do campo lulista agora tornado aliança progressista, tornado muito mais amplo do que um dia foi, o caminho será bastante acidentado. Não só porque a administração de conflitos em uma base tão alargada será muito mais difícil, especialmente em vista dos desafios de reconstrução suscitados pela destruição duradoura produzida pela era bolsonarista. Mas também porque terá de conseguir impor perdas significativas às parcelas mais ricas da população se quiser ter alguma chance de sobrevivência e de sucesso.

Ainda que Bolsonaro seja derrotado na eleição de 2022, o partido digital bolsonarista seguirá atuando com grande relevância. E vai continuar porque é a outra única força política organizada — além do PT — com efetiva capacidade de mobilização. Ou seja, uma eventual vitória de Lula significará agora que o partido líder da coalizão governamental terá de enfrentar pela primeira vez desde 2003 uma oposição mobilizadora, com capacidade para, em determinadas circunstâncias, emparedar o governo.

Em princípio, isso deveria obrigar um eventual governo liderado pelo PT a deixar de lado um modelo pemedebista de governo, já que o pemedebismo depende justamente da extrema limitação da capacidade de fazer oposição. Mas nada impede Lula de simplesmente retomar o modelo pemedebista, é evidente Nada impede que identifique "frente ampla contra o autoritarismo" ao velho pemedebismo de sempre. Ocorre que, se fizer isso, será uma decisão que, somada às enormes dificuldades para a reconstrução do país após a devastação de quatro anos de governo Bolsonaro, aumentará em muito as chances de uma volta de Bolsonaro e sua família ao poder em 2026.

Ao lado de uma direita democrática que se construa fora do bolsonarismo, a primeira exigência é decidir abandonar a estratégia que a levou a seus erros sucessivos entre 2014 e 2022, tomando a decisão de não mais repeti-los. O primeiro erro tendo sido de tentar tirar definitivamente do jogo Lula, o PT e as forças políticas de esquerda. O segundo erro tendo sido o de achar que iriam conseguir parasitar e transformar em instrumento de sua pauta e de seus interesses a capacidade de mobilização do bolsonarismo. A dificuldade está em que uma direita democrática precisa conseguir se desligar da liderança e da hegemonia do bolsonarismo, precisa produzir organização própria capaz de mobilizar. A única organização com capacidade de mobilização foi o chamado "lavajatismo", uma força antissistema peculiar, já que ancorada no trabalho de alguns grupos de dentro do Judiciário. Como Bolsonaro ocupou todo o espaço antissistema, o lavajatismo na sua conformação original não pode senão servir como força auxiliar do bolsonarismo.

São muitas as urgências do país, mas se um eventual governo Lula não começar por uma reforma tributária de cunho efetivamente redistributivista,[19] já terá acabado antes de começar. Como tenderá a fracassar ao longo do tempo se não introduzir uma maneira de operar que se afaste do pemedebismo das supercoalizões, construindo maiorias muito mais enxutas e coesas e complementando, assim, as correções já introduzidas pela proibição de coligações em eleições proporcionais e pela cláusula de desempenho. Não há desigualdades de importância menor no país, ainda que algumas sejam mais prementes de encaminhamento, mesmo que soluções não possam ser alcançadas imediatamente. Diante do total rebaixamento de horizonte imposto pelo governo Bolsonaro, ver o estabelecimento ou restabelecimento de políticas públicas efetivas de combate às desigualdades recolocará as energias do país onde devem estar, de onde nunca deveriam ter saído.

Das análises que propus neste livro saem claramente algumas indicações de linhas de ação. Se não houver uma real reforma das polícias, por exemplo, não haverá como integrar esse enorme contingente à vida do país. Não se trata de questão de segurança pública, de maneira genérica. Como procurei indicar nestas considerações finais, o pânico securitário foi um autêntico produto do neoliberalismo, assim como a expansão das forças policiais, o encarceramento em massa e a lógica bélica do enfrentamento policial. Dada a capacidade de engajamento, mobilização e alcance do universo policial, sem encarar de frente o problema — varrido para debaixo do tapete desde a redemocratização — não haverá saída para o impasse em que se colocou a democracia brasileira com a eleição de Bolsonaro em 2018.

Uma reforma das polícias dessa amplitude mostra toda a sua complexidade quando se pensa que, como em muitos outros países de organização federativa, negociações entre estados e União estão muito longe de ser óbvias. Sobretudo quando se pensa nos grupos que se envolveram na coalizão de conveniência da eleição de Bolsonaro em 2018, como é o caso de tantas denominações evangélicas. O crescimento do protestantismo é talvez o evento demográfico mais visível e mais importante da passagem do século XX para o XXI no Brasil. Mas não é o único. O envelhecimento da população e o fechamento da chamada "janela demográfica" são desafios muito próximos, deixaram de estar em um futuro distante. Assim como, em direção contrária, quem sempre deixa de aparecer porque é "invisível": o mundo rural que está muito além do agronegócio, mas com o qual costuma ser preguiçosamente identificado.

Um grupo de grande relevância que participou da coalizão de conveniência que elegeu Bolsonaro em 2018 é ligado ao agronegócio. Como tentei mostrar no capítulo 3, Bolsonaro se infiltrou também nesse campo a partir dos escalões inferiores, habitualmente à margem das grandes negociações que qualquer governo tem de fazer com as lideranças de um setor de tamanha importância. O movimento subterrâneo nesse caso seguiu igualmente os desenvolvimentos do neoliberalismo: com a formação de cadeias globais de produção e o aumento da concorrência, o Brasil entrou mais e mais na especialização funcional com o que fazia melhor, com o agronegócio. Esse movimento iniciado ainda nos anos 1980 mudou a correlação entre o agro e a indústria em termos de contribuição para o PIB e para a balança comercial sem que a correlação de forças políticas se alterasse correspondentemente. A eleição de Bolsonaro foi uma oportunidade para mudar essa situação, e amplos setores do agronegócio não deixaram de abraçá-la.

Ainda que nevrálgicos, esses são apenas alguns dos pontos a serem considerados a partir das análises que fiz sobre a ascensão de Bolsonaro. Porque um cenário de derrota de Bolsonaro na eleição é um importante passo para barrar o projeto autoritário, mas está muito longe de ser suficiente. E não apenas porque quem derrotar Bolsonaro terá de conseguir ser empossado e precisará ter condições para governar. Também e principalmente porque o próximo governo terá de ser de refundação. Do contrário, não será possível restaurar e tornar duradoura a democracia. É uma das lições do governo Biden nos Estados Unidos, por exemplo. Tanto no (pouco) que conseguiu fazer como no (muito) que não conseguiu.

Por analogia, não no seu conteúdo exato, isso só acontecerá se um próximo governo não bolsonarista fizer algo semelhante ao arranjo instaurado pelo Plano Real: fincar o compasso político em determinado ponto da arena e estabelecer as margens, os limites e, portanto, o espaço lógico de uma nova forma de construir o país.[20] E o sentido desse ato inaugural é claro: a situação exige abandonar o modelo "só vale se todo mundo ganhar" (no sentido da melhoria geral dos padrões de vida) dos anos 2000. O que é o mesmo que abandonar em um sentido relevante o modelo pemedebista que nos trouxe até aqui. Além disso, quando se concretizar o efeito cumulativo da cláusula de barreira e da proibição de coligações em proporcionais, muito provavelmente haverá três ou quatro blocos de partidos a estruturar o sistema político, de forma que a administração de alianças terá de ser realizada de maneira muito mais colegiada do que no acordo do Real, quando havia apenas dois polos e um mar de PMDBs entre eles, sendo o partido polo claramente hegemônico.

A situação atual exige igualmente, além disso, abandonar o projeto tecnocrático do governo Dilma Rousseff. Não, não se trata aqui de ficar exigindo "autocrítica" de ninguém.

"Autocrítica" é, como o próprio nome diz, "auto", faz quem quer, não tem sentido cobrar. E, se autocrítica houver, não precisa ser por palavras. Atos são sempre muito mais efetivos nesse caso, ainda que discursos e narrativas importem, e muito.

É preciso lembrar o que aconteceu na primeira metade da década de 2010. Foi uma enormidade o que se desperdiçou em desonerações, cadeia do pré-sal, baixa abrupta da taxa de juros, reestruturação tecnocrática do setor de energia, cabo de guerra nas concessões de serviços públicos no governo de Dilma Rousseff. O que teria acontecido se pelo menos parte substancial dessa enormidade de recursos tivesse sido empregada em educação, em saúde, em proteção social, em melhora efetiva dos índices de produtividade? O que teria acontecido se os governos petistas, no seu conjunto, tivessem se empenhado em uma reforma política de contenção da fragmentação e do pemedebismo descontrolado que produziu — para não falar em uma reforma tributária com reais efeitos distributivos, de uma reforma urbana guiada pelo efetivo direito à cidade, por um programa realista de transição para uma economia de baixo carbono? Difícil saber. Mas as chances de darmos de cara com o descalabro do governo Bolsonaro seriam muito menores. Se Lula vencer, o PT terá aquela rara segunda chance de se redimir perante sua própria história e perante o país.

No caso do novo acordo lulista, um dos primeiros requisitos será enterrar a crença economicista, que prosseguiu viva no primeiro mandato de Dilma Rousseff, de que a garantia de certo exercício de autonomia na regulação e na gestão da economia levaria à produção da autonomia social e política, levaria à produção de políticas efetivas de redução de desigualdades em educação, saúde e em todos os demais domínios em que a vulnerabilidade social se fizesse presente.

E o fracasso desse projeto deveria fazer pensar nas imagens de modelo de sociedade que devem orientar os projetos de esquerda. Porque o fracasso do desenvolvimentismo tecnocrático do governo Dilma não deve ser simplesmente descartado como aberração. O problema que seu governo tentou enfrentar é real e persiste. Depois dos dois grandes processos de transformação dos períodos FHC e Lula, realizados sem confrontar o pemedebismo, o horizonte se deslocou. O país não está mais diante dos problemas mais básicos de uma estabilização político-monetária ou de uma democratização mínima da renda e do reconhecimento social.

A democracia está novamente em risco. Mas a redemocratização ela mesma se encerrou. A questão agora não é mais como implantar a democracia, mas o que fazer com ela. E, com isso, também encontrar para o país um lugar nos arranjos globais que lhe permita alcançar o máximo de margem de autonomia possível. Mas estratégias de desenvolvimento econômico têm de ser apenas meio para a concretização do modelo de concretização da Constituição que deve democraticamente prevalecer. E não o contrário.

Na situação atual de funcionamento disfuncional das instituições, a demanda por soluções rápidas, definitivas e ilusórias se multiplica. Foi assim que uma grande parte da sociedade acreditou que o impeachment de Dilma Rousseff produziria a estabilidade política e a regeneração que faltavam. É assim que propostas de plebiscito, eleições gerais ou Constituinte para a reforma política surgem agora como panaceias. Se há algo que a década de 1980 ensinou é que saídas como essas têm fôlego curto. A crise é estrutural e a saída dela vai exigir tempo e muito esforço para rearranjar as instituições em um sentido novo e positivo. Vai ser preciso lidar com o colapso sem apelar nem para pretensas soluções mágicas nem deixar que ele se instale de maneira duradoura. Para isso, olhar para trás talvez ajude a ver que possibilidades temos adiante.

Se, com a eventual vitória de Lula em 2022, o PT conseguir de fato se estabelecer como ponto de referência de uma ampla aliança progressista, seu objetivo primeiro e mais importante será o de isolar o bolsonarismo. E, se possível, ajudar a fomentar o surgimento de uma direita não bolsonarista autossuficiente e eleitoralmente competitiva. Note-se bem: se um eventual governo Lula conseguir essa façanha, aumentará também a chance de uma organização significativa de forças à esquerda do PT, mesmo que não em um prazo curto. E não se deve subestimar os efeitos de um evento assim para a cultura e para a história do PT, que — como imagem, pelo menos — estaria assim se aproximando do varguismo, contra o qual nasceu e contra o qual forjou sua própria identidade.

Outra consequência desse quadro é a necessidade de pensar a *especificidade* da ascensão da extrema direita ao poder no Brasil. E para isso ainda nos faltam muitos meios. Falta entender profundamente a natureza do partido digital bolsonarista, por exemplo. Mas falta também refinar ainda mais a análise da formação das "novas direitas" e de seu desenvolvimento, de maneira a entender em toda a sua complexidade a formação da coalizão eleitoral vitoriosa de Bolsonaro em 2018. Entre outras coisas, esse é o tipo de conhecimento que pode nos permitir vislumbrar não só como a política se estruturou a partir daí, mas quais são as fragilidades do projeto autoritário bolsonarista.

Uma terceira consequência tem que ver com a continuidade da hegemonia das métricas e das analíticas — e não parece haver razão para pensar que a situação não prosseguirá assim. Uma das primeiras questões que surgem daí diz respeito à capacidade ou à incapacidade do pemedebismo de se adaptar à situação. Não é fácil imaginar como isso poderia se dar. Mas também nunca se deve subestimar uma maneira de operar tão duradoura do sistema político brasileiro.

Outra dimensão, muito mais ampla, desse tema, é a regulação da vida digital, o problema de saber em que condições a sociedade poderia recuperar algum controle sobre suas criaturas internéticas. São conhecidas as enormes dificuldades de regular esse tipo de criatura. Na discussão técnica, é um debate que muitas vezes aparece sob a rubrica da "interoperabilidade".[21]

Em ambiente de discussão pública democrática mais ampla, a proposta em estado mais avançado de elaboração, a europeia, dada a público em dezembro de 2020, coloca os termos do problema como os de um balanço e um equilíbrio entre preservação de direitos individuais e incentivos para a inovação.[22] Seja em que terreno for, o que fica claro é que ninguém quer perder a corrida da inovação e que esta tem prioridade sobre todo o resto. Pelo menos enquanto a questão continuar a ser colocada nesses termos. Não surpreende, portanto, que aquela que parece ser a primeira tentativa efetiva de controle do algoritmo para além de pedidos polidos para que as plataformas e redes sejam mais transparentes, a ser implementada pela China,[23] seja igualmente guiada por essa prioridade.

Talvez o passo que pode viabilizar de fato esse controle coletivo das criaturas internéticas seja pensá-las em termos de serviços públicos, em que caberia conceder concessões — como no caso de emissoras de TV ou de rádio. Um passo como esse talvez permita encontrar saídas para quebrar os monopólios de vários tipos que exercem plataformas e redes sociais, para além da mera proibição de oferecimento de seus próprios produtos antes de quaisquer outros e da quebra do monopólio das lojas de aplicativos. Sobretudo, talvez o passo de transformar plataformas e redes em serviços públicos passíveis de concessão possa atingir o cerne de seu monopólio, que é o monopólio do algoritmo. É evidente, no entanto, que uma proposta de regulação dessa magnitude não conseguirá vencer a oposição das plataformas se for uma iniciativa apenas local, apenas do Brasil — é necessária uma articulação internacional de peso. Tão ou mais difícil de produzir quanto a articulação global necessária para enfrentar a emergência climática de maneira minimamente eficaz.

Por fim, mas não por último: não se deve subestimar o alívio para o debate público, para a vida em comum, para a vida pessoal que significará uma derrota de Bolsonaro em 2022. Significará nada menos do que a possibilidade de se ter uma agenda sã para o debate público, concentração de energias em discussões e ações produtivas, e não a esterilidade do diversionismo de fundo autoritário a que o país foi submetido por quatro anos. Não será a solução do problema, certamente. Temos ainda um longo período de enfrentamento diante de nós. Mas sentir alívio é algo fundamental para conseguir enxergar algum horizonte de futuro.

Agradecimentos

No ambiente de negacionismo e de ataque à ciência criado pelo governo Bolsonaro, torna-se ainda mais fundamental lembrar os suportes institucionais e de financiamento que ainda conseguiram se manter. Em nível federal, a forte mobilização e a combatividade da comunidade científica e suas alianças na sociedade civil permitiram a manutenção do programa de Bolsas de Produtividade do CNPq, do qual me beneficiei na produção deste livro. No estado de São Paulo, minha universidade, a Unicamp, nunca faltou no apoio de minhas atividades de docência, pesquisa e extensão. À Fapesp devo o financiamento de um projeto temático em cujo quadro se desenvolveu esta pesquisa. No âmbito do Mecila, financiado pelo Ministério da Educação e da Pesquisa da Alemanha, tive sempre o apoio e a interlocução de colegas alemães e da América Latina, em especial, sempre pude contar com a valiosa parceria intelectual de 25 anos com Sérgio Costa. Por fim, mas não por último, é no Cebrap que o projeto temático se encontra sediado, a casa em que encontrei o ambiente ideal para desenvolver minhas pesquisas desde 1990. O reconhecimento pelo apoio do Cebrap faço aqui sob a forma de um agradecimento muito especial, in memoriam, a José Arthur Giannotti, a convite de quem passei a integrar a casa.

No Cebrap, minha atividade se dá em dois núcleos: Direito e Democracia, coordenado por José Rodrigo Rodriguez; e Filosofia, coordenado por Ricardo Terra. A todas as pessoas que integram esses dois núcleos devo o meu mais profundo agradecimento. Por todas as discussões ao longo de mais de vinte anos, por tudo o que pude aprender em tantas conversas, em tantas pesquisas que conduzimos coletivamente. As formulações apresentadas são de minha inteira responsabilidade, evidentemente. Mas não teriam sido possíveis não fosse a pesquisa coletiva em ambiente interdisciplinar que realizamos no âmbito do Projeto Temático Fapesp desenvolvido no Cebrap. Em especial, agradeço nominalmente a Adriano Januário (que me apoia de perto desde a preparação de *Imobilismo em movimento*), Bianca Tavolari, Felipe Gonçalves Silva, Fernando Bee, Flávio Prol, Inara Marin, Jonas Medeiros, Leonardo Martins Barbosa, Mariana Valente, Marina Barreto, Paulo Yamawake, Rafael Palazi, Raphael Neves, Ricardo Terra, Rúrion Melo.

Como no caso de *Imobilismo em movimento*, também neste livro pude contar com a interlocução preciosa de Miriam Dolhnikoff. Contei ainda com o apoio e a orientação inestimáveis de Ana Carolina Evangelista, Renato Sérgio de Lima e R. Marie Santini. Da editora Todavia recebi como sempre um apoio técnico impecável, pelo qual agradeço a Ana Maria Barbosa, Érico Melo, Leny Cordeiro, Luciano Marchiori, Jane Pessoa, Nathalia Pazini e Mario Santin Frugiuele. De Pedro Inoue, o presente de uma capa tão perturbadora quanto a situação que o livro pretende expressar.

Vinicius Torres Freire encontrou o tempo que não tem para esquadrinhar o texto em busca de falhas e imprecisões e de maneiras de corrigi-las.

Como em todos os momentos decisivos dos últimos dez anos, pude contar com as habilidades editoriais e a paciência amiga de Flávio Moura. E com o apoio matreiro do resto da turma: Marcio Sattin, Ricardo Kobashi, Samuel Barbosa.

De meu irmão Marcelo recebo apoio, aconselhamento e afeto constantes. Meu agradecimento a ele é sempre muito pouco diante do muito que ele faz. Com a torcida e o encorajamento afetuoso de Ana Luísa, João Pedro e Mônica.

Carolina, como sempre, leu tudo, discutiu tudo, corrigiu uma enormidade de coisas. Com generosidade impaciente e amor dedicado, como sempre.

Notas

Introdução [pp. 9-43]

1. Marcos Nobre, *Imobilismo em movimento: Da redemocratização ao governo Dilma*. São Paulo: Companhia das Letras, 2013.
2. Cristovam Buarque e Fernando Henrique Cardoso, "'A luta de PT e PSDB é política, não ideológica'". PSDB, 29 nov. 2004. Disponível em: <www.psdb.org.br/acompanhe/noticias/a-luta-de-pt-e-psdb-e-politica-nao-ideologica>. Acesso em: 21 mar. 2022.

1. Pemedebismo, presidencialismo de coalizão e crise da democracia [pp. 45-79]

1. Andréa Freitas e Glauco Peres da Silva ("Das manifestações de 2013 à eleição de 2018 no Brasil: Buscando uma abordagem institucional", *Novos Estudos Cebrap*, v. 38, n. 1, jan.-abr. 2019) registram "que o número de cadeiras do maior partido decresce continuamente de 1991 até 2019, passando de 21,5% para 10,9% apenas do Congresso. O número efetivo de partidos se reduz entre 1991 e 1999, caindo de 8,7 para 8,0, porém a partir de então apenas cresce, atingindo elevados 16,5 partidos em 2019". Sobre esse ponto, ver também Cesar Zucco e Timothy J. Power, "Fragmentation without Cleavages? Endogenous Fractionalization in the Brazilian Party System", *Comparative Politics*, v. 53, n. 3, abr. 2021.
2. É nesse sentido que interpreto as análises de Carlos Ranulfo Felix de Melo, "Eleições presidenciais, jogos aninhados e sistema partidário no Brasil", *Revista Brasileira de Ciência Política*, n. 4, jul.-dez. 2010.
3. Sérgio Abranches, "Presidencialismo de coalizão: O dilema institucional brasileiro", *Dados: Revista de Ciências Sociais*, Rio de Janeiro, v. 31, n. 1, pp. 5-33, 1988.
4. Para dar um único exemplo entre muitos, mas tanto mais significativo porque do ano de 2014: "A atual democracia brasileira nasceu sob um clima de forte desconfiança. Para a maior parte dos analistas, as chances de que

a transição desembocasse em uma democracia consolidada eram mínimas. Este era o tom geral das predições acadêmicas. Não iria dar certo. Eleições presidenciais eram uma das razões centrais para tamanho pessimismo. Diante do despreparo do eleitor, de suas carências materiais e cognitivas, dava-se como inevitável que estas fossem marcadas pela combinação de alta instabilidade e polarização. A eleição de 1989 não fez outra coisa senão reforçar esses cenários sombrios, confirmando o que todos temiam: a combinação entre populismo e radicalização. Essas crenças se mostraram infundadas. A eleição de 1989 não estabeleceu um padrão, discrepando de todas as seguintes. Desde 1994, dois — e os mesmos dois — partidos têm controlado as eleições presidenciais. O comportamento dos eleitores é altamente previsível. Eleições entraram para a rotina do brasileiro. Finda a Copa do Mundo, começa a temporada eleitoral. Um período que tem se mostrado bem menos surpreendente e com doses homeopáticas de emoções" (Fernando Limongi e Fernando Guarnieri, "A base e os partidos: As eleições presidenciais no Brasil pós-redemocratização", *Novos Estudos Cebrap*, v. 33, n. 2, pp. 4-5, jul. 2014).

5. Sérgio Abranches, "Presidencialismo de coalizão: O dilema institucional brasileiro", op. cit., pp. 21-2.

6. "O controle exercido pelo presidente e os líderes partidários sobre a agenda dos trabalhos parlamentares e do processo decisório no interior do Congresso, tendo por base os seus poderes institucionais, tem efeitos significativos sobre o desempenho da coalizão de apoio ao presidente e a sua capacidade de manter-se unida ao longo do tempo" (Fernando Limongi e Argelina Figueiredo, "Bases institucionais do presidencialismo de coalizão", *Lua Nova*, São Paulo, n. 44, p. 102, 1998).

7. Ibid., p. 86. Chama a atenção, no entanto, que não tenha sido dado o devido peso à criação do instituto da reeleição, que, aprovada em 1997, começou a operar já em 1998, dado o ineditismo que tem relativamente ao quadro de 1946 em que se move o debate com Abranches. Talvez porque, na linha de raciocínio do texto, signifique um elemento a mais na aproximação do presidencialismo de coalizão dos regimes parlamentaristas, mesmo se a aproximação mais evidente seja, nesse caso, do modelo estadunidense.

8. Fernando Limongi, "A democracia no Brasil", op. cit., p. 20. Ver ainda, no mesmo sentido, José Antonio Cheibub, Adam Przeworski e Sebastian Saiegh, "Governos de coalizão nas democracias presidencialistas e parlamentaristas", *Dados*, Rio de Janeiro, v. 45, n. 2, pp. 187-218, 2002; e Fabiano Santos, "Brazilian Democracy and the Power of 'Old' Theories of Party Competition", *Brazilian Political Science Review*, Rio de Janeiro, v. 2, n. 1, pp. 57-76, 2008.

9. Em seu artigo de 1998, Fernando Limongi e Argelina Figueiredo pretendem demonstrar que "não há por que tomar o Executivo como a parte fraca nesta barganha" ("Bases institucionais do presidencialismo de coalizão", op. cit., p. 96). Para isso, o artigo faz o experimento mental de um "leilão ao inverso" entre Executivo e Legislativo (pp. 96-101), concluindo que "temendo ficar alijados do acesso a qualquer benefício do governo, partidos são levados a moderar suas demandas para vir a fazer parte da coalizão majoritária" (p. 100). Nesse raciocínio, fica implícito que a fragmentação partidária não aparece como um obstáculo, antes pelo contrário, à formação exitosa de coalizões multipartidárias, já que estimularia a competição entre eles, fortalecendo a posição do Executivo na barganha. Agradeço a Leonardo Martins Barbosa pelo desenvolvimento relativo a este ponto. Entendo, ademais, que a disputa em torno do bastião decisivo da disciplina partidária ainda está longe de se encerrar. A esse respeito, ver, por exemplo, o debate com Barry Ames que fez Octavio Amorim Neto em seu "Cabinets and Coalitional Presidentialism" (In: Barry Ames (Org.), *Routledge Handbook of Brazilian Politics*. Nova York: Routledge, 2019, pp. 293-312). Para que ganhe em determinação, esse debate precisaria, a meu ver, entender as causas do "excesso de adesão" próprio à formação de supercoalizões. Com isso, seria possível considerar o tipo específico de coordenação que partidos de tipo PMDB são capazes de produzir entre si, mitigando a competição entre eles na mesma medida em que dificulta a coesão e a organização de governos. Como seria possível igualmente considerar o fato de que a oposição efetiva migra para dentro da própria coalizão. São esses traços e essas características que a noção de pemedebismo pretende ressaltar. Sobre isso, ver adiante a seção II deste capítulo.

10. Sérgio Abranches, "A democracia brasileira vai bem, mas requer cuidados": Proposições sobre democracia brasileira e o presidencialismo de coalizão". In: João Paulo dos Reis Velloso (Org.), *Como vão o desenvolvimento e a democracia no Brasil?*. Rio de Janeiro: José Olympio, 2001, p. 243.

11. Ibid., p. 249.

12. Exemplar e explicitamente, Fernando Limongi, "A democracia no Brasil: Presidencialismo, coalizão partidária e processo decisório", *Novos Estudos Cebrap*, São Paulo, n. 76, p. 30, nov. 2006: "Do ponto de vista descritivo, o sistema político brasileiro, não há dúvidas, pode ser nomeado como um presidencialismo de coalizão".

13. Fernando Limongi, "A democracia no Brasil", op. cit., p. 39, nota.

14. "Poderes em desarmonia". *Folha de S.Paulo*, 12 maio 2019, p. 7. Ilustríssima. Até onde sei, o primeiro registro do diagnóstico do autor de que o STF teria se tornado fonte de instabilidade é de abril de 2013: "As intervenções do Supremo no terreno da legislação eleitoral e partidária — é tempo de

afirmá-lo com todas as letras — carecem de coerência. O Supremo, por paradoxal que possa parecer, tem sido fonte de instabilidade. Ao pretender legislar no campo eleitoral, não tem como evitar atrelar suas decisões à disputa político-partidária. Perde assim a isenção para reclamar a capacidade de arbitrar uma luta em que se envolve" (Fernando Limongi, "Em defesa do Congresso", *Valor Econômico*, 30 abr.-1 maio 2013, p. A8). Ainda assim, basta reler a citação que fiz acima do artigo do ano seguinte, de 2014, que o autor escreveu com Guarnieri para concluir que foi de fato apenas após a implosão da polarização de PT e PSDB que Limongi passou a detectar a origem de todos os problemas em uma falha de desenho institucional que oporia a presidência da República ao STF.

15. Em artigo de 2017 em que procuram avaliar as crises sobrepostas advindas logo após a reeleição de Dilma Rousseff, em 2014, Argelina Figueiredo e Fernando Limongi enunciaram a ideia em termos muito claros: "Atribuir causas institucionais à crise atual é desconsiderar as diversas dimensões que se cruzam e se alimentam para lhe conferir especificidade e, sobretudo, pede que se deixe de lado a polarização política que se armou ao longo das disputas presidenciais e dos governos petistas. Polarização esta que foi alimentada e ganha força nos momentos finais do processo eleitoral de 2014 em meio a uma série de revelações de corrupção. De outro, ganha corpo uma crise econômica que acentua e interage com a crise política" (Argelina Figueiredo e Fernando Limongi, "A crise atual e o debate institucional", *Novos Estudos Cebrap*, São Paulo, n. 109, p. 91, 2017).

16. Ver a esse respeito, Marcos Nobre e José Rodrigo Rodriguez, "'Judicialização da política: Déficits explicativos e bloqueios normativistas", *Novos Estudos Cebrap*, São Paulo, n. 91, pp. 5-20, nov. 2011. Reconhecer que as fronteiras entre os poderes são objeto de disputa permanente, que não estão fixadas de antemão, muito menos que se guiam pela pressuposição de uma harmonia preestabelecida não equivale a dizer que determinadas configurações sejam normativamente menos nocivas do que outras, evidentemente. Ao mesmo tempo, é necessário afastar a ilusão de que o STF represente um "poder contramajoritário", sem mais.

17. Sérgio Abranches, "Presidencialismo de coalizão", op. cit., p. 21.

18. Cesar Zucco, "Ideology or What? Legislative Behavior in Multiparty Presidential Settings", *The Journal of Politics*, Nova York, v. 71, n. 3, p. 1077, 2009.

19. Ibid., p. 1078.

20. *Velhas raposas, novos governistas: O PMDB e a democracia brasileira*. Rio de Janeiro: UERJ-IESP, 2014. Tese (Doutorado em Ciência Política). No mesmo sentido, ver também Fabiano Santos e Talita Tanscheit, "Quando velhos atores saem de cena: A ascensão da nova direita política no Brasil", *Colombia Internacional*, Bogotá, n. 99, pp. 163 ss., 2019.

21. Ibid., especialmente pp. 35 ss.

22. Fernando Meirelles, "Oversized Government Coalitions in Latin America", *Brazilian Political Science Review*, Rio de Janeiro, v. 10, n. 3, e0001, 2016.

23. Não será possível aqui tratar especificamente das hipóteses explicativas de Meirelles para a presença recorrente de supercoalizões, tanto no caso brasileiro como na comparação latino-americana. Mas é certo que pensar o pemedebismo em termos mais amplos tem como um de seus requisitos a explicação de suas causas sociais e institucionais. E isso para além da necessidade, apontada por Meirelles, da aprovação de reformas que requerem, no caso brasileiro, maioria de três quintos em ambas as casas do Congresso, em dois turnos de votação. Ressalte-se ainda que Carreirão ("O sistema partidário brasileiro: Um debate com a literatura recente", *Revista Brasileira de Ciência Política*, Rio de Janeiro, n. 14, p. 271, 2014) constatou, já em 2014, tendência semelhante, em que coalizões "inconsistentes" vinham "ocorrendo de maneira frequente no país".

24. Sérgio Abranches, "Presidencialismo de coalizão", op. cit., p. 29.

25. Em *Imobilismo em movimento* (op. cit., p. 14), o pemedebismo foi apresentado como dotado de "pelo menos cinco elementos fundamentais", dos quais os dois primeiros foram os mencionados até aqui: "o governismo (estar sempre no governo, seja qual for ele e seja qual for o partido a que se pertença); a produção de supermaiorias legislativas, que se expressam na formação de um enorme bloco de apoio parlamentar ao governo que, pelo menos formalmente, deve garantir a 'governabilidade'". Os demais três elementos não são objeto de exame direto aqui, sendo considerados apenas indiretamente. São eles: "funcionar segundo um sistema hierarquizado de vetos e de contorno de vetos; fazer todo o possível para impedir a entrada de novos membros, de maneira a tentar preservar e aumentar o espaço conquistado, mantendo pelo menos a correlação de forças existente; bloquear oponentes ainda nos bastidores, evitando em grau máximo o enfrentamento público e aberto (exceto em polarizações artificiais que possam render mais espaço no governo e/ou dividendo eleitoral)".

26. Ibid., p. 38. Entendo que essa posição guarda afinidades com a hipótese explicativa de "fracionalização endógena" proposta por Cesar Zucco e Timothy J. Power, "Fragmentation without Cleavages?", op. cit. No entanto, uma consideração detalhada da proposta de Zucco e Power e de suas possíveis afinidades com o pemedebismo levaria muito longe, só podendo ser devidamente desenvolvida em separado.

27. Sobre esses pontos, ver o balanço realizado por Yan de Souza Carreirão, "O sistema partidário brasileiro: Um debate com a literatura recente", op. cit.

28. Especificamente em relação à compreensão do sistema político brasileiro, casos exemplares da "caracterização pela falta" poderiam bem ser Scott Mainwaring, como em seu "Brazil: Weak Parties, Feckless Democracy" (In: Scott Mainwaring e Timothy R. Scully (Orgs.), *Building Democratic Institutions: Party Systems in Latin America*. Redwood City; Stanford: Stanford University Press, 1995), pp. 354-98; ou Barry Ames, como em seu *The Deadlock of Democracy in Brazil* (Ann Arbor: University of Michigan Press, 2001). Casos exemplares da premissa "já somos modernos" poderiam bem ser Argelina Figueiredo e Fernando Limongi, em "Bases institucionais do presidencialismo de coalizão" (op. cit.), ou Marcus André Melo e Carlos Pereira, em *Making Brazil Work: Checking the President in a Multiparty System* (Nova York: Palgrave Macmillan, 2013).

29. "Esses achados representam uma síntese entre as caracterizações do Congresso brasileiro como a arena do legislador paroquial, volátil, clientelista [*the locally minded, pork seeking, free-floating legislator*], e a visão concorrente de que as regras internas resulta em um Legislativo estruturado em torno de partidos que se comportam em termos rudemente ideológicos". Cesar Zucco, "Ideology or What?", op. cit., p. 1090.

30. Um exemplo recente e sintomático dessa oposição pode ser encontrado no livro de Jairo Nicolau, *O Brasil dobrou à direita: Uma radiografia da eleição de Bolsonaro em 2018* (Rio de Janeiro: Zahar, 2020), pp. 12-3: "Numa tentativa de caracterizar o estilo em que este trabalho foi escrito, diria que busquei fazer um ensaio baseado em dados. Para muitos, isso pode parecer um oximoro, mas foi só quando acabei a redação que percebi que o resultado produzido trazia essa mistura aparentemente contraditória". Em passagem um pouco anterior a esse trecho, Nicolau dá como uma das razões que o impeliram a escrever o livro "a percepção de que, embora existam bons ensaios e interpretações sobre a ascensão de Bolsonaro, alguns deles conectando o que houve na campanha e o que está acontecendo no governo, quase nenhum está baseado em evidências quantitativas". Essa maneira de ver a produção de conhecimento se vincula à mais antiga das discussões desde a implantação da universidade no Brasil: se faríamos "ciência", ou se continuaríamos com práticas "impressionistas" como a do "ensaio", justamente. (Sobre um caso emblemático dessa disputa, ver Carolina Pulici, *Entre sociólogos: Versões conflitivas da "condição de sociólogo" na USP dos anos 1950-1960*. São Paulo: Edusp; Fapesp, 2008.) Não é o lugar de retomar essa longa e interessante discussão, mas pelo menos duas observações são importantes para a continuidade do argumento aqui. Em primeiro lugar, o estranhamento diante da proposta de se igualar "ensaio" a uma "radiografia" (que se encontra no subtítulo do livro de Nicolau). Não é preciso frequentar

a noção de "ensaio" em obras como as de Theodor W. Adorno ou Antonio Candido de Mello e Souza para ter dificuldade em entender um uso como esse, uma equalização como essa. Em segundo lugar, para sustentar essa posição, julgo que Nicolau teria não apenas de esclarecer o que entende por esses termos, mas também, pelo menos, tomar posição em relação ao que chamei de paradigma da "formação" (e que abordarei mais adiante), vertente intelectual brasileira que procurou justamente superar essa oposição entre "ciência" e "ensaio".

31. Dito de outra maneira ainda: entendo que o horizonte em que pretende se inserir o pemedebismo faz parte de modelos de pensamento que, com maior ou menor sucesso, apontam para além desse tipo de divisão e de oposição, mostrando seu caráter desnecessariamente redutor. Indicações nesse sentido podem ser encontradas em Marcos Nobre, "O que significa 'pensar o país'? Um debate a propósito de *Por que o Brasil cresce pouco?*, de Marcos Mendes", *Novos Estudos Cebrap*, São Paulo, n. 100, pp. 97-113, dez. 2014; e ainda em Id., "Apontamentos sobre a pesquisa em direito no Brasil" (In: Emerson Ribeiro Fabiani (Org.), *Impasses e aporias do direito contemporâneo: Estudos em homenagem a José Eduardo Faria.* São Paulo: Saraiva, 2011), pp. 79-89. O que não equivale a dizer, evidentemente, que não existam tendências tão ou mais perniciosas a ameaçar a pesquisa rigorosa e o pensamento vigoroso no ambiente acadêmico atual. Trata-se apenas de enfatizar que as suas velhas formas, próprias do período de implantação da universidade no país, pelo menos já foram efetivamente deixadas para trás.

32. Marcos Nobre, "Da 'formação' às 'redes': Filosofia e cultura depois da modernização". In: Pedro Duarte, Ernani Chaves e Luciano Gatti (Orgs.), *Filosofia*. Rio de Janeiro: Funarte, 2017, pp. 285-306 (Coleção Ensaios Brasileiros Contemporâneos). Uma versão condensada do argumento principal mais geral, sem os desenvolvimentos relativos à filosofia, foi publicada em Marcos Nobre, "Depois da 'formação': Cultura e política da nova modernização", *piauí*, n. 74, nov. 2012. Sobre a centralidade da noção de "diagnóstico de tempo" na Teoria Crítica, ver, por exemplo, Id., *Como nasce o novo: Experiência e diagnóstico de tempo na* Fenomenologia do espírito *de Hegel* (São Paulo: Todavia, 2018).

33. Ver Marcos Nobre, "Conservadorismo em chave democrática: A redemocratização brasileira, 1979-2013" (In: Angela Alonso e Miriam Dolhnikoff (Orgs.), *1964: Do golpe à democracia.* São Paulo: Hedra, 2015), pp. 247-66.

34. Marcos Nobre, "Conservadorismo em chave democrática", op. cit., p. 247.

35. Sobre isso, ver id., ibid.

36. Essa perspectiva guarda afinidade, a meu ver, com a de Leonardo Martins Barbosa em seu *Conflito partidário e ordem política: PMDB, PSDB e PT*

na Nova República (Rio de Janeiro: IESP-UERJ, 2019. Tese (Doutorado em Ciência Política), p. 185, na medida em que pretende apresentar a instabilidade do sistema político, em sua evolução histórica, "como regra e não exceção do processo político brasileiro".

37. Steven Levitsky e Samuel Daniel Ziblatt, *Como as democracias morrem*. Rio de Janeiro: Zahar, 2018.

38. Sobre isso, ver Marcos Nobre, "Crise da democracia e crise das teorias da democracia". In: Maurício Fiore e Miriam Dolhnikoff (Orgs.), *Mosaico de olhares: Pesquisa e futuro no cinquentenário do Cebrap*. São Paulo: Sesc, 2021.

39. Examinei a noção de "lulismo" tal como cunhada por André Singer em *Os sentidos do lulismo: Reforma gradual e pacto conservador* (São Paulo: Companhia das Letras, 2012) no Anexo a *Imobilismo em movimento*, intitulado "'Pemedebismo' e 'lulismo': Um debate com André Singer". Remeto a esse texto para quem se interessar por minha reconstrução e crítica dessa posição, razão pela qual também ela não será examinada em maior detalhe neste capítulo. Retomarei o diálogo com a posição de Singer adiante, no capítulo 3, a propósito dos desenvolvimentos posteriores a Junho.

40. André Singer, *O lulismo em crise: Um quebra-cabeça do período Dilma (2011-2016)*. São Paulo: Companhia das Letras, 2018.

41. Foi assim que "a aliança do Real aceitava como incontornável o mito, gestado quando do impeachment de Collor, da necessidade de supermaiorias parlamentares para garantir a governabilidade. Com isso, abria as portas do governo a todas as forças políticas que desejassem aderir". (Marcos Nobre, *Imobilismo em movimento*, op. cit., p. 72).

42. O que, entretanto, ainda é insuficiente para afastar a objeção dirigida por Yves Cohen a *Imobilismo em movimento*, que é o do subdesenvolvimento da relação entre democracia e desigualdades no Brasil. Ver "Nobre, Marcos. 2013. *Imobilismo em movimento: Da abertura democrática ao governo Dilma*", *Brésil(s)*, Paris, n. 7, pp. 231-3, 2015. Não obstante, diga-se em favor da abordagem proposta ali que o tipo de explicação que o pemedebismo oferece, mesmo que limitada ao funcionamento concreto do sistema político, é também uma tentativa de compreensão de um modo de funcionamento da democracia em condições de extrema desigualdade. É também esse horizonte de profundidade social de sua abordagem, por assim dizer, que permite formular questões normalmente ausentes do debate especializado.

43. Paolo Gerbaudo, *The Digital Party: Political Organisation and Online Democracy*. Londres: Pluto Press, 2019, p. 50. Sobre isso, ver em especial o capítulo 2.

44. Adam Przeworski, *Crises da democracia*. Rio de Janeiro: Zahar, 2019, pp. 114-5. Tradução modificada com base em *Crises of Democracy*. Cambridge: Cambridge University Press, 2019, pp. 86-7.

45. Paolo Gerbaudo, *The Digital Party*, op. cit., especialmente pp. 30-42.
46. Por extenso: "No âmbito do mundo da política partidária convencional, há cada vez menos o sentido de uma oposição duradoura e mais e mais a ideia de um deslocamento temporário de cargos. A oposição, quando constituída estruturalmente, vem agora crescentemente de fora da política partidária convencional, seja na forma de movimentos sociais, política das ruas, protestos populares, boicotes e assim por diante. No âmbito da política, do outro lado, os partidos estão ou governando ou esperando para governar. Todos agora estão ocupando um cargo. E com essa nova situação veio também uma mudança em suas estruturas de organização interna, com o rebaixamento do papel do 'partido de bases', e um claro fortalecimento do papel do partido nas instituições" (Peter Mair, *Ruling the Void: The Hollowing of Western Democracy.* Londres; Nova York: Verso, 2013, p. 99).
47. Marcos Nobre, "Crise da democracia e crise das teorias da democracia", op. cit., p. 14.
48. Arlie Russell Hochschild, em *Strangers in Their Own Land: Anger and Mourning on the American Right* (Nova York: The New Press, 2016), me parece ser um excelente ponto de partida para a compreensão no detalhe dessa cisão social profunda e duradoura. Voltarei às análises de Hochschild nos capítulos 3 e 4.
49. Daí por que a interpretação que defendo se colocar em oposição às duas vertentes interpretativas que vejo como hegemônicas no debate público brasileiro sobre o que aconteceu desde Junho de 2013 e que, tudo somado, reproduzem, cada uma à sua maneira, a versão oficial do sistema político de que Junho foi apenas risco e ameaça. Chamo a primeira de "teoria do ovo da serpente" e a segunda de "teoria da quebra das regras informais de funcionamento das instituições". Sobre isso, ver o "Anexo" a Marcos Nobre, *Ponto-final: A guerra de Bolsonaro contra a democracia* (São Paulo: Todavia, 2020), e também o capítulo 3 deste livro.
50. Giovanni Sartori, *Partidos e sistemas partidários.* Brasília: Editora UnB, 1982. São, aliás, muitos os pontos de contato entre o livro de Sartori e aquele de Levitsky e Ziblatt (*Como as democracias morrem*, op. cit.), especialmente porque não é uma referência presente no livro dos dois autores. Ainda que não seja aqui o lugar, seria interessante comparar as propostas de Levitsky e Ziblatt, com, por exemplo, a proposta sartoriana de distinção entre a "política visível" e a "política invisível" (ver, por exemplo, pp. 168 ss.), ou o necessário pressuposto da "confiança mútua" (p. 165).
51. Ibid., p. 157.
52. Ibid., pp. 159-60. Um debate sobre possíveis maneiras de distinguir "direita" e "esquerda" pode ser encontrado no Dossiê Esquerda e Direita, *Econômica*, v. 9, n. 2, dez. 2007, de que participo com os textos "Novas

polarizações — Ainda sobre esquerda e direita" e "Réplica", ao lado de Samuel Pessôa e de Marcio Pochmann.

53. Ibid., p. 160.

54. Marcus André Melo e Carlos Pereira, *Making Brazil Work*, op. cit., p. 56.

55. Carlos Pereira e Samuel Pessôa, "PSDB e PT discordam mais sobre alianças do que sobre inclusão", *Folha de S.Paulo*, 11 out. 2015, Ilustríssima. Ver também, no mesmo sentido, Carlos Pereira, Frederico Bertholini e Samuel Pessôa, "Métricas para o presidencialismo multipartidário", *Folha de S.Paulo*, 9 out. 2016, Ilustríssima; e Frederico Bertholini e Carlos Pereira, "Pagando o preço de governar: Custos de gerência de coalizão no presidencialismo brasileiro", *Revista de Administração Pública*, São Paulo, v. 51, n. 4, pp. 528-50, 2017.

56. Entendo irem em sentido semelhante os questionamentos de Andréa Freitas e Glauco Peres da Silva, "Das manifestações de 2013 à eleição de 2018 no Brasil: Buscando uma abordagem institucional", op. cit. Embora os questionamentos não se dirijam diretamente às posições de Marcus Melo e Carlos Pereira reconstruídas aqui, mas sim a textos de Fernando Limongi e Argelina Figueiredo, de um lado, e de Fabiano Santos e José Szwako, de outro, entendo que se aplicam a fortiori aos autores de *Making Brazil Work*. É animador acompanhar a tentativa de Freitas e Silva, entre outras coisas, por partir do reconhecimento franco das dificuldades em que se encontram as teorias de extração institucionalista no momento atual e por reconhecer a necessidade de repensar as fronteiras entre o que é "endógeno" e o que seria "exógeno", buscando respostas a esses desafios dentro desse mesmo quadro teórico institucionalista.

57. Celso Rocha de Barros, "Estou errado sobre a democracia brasileira?", *Folha de S.Paulo*, 17 jan. 202, p. A6.

58. Ibid.

59. Como escreveu o autor em um texto de outubro de 2020: "Nossa esperança sempre foi que o centro fisiológico da política brasileira fosse, aos poucos, sendo espremido entre uma centro-esquerda e uma centro-direita fortes a partir de PT e PSDB. Torcíamos pelo fim do que o filósofo Marcos Nobre chamou de 'pemedebismo'. Aconteceu o contrário. Às vésperas de uma mudança de regra que deve reforçar quem já é grande, os partidos de identidade mais clara e maior enraizamento social vão mal, e o pemedebismo está dando volta olímpica por ter salvado a democracia" (Celso Rocha de Barros, "O custo da moderação pelo acordão", *Folha de S.Paulo*, 12 out. 2020, p. A6).

60. "O sujo e o mal lavado", *O Estado de S. Paulo*, 7 fev. 2022, p. A8.

61. "A política do desembarque", *Folha de S.Paulo*, 7 fev. 2020, p. A2. Curioso lembrar, neste contexto, que Fernando Henrique Cardoso, modelo do

paradigma do presidencialismo de coalizão, também qualificou a si próprio como um "presidente acidental". *The Accidental President of Brazil: A Memoir* (Washington: PublicAffairs, 2006). Assim como no caso das afirmações de Carlos Pereira acima, seria interessante perguntar aqui se para Marcus Melo também José Sarney, Itamar Franco e Michel Temer poderiam ser considerados "presidentes acidentais", já que são vice-presidentes que vieram a assumir o cargo em circunstâncias de morte ou impeachment. Incluindo Bolsonaro na conta, teríamos nesse caso algo como quatro em sete presidentes que seriam "acidentais", o que deveria fazer pensar o que é "acidente" e o que é "substância" no caso do quadro teórico de que se parte.

2. Métricas, analíticas e partidos na democracia do digital [pp. 81-125]

1. Bernard Manin, *Principes du gouvernement représentatif*. 2. ed. Paris: Flammarion, 2012.

2. Nesse posfácio de 2012, Manin reafirma que os partidos, tal como entendidos desde 1945 — e esse qualificativo é decisivo, como se verá —, continuam mantendo o mesmo papel central que sempre tiveram: "Minha análise original da democracia do público e de sua diferença relativamente à democracia dos partidos foi por vezes interpretada como implicando que os partidos políticos seriam hoje uma forma de organização obsoleta. Tal não foi a intenção, entretanto. Se as formulações iniciais eram ambíguas, é este o lugar de precisá-las" (*Principes du gouvernement représentatif*, op. cit., p. 310). Bernard Manin, "A democracia do público reconsiderada", *Novos Estudos Cebrap*, São Paulo, n. 97, p. 116, nov. 2013.

3. Bernard Manin, *Principes du gouvernement représentatif*, op. cit., p. 302.

4. Ibid., p. 280.

5. É também por essa razão que, como veremos, Paolo Gerbaudo chama o tipo de partido correspondente a essa etapa da institucionalidade democrática de "partido TV". A questão que importa ressaltar aqui é uma das que percorrem todo este livro: mesmo tendo passado à "democracia do público", que opera em condições estruturais inteiramente diversas da "democracia dos partidos", Manin continua a empregar o conceito de "partido" como se este, na prática, continuasse operando do mesmo modo que na forma anterior de governo representativo. Esse já é um problema de razoável amplitude para a proposta de Manin, sem contar o problema da aderência da noção de "democracia do público" na situação atual. Sobre esses pontos, ver adiante.

6. Bernard Manin, *Principes du gouvernement représentatif*, op. cit., p. 281.

7. Ibid., pp. 281-2.

8. Esse é um ponto particularmente sensível para qualquer abordagem materialista da política, que não é a abordagem de Manin. Se a infraestrutura da informação e da comunicação da "democracia do público" já envolve a formação de oligopólios que controlam efetivamente o acesso à esfera pública — o que é um elemento também econômico decisivo —, a expansão do raio de ação do Estado amplia ainda mais esse déficit da reflexão de Manin. Afinal, essa expansão, especialmente no período de 1945 até fins da década de 1970 nos países democráticos centrais, envolveu nada menos do que a formação de um sistema de bem-estar social que serviu de amortecedor à luta de classes de estilo clássico. Como ressaltado na introdução, em grande medida, a democracia se manteve — e até se expandiu, a partir dos anos 1980 — vinculada às promessas desse tipo de configuração social. A democracia se manteve e até se expandiu — a partir dos anos 1990 — apesar do declínio desse sistema de bem--estar social e da tomada das instituições do pós-1945 pela lógica neoliberal, que fez promessas semelhantes, aliás, mas já segundo uma nova lógica econômica e social que enfraqueceu a intervenção estatal — em seu aspecto distributivo e regulatório, pelo menos, não em seu aparato repressivo e punitivista, por exemplo. O resultado econômico mais direto foi o descrito em termos de desenvolvimento histórico por Thomas Piketty em seu *O capital no século XXI* (Rio de Janeiro: Intrínseca, 2020), do qual o seu capítulo 8 é um emblema. Como dito, essa perspectiva não está presente na abordagem de Manin. E o livro que apresento aqui não tem a pretensão de suprir essa deficiência, tanto quanto *Imobilismo em movimento* (op. cit.) antes dele também não a teve no caso do período da política brasileira de 1979 a 2013. A restrição do foco à tentativa de compreensão do sistema político está na raiz dessa insuficiência. Ao mesmo tempo, é o que torna abordável o problema. É o que permite reconhecer como central a articulação com transformações estruturais da economia, do clima e da demografia globais, em boa medida apenas indicadas aqui. Ao mesmo tempo, é o que permite mostrar uma vez mais que a delimitação prévia de fronteiras — de *limites* — entre o que é "endógeno" e o que é "exógeno" à política rapidamente se revela como o que de fato é: uma normatividade que se recusa a reconhecer-se como tal, como procurei demonstrar, por exemplo, no caso do paradigma do presidencialismo de coalizão no capítulo 1.

9. Bernard Manin, *Principes du gouvernement représentatif*, op. cit., p. 286.

10. Ibid., pp. 287-8. É importante salientar que essa caracterização não significa de maneira alguma que Manin subscreva as metáforas econômicas de muita ciência política, em que haveria um "mercado político" que poderia ser compreendido em termos de "oferta" e de "demanda". Essas

metáforas são, segundo ele, especialmente inadequadas quando se trata de preferências que se formam em um processo, que não se encontram "prontas" quando o eleitorado se vê diante de escolhas. Veja-se a esse respeito, por exemplo, ibid., pp. 288-90.

11. Ibid., p. 224. Apesar de todas as objeções de peso — corretas, a meu ver — que Manin dirige a Schumpeter, entendo que não apenas não o critica no ponto fundamental relativo à caracterização uniforme do que seja um partido, como pressupõe essa uniformidade — e sua persistência no tempo. Sobre isso, ver adiante a seção III.

12. Ibid., p. 229.

13. Como no caso de "consentimento" (ver a próxima nota), também a noção de "juízo público" em Manin exigiria um tratamento em separado, não sendo possível fazê-lo aqui. Mencione-se apenas sua afinidade com a centralidade conferida por Jürgen Habermas à "esfera pública" no caso de teorias sociais não centradas no Estado, a Teoria Crítica em particular.

14. O tema do "consentimento", em Manin, é de extrema complexidade, exigindo um tratamento em separado, não sendo possível fazê-lo aqui nem em seus grandes traços. E, no entanto, é um tema estratégico para indicar a abertura de Manin para uma revisão das fronteiras entre o que pode ser considerado "endógeno" e "exógeno" na teoria e na investigação empírica de corte institucionalista nas condições atuais. O trabalho de Manin representa, a meu ver, uma grande abertura para uma maior profundidade social dessa orientação de pesquisa. Nesse contexto, é de grande importância lembrar que a confiança (*trust*) está sempre ligada ao consentimento. De maneira especial no autor que é mobilizado por Manin como fundamentação de sua própria posição, John Locke, sempre atento à profundidade social da política. Esclarecimentos iluminadores sobre o caráter intrincado da noção de "confiança" em Locke podem ser encontrados no clássico texto de J. W. Gough, *John Locke's Political Philosophy: Eight Studies* (Londres: Oxford University Press, 1956).

15. Bernard Manin, *Principes du gouvernement représentatif*, op. cit., p. 249, é um exemplo disso. Assim como nos casos já mencionados de "juízo público" e "consentimento", também "laço representativo", tal como aparece em Manin, é uma noção que exigiria tratamento em separado.

16. Ibid., p. 280, como exemplo de mudança do laço representativo quando se passou da forma "democracia dos partidos" para a forma "democracia de massas".

17. Ibid., pp. 290-1.

18. Sobre a formação da esfera pública brasileira, ver Fernando Perlatto, *Esferas públicas no Brasil: Teoria social, públicos subalternos e democracia* (Curitiba: Appris, 2018).

19. Bernard Manin, *Principes du gouvernement représentatif*, op. cit., p. 293.
20. Ibid.
21. Em seu *Me the People: How Populism Transforms Democracy* (Cambridge, Mass: Harvard University Press, 2019), Nadia Urbinati faz um raciocínio semelhante. Mas sua argumentação desemboca não em uma "democracia do digital", mas em uma "democracia populista" ("uma democracia antipartido, mas não é necessariamente reorganizada para ser uma democracia mais direta e participativa", p. 25). Em lugar de utilizar o fascismo como ponto de referência, Urbinati argumenta que "o uso massivo da internet — que é um recurso de interação e de compartilhamento de informação acessível e revolucionário para cidadãos comuns — sobrecarregou o horizonte de transformação da audiência e fez do público o único ator político existente fora das instituições nascidas da sociedade civil". São muitas as diferenças entre a abordagem proposta aqui e aquela de Urbinati, mas talvez a principal delas esteja no fato de ela se ancorar na referência ao "populismo" (ainda que em sentido peculiar). Como indicado anteriormente, busco aqui escapar à alternativa "crise da democracia/populismo" ou "regressão autoritária/fascismo" que identifico como estruturando o debate em torno do momento atual de maneira redutora.
22. Sobre alguns dos nós presentes no quadro do neoliberalismo progressista, ver, por exemplo, Judith Butler, *Excitable Speech: A Politics of the Perfomative* (Nova York: Routledge, 1997).
23. Jürgen Habermas, *Mudança estrutural da esfera pública*. São Paulo: Editora Unesp, 2014; Nancy Fraser, "Rethinking the Public Sphere: A Contribution to the Critique of Actually Existing Democracy", *Social Text*, Madison, n. 25/26, pp. 56-80, 1990. Para uma apresentação sucinta da noção de "contrapúblicos" tal como utilizada aqui, incluindo a discussão com os trabalhos mencionados, mas indo também para além deles, ver a "introdução" de *The Bolsonaro Paradox: Public Sphere and Right-Wing Counterpublicity in Contemporary Brazil* (Berlim: Springer, 2021), de Camila Rocha, Esther Solano e Jonas Medeiros; e Rúrion Melo, "Contrapúblicos e os novos conflitos na esfera pública" (In: Ednaldo Aparecido Ribeiro, Rogério Bastos Arantes e Mariana Batista da Silva, *As teorias e o caso*. Santo André: Editora UFABC, 2021). Este ponto será retomado e desenvolvido no capítulo 3.
24. Ver, sobre isso, Mariana Giorgetti Valente, "A liberdade de expressão na internet: Da utopia à era das plataformas" (In: José Eduardo Faria (Org.), *A liberdade de expressão e as novas mídias*. São Paulo: Perspectiva, 2020), pp. 25-36. Sobre a questão mais geral da "atenção", menciono aqui apenas alguns títulos de referência, com posições bastante diferentes, para dar uma ideia desse vasto campo de pesquisa: Tim Wu, *The Attention*

Merchants: The Epic Scramble to Get Inside Our Heads (Nova York: Knopf, 2016); James Williams, *Stand Out of Our Light: Freedom and Resistance in the Attention Economy* (Oxford: Oxford University Press, 2018); Jenny Odell, *How to Do Nothing: Resisting the Attention Economy* (Nova York: Melville House, 2019).

25. Nesse sentido, é preciso também alcançar alguma clareza com relação a temas mais específicos, como o da "desinformação", por exemplo. Se a ideia for voltar a um modelo de sociedade caracterizado pelo oligopólio da informação e da formação da opinião — o oligopólio da "agregação de opiniões" que caracteriza plataformas e redes é de outro tipo —, acho que o projeto já nasce fracassado. Mas talvez se, ao contrário, pensarmos desinformação em termos de aumento de exposição a opiniões contrárias àquelas das "bolhas", talvez uma regulação democrática possa ter alguma chance. Desde que se pense com cuidado no que se pretende regular. Voltarei a esse ponto na conclusão. No momento, importa indicar como seria possível qualificar metáforas como a das "bolhas". Sem ignorar que se trata de fenômeno real, é preciso, no entanto, desenvolver ferramentas capazes não só de comprovar esse efeito, mas, sobretudo, de dimensioná-lo e de explicá-lo em termos qualitativos, o que, até onde sei, é um campo de investigação ainda incipiente. Para isso, um bom ponto de partida me parece estar na abordagem de William H. Dutton et al. "The Internet and Access to Information about Politics: Searching through Filter Bubbles, Echo Chambers, and Disinformation", bem como em Silvia Majó-Vázquez; Sandra González-Bailón, "Digital News and the Consumption of Political Information", ambos em Mark Graham; William H. Dutton (Orgs.), *Society and the Internet: How Networks of Information and Communication are Changing our Lives*. 2. ed. (Oxford: Oxford University Press, 2019).

26. Será tomado aqui como referência e síntese bem-sucedida de múltiplos aspectos em jogo Ralph Schroeder, *Social Theory after the Internet: Media, Technology, and Globalization* (Londres: UCL, 2018). Schroeder analisou as mudanças sociais (e na teoria social) produzidas pela internet em quatro países: Estados Unidos, Suécia, China e Índia. Ao localizar o alcance, a importância e a relevância das mudanças que estudou, Schroeder bem escreve — o que também serve de delimitação do alcance que as considerações feitas aqui pretendem ter: "A importância da internet para a mudança social e, portanto, para a teoria social, pode ser colocada em seu lugar observando que há pelo menos três outras macromudanças mais significativas nesses quatro países que pouco ou nada têm a ver com a internet: mudança climática, financeirização e os limites da cidadania social. Mudanças trazidas pela internet podem ser vistas como uma quarta mudança significativa, mas ainda resta observar qual dessas

mudanças é mais fundamental" (pp. 165-6). A utilização do trabalho de Schroeder não se faz aqui, entretanto, em termos de concordância com suas premissas teóricas, baseadas, de maneira geral, no objetivismo de Max Weber, assim como nas ideias motrizes do realismo em filosofia da ciência de Ian Hacking, na visão de Randall Collins da migração de tecnologias do laboratório para a vida cotidiana e no "desencantamento" ou "racionalização" do próprio Weber, além de um aceno importante a Ernest Gellner (cf., por exemplo, p. 19). A posição que adoto se aproxima mais daquela expressa pela noção de "viés" (*bias*), tal como formulada por Andrew Feenberg. "Viés" (*bias*) é para ele a expressão de uma pré--formação que favorece a introdução de uma tecnologia determinada em detrimento de outras possíveis. Em um típico círculo de justificação, a introdução dessa tecnologia determinada valida e legitima o próprio viés que predeterminou sua escolha, validando e legitimando a mesma ordem social pré-formada de que o viés é a expressão. Sobre isso, ver por exemplo Andrew Feenberg, *Between Reason and Experience: Essays in Technology and Modernity* (Cambridge: MIT Press, 2010).

27. Ralph Schroeder, *Social Theory after the Internet*, op. cit., p. 8.
28. David Karpf, *Analytic Activism: Digital Listening and the New Political Strategy*. Oxford: Oxford University Press, 2015.
29. Ibid., p. 29, onde se pode encontrar uma síntese sobre a utilização dos termos "algoritmos", "analíticas" e "métricas": "Quando falamos sobre algoritmos, falamos sobre processos de decisão automáticos. Quando falamos sobre analíticas, falamos sobre métricas e relatórios particulares — objetos estratégicos que capturam alguma fatia do tráfego online e o reproduzem em formato acessível. São desenvolvidos tendo em vista um output específico e seus cálculos codificam uma série de decisões valorativas".
30. Ibid., p. 42.
31. "Um teste A/B é um experimento simples: visitantes de um site web ou destinatários de e-mail são divididos randomicamente em dois grupos. Ambos os grupos interagem com exatamente a mesma mensagem, contendo exatamente uma variação" (p. 12).
32. Ibid., p. 106.
33. Ralph Schroeder, *Social Theory after the Internet*, op. cit., p. 142.
34. Ibid., p. 63.
35. Markus Prior, *Post-Broadcast Democracy: How Media Choice Increases Inequality in Political Involvement and Polarizes Elections*. Cambridge: Cambridge University Press, 2007.
36. Ibid., p. 17.
37. Ibid., p. 14.
38. Ibid., pp. 34 ss.

39. Por exemplo, o pressuposto fundamental de Manin de que um padrão determinado de jornalismo e de objetividade foi adotado juntamente com a criação da própria TV surge na argumentação de Prior como uma obviedade: "O ambiente de mídia da era da difusão se caracterizava pela homogeneidade do conteúdo e pela oportunidade limitada de escolha entre gêneros" (ibid., p. 14).

40. Ibid., pp. 88 ss.

41. Ibid., pp. 94 ss.

42. Para dar um único exemplo entre muitos possíveis no caso brasileiro, veja-se um dos resultados da pesquisa InternetLab/Rede Conhecimento Social, *Os vetores da comunicação política em aplicativos de mensagens: Hábitos e percepções do brasileiro em 2020*: "Em geral, as pessoas que têm um posicionamento político mais definido, tanto de direita quanto de esquerda, também se mostram mais presentes nos grupos de WhatsApp". A pesquisa verificou que 18% dos respondentes participam de grupos de discussão política desde 2018.

43. Trata-se de pesquisa realizada na Suécia e referente ao período 1986-2011, apresentada no artigo de Oscar Westlund e Lennart Weibull, "Generation, Life Course and News Media Use in Sweden 1986-2011". *Northern Lights*, Boston, v. 11, n. 1, pp. 147-73, 2013. Sobre o componente geracional do problema examinado aqui, ver adiante neste capítulo.

44. Ralph Schroeder, *Social Theory after the Internet*, op. cit., p. 43.

45. Isso dito, a maior eficácia e eficiência de forças de extrema direita na utilização das novas ferramentas digitais até o momento não significa o fim da história. Caso a democracia sobreviva — como "democracia do digital", justamente —, a "oportunidade" de que fala Schroeder poderá ser aproveitada de maneiras bastante diferentes, capazes de efetivos aprofundamentos da democracia, e não de sua abolição. Mas isso envolverá certamente uma regulação do funcionamento de redes e plataformas que possa permitir esse avanço em lugar da regressão iniciada na década de 2010.

46. Cathy O'Neil, por exemplo, é uma autora que parece tender para um diagnóstico de uma completa substituição das antigas formas de hierarquização pela lógica algorítmica, fundada em big data e métricas. Ver seu livro *Algoritmos de destruição em massa: Como o big data aumenta a desigualdade e ameaça a democracia* (Santo André: Rua do Sabão, 2020). Entendo que vai na mesma direção Shoshana Zuboff, *A era do capitalismo de vigilância: A luta por um futuro humano na nova fronteira do poder* (Rio de Janeiro: Intrínseca, 2021).

47. Ralph Schroeder, *Social Theory after the Internet*, op. cit., pp. 65-6.

48. A esse respeito ver, por exemplo, Giuliano da Empoli, *Os engenheiros do caos* (São Paulo: Vestígio, 2019), em especial o capítulo 6. Para não limitar

o debate ao registro manipulador desse tipo de recurso, ver, por exemplo, as propostas de Rodrigo Nunes em seu *Neither Vertical nor Horizontal: A Theory of Political Organisation* (Londres: Verso, 2021), esp. pp. 256 ss.

49. Sobre isso, ver Maurício Moura e Juliano Corbellini, *A eleição disruptiva: Por que Bolsonaro venceu?* (Rio de Janeiro: Record, 2019). Em contexto inteiramente diferente, mas ainda dentro do mesmo registro, vale lembrar que a suspensão do aplicativo Telegram pelo ministro Alexandre de Moraes, em 18 de março de 2022 — revogada pelo mesmo ministro menos de 48 horas depois — fez com que Jair Bolsonaro ganhasse pelo menos 150 mil novos seguidores na rede social nesse curto período de tempo, passando de cerca de 1,09 milhão de inscritos para mais de 1,24 milhão. Apenas para estabelecer um parâmetro de comparação, Lula tinha no mesmo momento 51 mil seguidores no total.

50. Elmer Eric Schattschneider, *Party Government*. Westport: Greenwood Press, 1977, p. ix.

51. Ibid., p. 35.

52. Ibid., p. 37.

53. Mesmo ano, aliás, em que foi publicado pela primeira vez o *Capitalismo, socialismo e democracia*, de Joseph Schumpeter. Não é também casual que as definições minimalistas de partido de ambos coincidam, em grande medida. Apenas Schattschneider tem seu foco dirigido para peculiaridades e particularidades, o que não é o foco de Schumpeter. Sobre esse caráter minimalista da definição de partido, ver adiante.

54. Ibid., p. 65.

55. Giovanni Sartori, *Partidos e sistemas partidários*, op. cit., pp. 23 ss.

56. *Les Partis politiques*. Paris: Armand Colin, 1967, p. 1.

57. Ibid., pp. 2-14. "A distinção entre partidos de criação exterior e partidos de criação eleitoral e parlamentar não é rigorosa: ela caracteriza tendências gerais mais do que tipos bem definidos, de sorte que sua aplicação prática é às vezes difícil" (p. 8).

58. Angelo Panebianco, *Modelli di partito: Organizzazione e potere nei partiti politici*. Bolonha: Il Mulino, 1982, pp. 103 ss.

59. Todas as premissas enunciadas até aqui são também, a meu ver, aquelas de que partem Richard S. Katz e Peter, "Changing Models of Party Organization and Party Democracyv", *Party Politics*, Londres, v. 1, n. 1, pp. 5-28, 1995.

60. As premissas a seguir são resultado de interpretações que faço do trabalho de Leonardo Martins Barbosa, tanto em sua tese de doutorado (*Conflito partidário e ordem política*, op. cit.) como em seu projeto em curso, "Social-democracia e estabilidade democrática: Um estudo dos casos do SPD (1919-1933) e do PT (1988-2016)", pós-doutorado Fapesp realizado

no Cebrap no âmbito do projeto temático "Crises da democracia: Teoria Crítica e diagnóstico do tempo presente", 2021-6.

61. Outro aspecto fundamental para realizar essa aproximação de maneira efetiva e não apenas formal está na consideração de semelhanças e diferenças entre a primeira metade do século XX e o momento atual no que diz respeito à própria figura da "liderança". Para isso, é fundamental consultar o livro de Yves Cohen, *Le Siècle des chefs: Une histoire transnationale du commandement et de l'autorité (1890-1940)* (Paris: Amsterdam, 2013). Tendo realizado uma pesquisa comparativa em quatro países — Alemanha, Estados Unidos, França e União Soviética —, Cohen identifica em todos esses casos o surgimento da ideia de "necessidade do chefe" (*besoin du chef*), que está na base mesma da ideia de "liderança" no período estudado, e esse deveria ser um ponto de partida necessário para estudar questões centrais como a do "carisma", por exemplo. Adiante, aproximarei tentativamente a ideia de "partido carismático" da noção de "partido digital" tal como a entendo aqui. Nesse contexto, levantarei questões quanto à natureza mesma do carisma — e, nessa medida, também da liderança — no momento atual. Mas não irei além de levantar tais questões nos limites deste capítulo e mesmo deste livro.

62. A única caracterização alternativa a essa com alguma repercussão em investigações empíricas foi a do "partido ônibus" *(catch-all-party)*, de Otto Kirchheimer: "A transformação dos sistemas partidários da Europa Ocidental", *Revista Brasileira de Ciência Política*, Rio de Janeiro, n. 7, pp. 349-85, jan.-abr. 2012.

63. Ibid., pp. 478 ss.

64. Angelo Panebianco, *Modelli di partito*, op. cit., pp. 130 ss.

65. Ibid., pp. 263 ss.

66. Id., "Organizzazione e potere". In: Id. (Org.), *L'analisi della politica: Tradizioni di ricerca, modelli, teorie*. Bolonha: Il Mulino, 1989, p. 281.

67. Giovanni Sartori, *Partidos e sistemas políticos*, op. cit., p. 158. Até onde sei, a origem do termo está em Suzanne Berger, "Politics and Antipolitics in Western Europe in the Seventies", *Daedalus*, Cambridge, v. 108, n. 1, pp. 27-50, inverno 1979. É possível que o termo tenha entrado no debate brasileiro posterior à eleição de Bolsonaro a partir da leitura de Jan-Werner Müller, moldada na chave "crise da democracia/populismo". Ver, a esse respeito, Jan-Werner Müller, *What Is Populism?* (Filadélfia: University of Pennsylvania Press, 2016), especialmente p. 41. Esse ponto será igualmente importante nos capítulos 3 e 4, em que se tentará apresentar Bolsonaro não apenas como um candidato antissistema, mas igualmente como um presidente antissistema.

68. O partido burocrático é "dotado de uma estrutura hierárquico-piramidal, composto de funcionários em tempo integral e dominado de uma *élite*

coesa, uma *oligarquia* no sentido de Michels" (Giovanni Sartori, *Partidos e sistemas políticos*, op. cit.).

69. O partido patrimonial, "com uma estrutura 'estelar', ocupada nos diversos pontos-chave por políticos especializados na troca de recursos públicos por votos e consensos; a coalizão dominante é uma *poliarquia*, cujos componentes são os *leaders* de facções organizadas" (ibid.).

70. Paolo Gerbaudo, *The Digital Party*, op. cit., p. 13.

71. Ibid., p. 5.

72. Sobre isso, ver Ralph Schroeder, *Social Theory after the Internet*, op. cit., p. 141.

73. Paolo Gerbaudo, *The Digital Party*, op. cit., pp. 4-5.

74. Richard S. Katz e Peter Mair, "Changing Models of Party Organization and Party Democracy", op. cit., especialmente pp. 14 ss.

75. Sobre isso, ver Paolo Gerbaudo, *The Digital Party*, op. cit. Por exemplo: "Em organizações mais antigas, como partidos políticos tradicionais, o uso da tecnologia digital tende a dizer respeito a processos intraorganizacionais e à comunicação externa dos partidos com seus públicos-alvo. Essas organizações tendem a ser muito prudentes na incorporação de tecnologia digital em suas operações e continuam a ver a televisão e a imprensa como seus principais campos de campanha" (p. 13).

76. Se entendo bem o argumento de Rodrigo Nunes em *Neither Vertical nor Horizontal* (op. cit.), a ideia de "hiperlíder" proposta por Gerbaudo seria limitada por não levar em conta a posição organizacional relativa da liderança, ignorando a distinção entre lideranças "fracas" e "fortes" e amalgamando, assim, de maneira equivocada, visibilidade midiática e poder organizacional. Dito de maneira mais concreta, Gerbaudo não teria levado em conta diferenças entre, por exemplo, Bernie Sanders, Alexandria Ocasio-Cortez e Jeremy Corbyn, de um lado, e Luigi Di Maio ou Jean-Luc Mélenchon, de outro (p. 232 e também pp. 257 ss.). É possível que Nunes tenha razão em sua crítica, caso o que tenha em mente seja a ideia de que se faz necessário ampliar a tipologia de formações partidárias no momento atual. No entanto, não obstante a necessária ressalva quanto ao registro não raro unilateralmente manipulativo de sua abordagem, entendo que a posição de Gerbaudo se segue a uma *tendência* verificada por ele e decorrente da própria estrutura das novas formas de organização, qual seja, o específico poder de iniciativa de que é dotada a liderança, o que permite a conexão com o quadro teórico de Manin que foi o ponto de partida deste capítulo. Nesse sentido, entendo que as conclusões de Gerbaudo descrevem com rigor o funcionamento concreto das novas estruturas políticas digitais. Registre-se que o livro de Nunes vai muito além dessa discussão, procurando não apenas sistematizar debates sobre possibilidades

organizativas na atualidade como propondo caminhos para concretizá-
-las. Uma abordagem da discussão em pauta em quadro mais abrangente
teria de considerar ainda as diferentes formas de "liderança suave" (ou
invisível), tais como propostas por Gerbaudo (cf. *Redes e ruas: Mídias sociais e ativismo contemporâneo*. São Paulo: Funilaria, 2021). E, no entanto,
não surpreende que Nunes não o tenha feito, já que o próprio Gerbaudo
não retomou essa noção tão fundamental do livro de 2012 em sua obra de
2019, contrastando assim, por exemplo, "liderança suave" e "hiperlíder".

77. Essa será uma das ideias que guiarão o capítulo 3.

78. Paolo Gerbaudo, *The Digital Party*, op. cit., p. 51.

79. Seria interessante investigar as possíveis afinidades dessa categoria com
aquela já mencionada de "subproletariado" tal como mobilizada por André Singer a partir da formulação de Paul Singer.

80. Disponível em: <cetic.br/pt/tics/domicilios/2020/individuos/C2A/>.
Acesso em: 19 abr. 2022.

81. Disponível em: <cetic.br/pt/tics/domicilios/2020/individuos/C16/>.
Acesso em: 19 abr. 2022.

82. Disponível em: <cetic.br/pt/tics/domicilios/2020/individuos/C16A/>.
Acesso em: 19 abr. 2022.

83. Laura Stoker, "Reflections on the Study of Generations in Politics", *The
Forum: A Journal of Applied Research in Contemporary Politics*, v. 12, n. 3,
p. 392, 2014.

84. Yascha Mounk, *The People vs. Democracy: Why Our Freedom Is in Danger
and How to Save It*. Cambridge, Mass.: Harvard University Press, 2018.

85. Ibid., p. 108. Ao perguntar sobre o apoio a um governo militar, Mounk
encontrou os seguintes números: um em cada dezesseis estadunidenses
em 1995; um em cada seis quando a questão foi apresentada pela última
vez, em 2011. E conclui: "Isso significa que o número de pessoas que
apoiam um governo militar é hoje tão alto nos Estados Unidos quanto
em países com uma história civil-militar tão turbulenta quanto a Argélia (onde 17% eram a favor de um governo militar em 2013) ou o Iêmen
(onde 20% o preferiam)" (p. 108). Na sequência, Mounk mostra que esse
quadro vai muito além dos países mencionados, incluindo Chile, Alemanha, Reino Unido, Suécia e, especialmente, a Índia (p. 109).

86. Paolo Gerbaudo, *The Digital Party*, op. cit., p. 113.

87. Ibid., p. 152.

88. Ibid., p. 176.

89. Ibid., p. 186.

90. Ibid.

3. Das "novas direitas" à eleição de Bolsonaro [pp. 127-76]

1. Carla de Paiva Bezerra, *Ideologia e governabilidade: As políticas participativas nos governos do PT*. São Paulo: FFLCH-USP, 2020. Tese (Doutorado em Ciência Política).

2. Há muitas tentativas interessantes e muito diferentes entre si de sistematizar as interpretações sobre Junho, sendo possível citar aqui: Bruno Cava, "O 18 de brumário brasileiro" (Bruno Cava e Márcio Pereira (Orgs.), *A terra treme: Leituras do Brasil de 2013 a 2016*. São Paulo: Annablume, 2016), pp. 11-73; Pedro Luiz Lima e Mateus Hajime Fiori Sawamura, "O ovo da serpente? Fundamentos e variações da crítica ao componente conservador das 'Jornadas de junho' de 2013", *Leviathan*, São Paulo, n. 13, pp. 91-119, 2016; Jonas Medeiros, "Junho de 2013 no Brasil e movimentos sociais em rede pelo mundo" (In: Felipe Gonçalves Silva e José Rodrigo Rodriguez (Orgs.), *Manual de sociologia jurídica*. 2. ed. (São Paulo: Saraiva, 2017), pp. 443-62; João Vitor Silva Miranda, "O conflito de interpretações nas esquerdas a respeito das manifestações de Junho de 2013", *Revice*, Belo Horizonte, v. 2, n. 2, pp. 422-35, ago.-dez. 2017; Mateus Hajime Fiori Sawamura, "'Junho fascista' e 'Junho autonomista': Permeabilidades entre sentidos, saldos e interpretações de Junho de 2013", *Idealogando*, Recife, v. 2, n. 1, pp. 5-17, 2018; Alexandre Mendes, *Vertigens de junho: Os levantes de 2013 e a insistência de uma nova percepção* (Rio de Janeiro: Autografia, 2018); Olivia Cristina Pérez, "Sistematização crítica das interpretações acadêmicas brasileiras sobre as Jornadas de Junho de 2013", *Revista Izquierdas*, Santiago, n. 50, pp. 1-16, jun. 2021.

3. Sobre as "novas esquerdas", pode-se consultar com proveito trabalhos como: Jonas Medeiros, Adriano Januário e Rúrion Melo (Orgs.), *Ocupar e resistir: Movimentos de ocupação de escolas pelo Brasil (2015-2016)* (São Paulo: Editora 34, 2019); Jonas Medeiros, "Do 'feminismo popular' ao 'feminismo periférico': Mudanças estruturais em contrapúblicos da Zona Leste de São Paulo", *Revista Novos Rumos Sociológicos*, v. 7, n. 11, jan.-jul. 2019; Jonas Medeiros e Fabíola Fanti, "Recent Changes in the Brazilian Feminist Movement: The Emergence of New Collective Actors" (In: Juan Pablo Ferrero, Ana Natalucci e Luciana Tatagiba (Orgs.), *Socio-Political Dynamics within the Crisis of the Left: Argentina and Brazil*. Londres: Rowman & Littlefield, 2019), pp. 221-42; Antonia J. M. Campos, Jonas Medeiros e Márcio Moretto, *Escolas de Luta* (São Paulo: Veneta, 2016); Bianca Tavolari et al., "As ocupações de escolas públicas em São Paulo (2015-2016): Disputas entre o direito à manifestação e o direito de posse" (In: Débora Ungaretti et al. (Orgs.), *Propriedades em transformação: Abordagens multidisciplinares sobre a propriedade no Brasil*. São Paulo: Blucher,

2018), pp. 289-312; Antonio Sérgio Guimarães, *Racismo e anti-racismo no Brasil* (São Paulo: Editora 34; FUSP; Fundação Ford, 2005); Márcia Lima, "Raça e desigualdades no Brasil: Reflexões de uma agenda de pesquisa" (In: Mauricio Fiore e Miriam Dolhnikoff (Orgs.), *Mosaico de olhares: Pesquisa e futuro no cinquentenário do Cebrap.* São Paulo: Sesc, 2021); Paulo César Ramos, *Gramática negra contra a violência de Estado: Da discriminação racial ao genocídio negro (1978-2018).* São Paulo: FFLCH-USP, 2021. Tese (Doutorado em Sociologia); James N. Green et al., *História do Movimento LGBT no Brasil* (São Paulo: Alameda, 2018).

4. Uma característica comum a novas direitas e novas esquerdas foi, por exemplo, a participação de parte de ambas em processos que ficaram conhecidos como "movimentos de renovação política". Especialmente no período 2015-20, momento de crise aguda do pemedebismo que é também o ponto de fuga deste capítulo. Foi o período em que o sistema político perdeu o controle da política, tentando retomá-lo mediante diferentes estratégias a partir do início do segundo mandato de Dilma Rousseff, das quais a mais saliente foi o próprio impeachment. Ao mesmo tempo, forças de renovação que não encontravam canais institucionais para as inovações que entendiam trazer, organizaram-se à margem do sistema político, mas sempre buscando maneiras de se integrar a ele sem perder suas identidades e impulsos originais. Até onde sei, faltam avaliações de conjunto aprofundadas sobre essas experiências. Um interessante ponto de partida para abordar o problema pode ser encontrado em Gabriel Vieira de Moura, *A interação entre os Movimentos de Renovação Política e os partidos na dinâmica eleitoral de 2018.* Brasília: IPOL-UNB, 2019. Dissertação (Mestrado em Ciência Política).

5. No que se segue, não proporei, entretanto, uma reconstrução da campanha eleitoral oficial de 2018 enquanto tal, em seu desenvolvimento e resultados. A própria campanha ocupa um papel secundário em minha exposição (assim como a campanha de 2014, acrescente-se), já que meu interesse fundamental está na reconstrução dos processos que levaram até ela. Um histórico da estruturação das regras e do desenrolar da campanha de 2018, juntamente com uma análise de seus resultados, podem ser encontrados em Jairo Nicolau, *O Brasil dobrou à direita*, op. cit.

6. No plural, no sentido utilizado aqui, "novas direitas" se distingue, por exemplo, daquilo que Adriano Codato, Bruno Bolognesi e Karolina Mattos Roeder, em "A nova direita brasileira: Uma análise da dinâmica partidária e eleitoral no campo conservador" (In: Sebastião Velasco e Cruz, André Kaysel e Gustavo Codas (Orgs.), *Direita, volver!: O retorno da direita e o ciclo político brasileiro*, São Paulo: Fundação Perseu Abramo, 2015), pp. 115-44, chamaram de "nova direita" (e que contrastava, no quadro

proposto pelo artigo, com uma "velha direita") no sentido de uma nova direita partidária e institucional, o que não é o caso das "novas direitas" tais como consideradas aqui, ou seja, como forças antissistema que convergem, em dado momento, para uma oposição extrainstitucional.

7. Nas palavras de dois procuradores da força-tarefa da Lava Jato em Curitiba, Deltan Dallagnol e Roberson Pozzobon, em um capítulo de livro datado de dezembro de 2018: "É preciso reconhecer que, sem a postura firme, imparcial e independente de ministros como Teori Zavascki e Luiz Edson Fachin, não existiria Lava Jato" ("Ações e reações no esforço contra a corrupção no Brasil". In: Maria Cristina Pinotti (Org.). *Corrupção: Lava Jato e Mãos Limpas*. São Paulo: Portfolio-Penguin, 2019, p. 164). Que, pouco mais de três anos depois, em março de 2022, Dallagnol tenha tuitado que o "STF virou a casa da mãe Joana" só vem reforçar o pêndulo que caracterizou essa relação no período.

8. Como se pode reconstruir mediante a leitura de volumes como: Angela Nagle, *Kill All Normies: Online Culture Wars from 4Chan and Tumblr to Trump and the Alt-Right* (Winchester, Reino Unido: Zero Books, 2017); Martin Moore, *Democracy Hacked: Political Turmoil and Information Warfare in the Digital Age* (Londres: Oneworld Publications, 2018); Anne Nelson, *Shadow Network: Media, Money, and the Secret Hub of the Radical Right* (Londres: Bloomsbury, 2019).

9. "Mecanismos de transmissão de política monetária" é, naturalmente, uma metáfora precária para negociações globais das quais o Brasil é, quando muito, coadjuvante. Ainda assim, até onde sei pelo menos, não temos nenhuma reconstrução para o caso brasileiro remotamente semelhante àquela realizada por Adam Tooze em seu extraordinário livro *Crashed: How a Decade of Financial Crises Changed the World* (Nova York: Viking, 2018).

10. Steven Levitsky e Samuel Daniel Ziblatt, *Como as democracias morrem*, op. cit. Para a crítica mais detalhada da tese dos autores do livro, ver uma vez mais Marcos Nobre, "Crise da democracia e crise das teorias da democracia", op. cit.

11. Lembrando aqui, uma vez mais, que a discussão mais cerrada com a noção de "lulismo" tal como formulada por André Singer até 2012 se encontra no "Anexo" a *Imobilismo em movimento*, razão pela qual não foi incluída na íntegra no capítulo 1.

12. André Singer, *O lulismo em crise*, op. cit., p. 119.

13. Ibid., p. 120.

14. Como, por exemplo, a utilização da pesquisa Ibope de 20 de junho de 2013, em que "o desejo de mudança do ambiente político ficou em primeiro lugar, tendo sido mencionada por 65% dos presentes" (ibid., p. 125).

15. Ibid., p. 119.

16. Pesquisa Datafolha de 19 de dezembro de 2015 dava a Bolsonaro entre 5% e 6% de intenção de voto para presidente. Esse patamar se mantém mais ou menos inalterado nas pesquisas até 27 de abril de 2017, quando o mesmo instituto mostrou que a intenção de voto em Bolsonaro tinha dado um salto, alcançando entre 11% e 16% naquele momento, dependendo do cenário. Em 30 de novembro do mesmo ano de 2017, nova pesquisa Datafolha mostra Bolsonaro entre 17% e 22% da intenção de voto. Esse patamar se mantém até o início oficial da campanha eleitoral, em agosto de 2018, quando o Datafolha registrou entre 19% e 22% de intenção de voto em Bolsonaro. O que tem de ser explicado, portanto, não é o ano de 2015, tampouco o de 2016, mas o de 2017, quando se consolida a base de apoio que Bolsonaro carregará até o início oficial da campanha eleitoral de 2018. É o que procurarei fazer neste capítulo.

17. Como mostrou Arthur Trindade M. Costa, ao se considerar essa base em seu conjunto, sem contar com círculos familiares e de amizade, está se falando em algo como 3,7% do eleitorado, segundo dados do TSE ("As eleições e o sindicalismo policial", *Anuário Brasileiro de Segurança Pública 2020*, Fórum Brasileiro de Segurança Pública, Brasília, n. 14, 2020, p. 206). Voltarei a esse ponto adiante.

18. Sobre isso, ver Ricardo Mariano e Dirceu André Gerardi, "Apoio evangélico a Bolsonaro: Antipetismo e sacralização da direita" (em especial pp. 334 ss.) e Ronaldo de Almeida, "*Players* evangélicos na crise brasileira (2013-2018)", ambos em José Luis Pérez Guadalupe e Brenda Carranza, *Novo ativismo político no Brasil: Os evangélicos do século XXI*. Rio de Janeiro: Konrad Adenauer Stiftung, 2020 (em especial pp. 227 ss.). Não é de menor importância nesse contexto que Bolsonaro tenha se casado, em 2007, com Michelle de Paula Firmo Reinaldo, ativa integrante da Igreja Batista Atitude, tal como ressaltado no artigo de Mariano e Gerardi, p. 345. Para um acompanhamento contínuo e sistemático da presença e da relevância eleitoral das denominações evangélicas desde as eleições de 2014, ver o trabalho realizado pelo Iser, como por exemplo em: Christina Vital da Cunha e Ana Carolina Evangelista, "Electoral Strategies in 2018", *SUR*, n. 29, 2019; e Christina Vital da Cunha, Paulo Victor Leite Lopes e Janayna Lui, *Religião e política: Medos sociais, extremismo religioso e as eleições 2014* (Rio de Janeiro: Fundação Heinrich Böll; Instituto de Estudos da Religião, 2017).

19. Sobre isso, ver Camila Rocha, Esther Solano e Jonas Medeiros, *The Bolsonaro Paradox: The Public Sphere and Right-Wing Counterpublicity in Contemporary Brazil* (Berlim: Springer, 2021), especialmente o cap. 4. Retomarei esses argumentos adiante.

20. Singer escreve, por exemplo, que Dilma Rousseff "reagiu, reunindo todos os 27 governadores e 26 prefeitos de capitais na tarde do dia 24 [de

junho de 2013]. Como se fosse possível encontrar fórmula que satisfizesse a todos os gostos, preparou um menu enjoativo, prenunciando a fase errática que viria pela frente" (ibid., p. 125). Ao mesmo tempo, escreve, na página seguinte, que "Junho antecipava o debate da eleição presidencial de 2014 e seria o prólogo da crise do impeachment". Para o autor, toda a interpretação de Junho está voltada para o sistema político e só ganha seu sentido em vista das movimentações da e na política oficial. Ou seja, um tipo de interpretação que encobre o impulso antissistema que caracteriza Junho, como se todo o seu sentido só fosse compreensível em vista da disputa eleitoral e partidária. O que, por sua vez, corresponde exatamente à opção preferencial pelo pemedebismo feita ao longo dos governos do PT de 2003 a 2016.

21. André Singer, *Os sentidos do lulismo*, op. cit.

22. Ibid., "Cutucando onças com vara curta: O ensaio desenvolvimentista no primeiro mandato de Dilma Rousseff (2011-2014)", *Novos Estudos Cebrap*, São Paulo, n. 102, pp. 42-71, jul. 2015. Retomado em seu *O lulismo em crise*, op. cit., sob a versão "Cutucando onças com bases curtas".

23. Desenvolvi essa crítica a Singer no já mencionado "Anexo" a *Imobilismo em movimento*, op. cit.

24. É de tal maneira difundida e universalmente tomada como premissa indiscutível a tese da "classe média espremida" (ou do "meio espremido", alternativamente) como explicativa não apenas para os fracassos eleitorais do PT entre 2016 e 2020, mas como explicação para a própria parlamentada que derrubou Dilma Rousseff, em 2016, que é impossível enumerar todos os estudos que dela se valem.

25. Em sentido contrário à hipótese de ter havido efetiva redução da desigualdade, ver, por exemplo, Pedro H. G. Ferreira de Souza, *Uma história da desigualdade: A concentração de renda entre os ricos no Brasil, 1926-2013* (São Paulo: Hucitec; Anpocs, 2018). Em sentido favorável à tese de efetiva redução da desigualdade entre 2002 e 2015 — mas com metodologia diferente, já que referenciada pelo índice Gini —, ver Ricardo Paes de Barros et al., "Sobre o declínio no grau de desigualdade ao longo do novo milênio" (São Paulo: Insper, 2021). Disponível em: <www.insper.edu.br/wp-content/uploads/2021/10/semin%C3%A1rio-Sobre-o-decl%C3%ADnio-no-grau-de-desigualdade-ao--longo-do-novo-mil%C3%AAnio.pdf>. Acesso em: 28 mar. 2022.

26. A propósito do "antipetismo", Jairo Nicolau chegou à conclusão de que não foi essa a principal razão da vitória de Bolsonaro: "Parece ter sido no máximo uma das razões para os eleitores de maior escolaridade terem votado no PSL" (*O Brasil dobrou à direita*, op. cit., p. 86). Com respeito às "fake news", o autor não encontrou indícios conclusivos, ainda que os estudos e experimentos existentes (bem poucos) sugiram que não tenham

desempenhado papel decisivo (p. 92). Apenas com relação ao papel das redes sociais, de maneira mais ampla, surge uma correlação aparentemente positiva entre uso de redes e voto em Bolsonaro em 2018, mesmo se os dados disponíveis não sejam conclusivos para responder à pergunta "As redes sociais foram fundamentais para a vitória de Bolsonaro?" (p. 97). Além do antipetismo e das fake news, há ainda quem acrescente a facada sofrida por Bolsonaro ainda no primeiro turno como decisiva. Certamente foi, mas esse efeito pode explicar o resultado do primeiro turno, não o do segundo.

27. Como já enfatizado, não tenho a pretensão de recobrir o conjunto das interpretações sobre Junho e sua posteridade. Tampouco tenho essa pretensão em relação ao fenômeno Bolsonaro. Em termos de organização da bibliografia disponível sobre o tema, sigo a realizada por Jonas Medeiros em diferentes vertentes. Apesar de sua diversidade, entendo que uma tendência geral comum às interpretações é, em alguma medida, amalgamar "novas direitas" e "bolsonarismo", um amálgama que entendo ser necessário desfazer para entender propriamente a ascensão de Bolsonaro. A organização proposta por Jonas Medeiros, com as principais vertentes interpretativas e suas referências bibliográficas fundamentais, pode ser encontrada em: "Interpretações sobre a nova direita e o bolsonarismo" (In: XIX Semana Acadêmica de História, Universidade Federal de São João del-Rei, 15 out. 2021). Disponível em: < www.youtube.com/ watch?v=duBVYxM8vOs>. Acesso em: 28 mar. 2022.

28. No que diz respeito à reconstrução das "novas direitas", sigo os argumentos e as reconstruções presentes em: Camila Rocha, *Menos Marx, mais Mises: O liberalismo e a nova direita no Brasil* (São Paulo: Todavia, 2021); Camila Rocha, Esther Solano e Jonas Medeiros, *The Bolsonaro Paradox: Public Sphere and Right-Wing Counterpublicity in Contemporary Brazil*, op. cit.; Camila Rocha e Jonas Medeiros, "Jair Bolsonaro and the Dominant Counterpublicity", *Brazilian Political Science Review*, Rio de Janeiro, v. 15, n. 3, e0004, 2021.

29. Um exemplo entre muitos: "Os ultraliberais, assim como os demais frequentadores das comunidades de Olavo de Carvalho, não encontravam representatividade na esfera pública tradicional, onde a defesa da ampliação da lógica de livre mercado era realizada em grande medida por neoliberais alinhados em maior ou menor grau ao PSDB. Além disso, entre 2005 e 2006, quando as comunidades ultraliberais foram criadas no Orkut, os ultraliberais brasileiros não se consideravam representados nem mesmo nos circuitos nos quais o neoliberalismo circulava" (Camila Rocha, *Menos Marx, mais Mises*, op. cit., p. 101).

30. A propósito da noção de "contrapúblicos" tal como utilizada aqui, remeto uma vez mais (como já fiz no capítulo 2) à "introdução" de Camila Rocha, Esther Solano e Jonas Medeiros, *The Bolsonaro Paradox*, op. cit.

31. Paolo Gerbaudo, *The Digital Party*, op. cit.

32. Camila Rocha, *Menos Marx, mais Mises*, op. cit., p. 93.

33. Para a reconstrução desse processo, ver uma vez mais: Angela Nagle, *Kill All Normies*, op. cit.; e Martin Moore, *Democracy Hacked*, op. cit.

34. Disponível em: <cetic.br/pt/tics/domicilios/2005/individuos/>. Acesso em: 19 abr. 2022.

35. Camila Rocha, *Menos Marx, mais Mises*, op. cit., p. 141.

36. Ibid., p. 91.

37. Tentativas de organização das "novas direitas" em manifestações públicas só foram retomadas sete anos depois, em 2014, com uma convocação do movimento Vem Pra Rua. Para uma cronologia dessas manifestações de 2007 a 2015, ver Luciana Tatagiba, Thiago Trindade e Ana Claudia Chaves Teixeira, "Protestos à direita no Brasil (2007-2015)" (In: *Direita, volver!*, op. cit.), pp. 197-212. O texto inclui em sua cronologia de eventos manifestações em "junho e julho de 2013", mas, ao contrário de todos os demais casos, sem organização responsável pela convocação ou indicação precisa de data, o que me parece critério suficiente para a exclusão legítima dessas duas referências genéricas da cronologia (p. 199).

38. Ver p. 6.

39. Nas palavras de Camila Rocha: "Uma característica da nova direita é justamente seu desconforto, quando não o repúdio explícito, à ditadura militar. As homenagens de Bolsonaro a Brilhante Ustra arrepiavam boa parte das pessoas que entrevistei de forma análoga ao que ocorria com pessoas de esquerda". Camila Rocha, *Menos Marx, mais Mises*, op. cit., p. 177.

40. Ver a respeito, por exemplo, Emilio Peluso Neder Meyer, *Constitutional Erosion in Brazil: Progresses and Failures of a Constitutional Project* (Londres: Bloomsbury, 2021). No caso da Lava Jato, pode-se acompanhar o argumento que culmina na p. 109 para entender o processo. Ressalte-se apenas que o livro de Meyer vai muito além do caso específico da Lava Jato, alcançando processos de erosão da Constituição de 1988 desde a década de 1990. Constitui, a meu ver, a mais completa síntese dos processos de erosão da democracia segundo o viés do constitucionalismo de que dispomos até o momento.

41. "O aspecto mais positivo foi o elevado apoio recebido da opinião pública aos esforços anticorrupção. Nos anos de 2015 e 2016, milhões de brasileiros protestaram nas ruas contra a corrupção. Em março de 2016, mais de 3 milhões de brasileiros, na maior demonstração de massa desde a redemocratização, ocuparam as ruas para apoiar a Lava Jato e protestar contra a corrupção disseminada" ("Sobre a operação Lava Jato". In: Maria Cristina Pinotti (Org.), *Corrupção: Lava Jato e Mãos Limpas*, op. cit., p. 215).

42. Essa é uma das grandes lições, a meu ver, do extraordinário livro de Arlie R. Hochschild, *Strangers in their Own Land*, op. cit. O livro de Hochschild parte de uma pesquisa bastante ampla do instituto Pew, do ano de 2014, segundo a qual as pessoas mais politicamente engajadas viam as pessoas do "outro partido" não simplesmente como equivocadas, mas como tão mal orientadas que ameaçavam o bem-estar da nação. Outra pesquisa Pew do mesmo ano mostrou que nada menos que 45 milhões de pessoas apoiavam o Tea Party nos Estados Unidos. Dessas pesquisas, Hochschild conclui que a distância entre as posições políticas "aumentou porque a direita se moveu para a direita e não porque a esquerda tenha se movido para a esquerda" (p. 7). Hochschild passou cinco anos estudando uma comunidade de extrema direita, ligada ao Tea Party, para tentar entender o fenômeno. Voltarei ao Tea Party na próxima seção, ao tratar do partido digital bolsonarista.

43. Daí também a urgência e a centralidade da pesquisa sobre processos de debate e interlocução em esferas públicas alternativas, do bolsonarismo em especial. É fundamental conseguir entender, por exemplo, como posições majoritárias se estabelecem nesses contrapúblicos. É uma ilusão típica de quem só participa da esfera pública tradicional, por exemplo, achar que a esfera pública bolsonarista não discute, não debate, não tem divergências. É certo que, para lembrar os resultados do capítulo 2, o chefe nos partidos digitais tem sempre a última palavra. Mas, ao mesmo tempo, o chefe só se mantém como chefe se não impuser de cima para baixo uma posição determinada, se souber escutar, se souber recuar de uma posição ou, ao contrário, radicalizá-la de acordo com as interações digitais relativas a cada questão concreta. Não conheço nenhuma síntese abrangente das muitas investigações já realizadas, mas além dos trabalhos que já mencionei como referências da reconstrução que ofereço aqui e que acompanho de perto, como aqueles realizados em colaboração com pesquisadoras e pesquisadores do Núcleo de Direito e Democracia do Cebrap, considero de grande importância consultar os estudos etnográficos e quantitativos realizados por laboratórios e centros de pesquisa como: Netlab/UFRJ, FGV/DAPP, NEU e LED/FESPSP, Iser, GPOPAI/USP, InternetLab, além de pesquisas como as de Rosana Pinheiro-Machado, Leticia Cesarino e João Cezar de Castro Rocha.

44. Ver Bruno Paes Manso, *A república das milícias: Dos esquadrões da morte à era Bolsonaro* (São Paulo: Todavia, 2020), especialmente pp. 272 ss. Uma exposição focada da passagem da ditadura para a democracia no que diz respeito ao campo da segurança pública pode ser encontrada em Renato Sérgio de Lima e Arthur Trindade M. Costa, "A redemocratização e o campo da segurança pública brasileiro" (In: Sergio Adorno e Renato

Sérgio de Lima (Orgs.), *Violência, polícia, justiça e punição: Desafios à segurança cidadã*. São Paulo: Alameda, 2019), pp. 303-28.

45. Renato Sérgio de Lima, "Eleições de policiais no Brasil e a força do 'partido policial'". In: Marco Aurélio Ruediger e Renato Sérgio de Lima (Orgs.), *Segurança pública após 1988: História de uma construção inacabada*. Rio de Janeiro: FGV/DAPP, 2021, p. 138.

46. Fórum Brasileiro de Segurança Pública, "Política e fé entre os policiais militares, civis e federais do Brasil". Disponível em: <forumseguranca. org.br/publicacoes_posts/politica-e-fe-entre-os-policiais-militares-civis-e-federais-do-brasil/>. Acesso em: 29 mar. 2022.

47. Some-se a isso os seguintes dados reunidos por Allan de Abreu ("A polícia toma o poder: Motins dentro das corporações, discurso justiceiro, benefícios legais e apoio de Bolsonaro fazem explodir o número de policiais civis e militares em cargos eletivos no Brasil", *piauí*, 16 dez. 2020. Disponível em: <piaui.folha.uol.com.br/policia-toma-o-poder/>. Acesso em: 29 mar. 2022): "Em 2011, o Brasil tinha 504 policiais militares ou civis em cargos eletivos: um senador, doze deputados federais, 46 deputados estaduais, dezenove prefeitos e 426 vereadores. Nove anos depois, tem 880: dois governadores (Rondônia e Santa Catarina), quatro senadores, dezesseis deputados federais, noventa deputados estaduais, cinquenta prefeitos (incluindo o de uma capital, Vitória) e 718 vereadores [...]. [Em 2018], dos 8 mil profissionais ligados às forças de segurança que se lançaram candidatos, 859, ou 10,7%, se elegeram. Um percentual alto, na avaliação de Renato Sérgio de Lima, diretor presidente do Fórum Brasileiro de Segurança Pública [...]. Entre os policiais eleitos em novembro [de 2018], 91 são do MDB, 82 do PSD e 78 do PP, de acordo com levantamento da *piauí* a partir de dados do Tribunal Superior Eleitoral (TSE). De cada dez policiais que se candidataram nas eleições de 2010 a 2020, oito eram filiados a partidos de direita ou centro-direita, segundo o Anuário Brasileiro de Segurança Pública". Voltarei a esse ponto no capítulo 4.

48. Para um histórico sucinto da trajetória política do campo evangélico no Brasil, ver Joanildo Burity, "Itinerário histórico-político dos evangélicos no Brasil" (In: José Luis Pérez Guadalupe e Brenda Carranza, *Novo ativismo político no Brasil*, op. cit.), pp. 195-215. A nota final do artigo também é de grande interesse para quem avalia a questão evangélica como central para a compreensão do presente e do futuro político do país: "Ainda não sabemos, os cientistas sociais, tanto como pareceria sobre os evangélicos brasileiros: sua historiografia ainda é muito lacunar e largamente convencional, com poucas incursões pela história social e cultural do protestantismo brasileiro; representações estereotípicas ou construídas por setores do próprio campo evangélico são assumidas e

reproduzidas em trabalhos acadêmicos e certamente pela mídia secular e elites políticas e culturais; extrapolações de posições doutrinárias para a caracterização de um suposto *éthos* homogêneo e de discursos hegemônicos para a caracterização de um projeto político unificado preexistente, que apenas se tornaria mais explícito hoje, descontando-se a instabilidade desse tal projeto e sua contestação interna e externa; o grosso da produção acadêmica é contemporânea, coincidente com a própria emergência evangélico-pentecostal. Estes são indicadores de nossa ignorância. Não seria de admirar que este conhecimento limitado também nos confrontasse com o caráter relativamente recente desses desenvolvimentos, os quais ainda estão longe de ter encontrado seu desfecho".

49. Essa hipótese explicativa — que poderíamos chamar de "bola de neve", na medida em que uma base eleitoral inicial leva a uma seguinte, diferente dela — não só não contradiz como é mesmo complementar àquela que Jairo Nicolau (*O Brasil dobrou à direita*, op. cit., p. 76) denominou "hipótese da afinidade conservadora" para explicar o voto evangélico em Bolsonaro em 2018.

50. Fábio Lacerda, "Performances eleitorais de evangélicos no Brasil". In: José Luis Pérez Guadalupe e Brenda Carranza, *Novo ativismo político no Brasil*, op. cit., p. 268.

51. Ibid., p. 267. Também Jairo Nicolau (*O Brasil dobrou à direita*, op. cit., p. 77) acredita que um "fator que provavelmente contribuiu para a excelente votação de Bolsonaro entre os evangélicos foi o apoio que ele conquistou de líderes avulsos e da cúpula de diversas denominações".

52. Camila Rocha, *Menos Marx, mais Mises*, op. cit., p. 162.

53. Ibid., pp. 163-4.

54. Ibid., pp. 169-70. Em maio de 2022, Sachsida se tornou ministro de Minas e Energia, em substituição ao almirante Bento Albuquerque.

55. Ibid., p. 164.

56. Ibid., pp. 169-70.

57. Malu Gaspar, "O fiador: A trajetória e as polêmicas do economista Paulo Guedes, o ultraliberal que se casou por conveniência com Jair Bolsonaro", *piauí*, n. 144, set. 2018.

58. Camila Rocha, *Menos Marx, mais Mises*, op. cit., p. 168.

59. Ibid., p. 167.

60. *Formação política do agronegócio*. São Paulo: Elefante, 2021, p. 262.

61. Ibid., pp. 263-4.

62. A pesquisa InternetLab/Rede Conhecimento Social, *Os vetores da comunicação política em aplicativos de mensagens*, op. cit., mostrou que, a partir de 2018, "72% evitaram falar de política nos grupos de família para fugir de brigas", "71% dos respondentes afirmam ter mudado de alguma forma o

comportamento no WhatsApp desde a eleição de 2018, se policiando mais sobre o que falam nos grupos de WhatsApp" e "para 36% dos brasileiros os conteúdos recebidos por WhatsApp foram, ao menos parcialmente, importantes para a decisão de voto nas eleições municipais" de 2020.

63. Como demonstrado de diferentes maneiras por Francisco Brito Cruz em *Novo jogo, velhas regras: Democracia e direito na era da nova propaganda política e das fake news* (São Paulo: Letramento, 2020) e Patrícia Campos Mello em *A máquina do ódio: Notas de uma repórter sobre fake news e violência digital* (São Paulo: Companhia das Letras, 2020).

64. Rose Marie Santini et al., "A militância forjada dos *bots*: A campanha municipal de 2016 como laboratório eleitoral", *Lumina*, Juiz de Fora, v. 15, n. 1, pp. 124-42, 2021. No mesmo sentido, mas com caráter antecipatório em relação aos resultados da eleição de 2018, ver o estudo em Marco Aurélio Ruediger (Org.), *Robôs, redes sociais e política no Brasil: Estudo sobre interferências ilegítimas no debate público na web, riscos à democracia e processo eleitoral de 2018* (Rio de Janeiro: FGV, DAPP, 2017).

65. Richard S. Katz e Peter Mair, "Changing Models of Party Organization and Party Democracy", op. cit. Para o caso brasileiro, ver *Imobilismo em movimento*, op. cit.

66. Julian E. Zelizer, *Burning Down the House: Newt Gingrich, the Fall of a Speaker, and the Rise of the New Republican Party*. Nova York: Penguin, 2020, p. 125.

67. Como vimos na seção anterior deste capítulo com o auxílio de Camila Rocha, toda a energia das "novas direitas" acabou sendo canalizada para um projeto político oposto aos objetivos manifestos da maior parte daqueles movimentos. A síntese desse resultado paradoxal foi expressa por um dos expoentes intelectuais dessa geração, Martim Vasques da Cunha, em termos de uma "Tragédia ideológica: O bolsolavismo foi o hospedeiro perfeito para as tendências totalitárias de uma geração", *piauí*, n. 167, ago. 2020. Também o caso de Gingrich guarda semelhanças com essa caracterização.

68. Sobre o papel decisivo da fragmentação partidária na lógica pemedebista, ver o capítulo 1. Ver também, em perspectiva institucionalista, a centralidade atribuída a esse fator na proposta de interpretação da crise atual por Andréa Freitas e Glauco Peres da Silva, "Das manifestações de 2013 à eleição de 2018 no Brasil: Buscando uma abordagem institucional", op. cit.

69. A proposta tomava cada estado como um único distrito e consideraria vencedoras todas as candidaturas mais votadas, sem considerar o número de votos recebido pelo conjunto das candidaturas de um mesmo partido. Em 22 de maio de 2015, o jornal *Valor Econômico* publicou em seu caderno Eu&Fim de Semana um debate ("A política por trás da

reforma") realizado por Maria Cristina Fernandes e Raymundo Costa, com a presença dos jornalistas Rosângela Bittar e Robinson Borges, os cientistas políticos Fernando Limongi e Jairo Nicolau e o então presidente da Câmara dos Deputados, Eduardo Cunha. Nesse debate, Cunha deixou claro qual seria o principal alvo da pretendida reforma: "O problema é que o PT tem histórico de fazer campanha de partido, não de candidato. E é o único que se beneficia do processo de lista porque é o único que faz campanha partidária".

70. Sobre algumas das consequências dessa reforma, ver o capítulo 4.

71. Na sabatina no Senado a que foi submetido como um dos requisitos para se tornar ministro do STF, em junho de 2013, Luís Roberto Barroso afirmou que o mensalão representou "um ponto fora da curva". No raciocínio de Barroso, a curva representa o funcionamento do direito em condições normais. Cada sentença judicial — cada "ponto" — encontra o seu lugar perto de certo acordo de base — a "curva" —, que representa uma espécie de "sentença ideal" a reunir casos semelhantes.

4. O governo Bolsonaro como forma-limite do pemedebismo [pp. 177-216]

1. Sobre esse e muitos outros pontos afins, ver Tatiana Roque, *O dia em que voltamos de Marte: Uma história da ciência e do poder com pistas para um novo presente* (São Paulo: Planeta, 2021).

2. É assim que compreendo o sentido geral do argumento de André de Macedo Duarte e Maria Rita de Assis César, "Negação da política e negacionismo como política: Pandemia e democracia", *Educação & Realidade*, Porto Alegre, v. 45, n. 4, e109146, 2020.

3. Se bem compreendo o argumento, apontar para esse tipo de estratégia foi o objetivo de José Rodrigo Rodriguez em "'Perversões': Estratégias de dominação do novo ciclo autoritário", *Novos Estudos Cebrap*, v. 39, n. 2, pp. 371-93, maio-ago. 2020.

4. Esse final de março de 2021 foi também o momento escolhido por Bolsonaro para substituir todos os comandos militares no âmbito do Ministério da Defesa. As Forças Armadas não apenas se curvaram às trocas de comando impostas por Bolsonaro como decidiram não punir o general Eduardo Pazuello, que participou de ato político juntamente com o presidente no final do mês de maio de 2021. Além disso, a CPI foi atacada não apenas por Bolsonaro e pelo bolsonarismo, mas diretamente pelas Forças Armadas, que entraram em confronto aberto com o Congresso nesse momento em que um general da ativa esteve sob investigação. No início de julho de 2021, as Forças Armadas, por meio de seus três comandantes e do ministro da Defesa, emitiram nota atacando frontalmente

o Congresso, na pessoa do presidente da CPI, Omar Aziz. A nota oficial termina com uma quase ameaça: "As Forças Armadas não aceitarão qualquer ataque leviano às instituições que defendem a democracia e a liberdade do povo brasileiro". Essa nota foi reforçada pelo comandante da Aeronáutica em termos ainda mais duros, no que teve o apoio do comandante da Marinha.

5. Um histórico desses processos até 2013 pode ser encontrado em *Imobilismo em movimento*, op. cit. Sobre as dificuldades e obstáculos dessa relação entre o PT e o pemedebismo do sistema político, ver uma vez mais Leonardo Martins Barbosa em seu *Conflito partidário e ordem política*, op. cit.

6. Para o pleno funcionamento parlamentar de um partido, a cláusula estabeleceu, para a eleição de 2018, um patamar mínimo de 1,5% dos votos para a Câmara dos Deputados distribuídos por pelo menos nove entes federados, com mínimo de 1% em cada um deles, ou, alternativamente, nove deputados eleitos por nove entes federados diferentes. O patamar mínimo sobe progressivamente até alcançar um total de 3% nas eleições de 2030, com um mínimo de 2% em cada ente federado, ou, alternativamente, com a eleição de quinze deputados eleitos por um mínimo de nove entes federados.

7. Regulamentada pelo TSE em fevereiro de 2022, a "federação partidária é formada por dois ou mais partidos políticos com afinidade programática que se unem para atuar como uma só legenda por, no mínimo, quatro anos. A união entre as agremiações tem abrangência nacional e funciona como um teste para uma eventual fusão ou incorporação envolvendo as legendas que fizerem parte da federação [...]. Na prática, a federação opera como uma só legenda e, por esse motivo, está submetida às mesmas regras aplicadas aos partidos políticos. Uma federação pode, por exemplo, formar coligação para disputar cargos majoritários (presidente, senador, governador e prefeito), mas está proibida de se coligar a outros partidos em eleições proporcionais (deputado federal, deputado estadual ou distrital e vereador). Nas eleições proporcionais, tanto o partido quanto a federação deverão observar o percentual mínimo legal de 30% de candidaturas de um mesmo sexo". Disponível em: <www.tse.jus.br/imprensa/noticias-tse/2022/Fevereiro/eleicoes-2022-resolucao--do-tse-regulamenta-federacoes-partidarias>. Acesso em: 30 mar. 2022.

8. O caso exemplar aqui é o da derrota do chamado "voto impresso" em votação na Câmara dos Deputados em agosto de 2021. Um monitoramento precioso do NetLab/UFRJ sobre o tema chegou às seguintes conclusões: "Mais do que promover a PEC 135/19, a campanha do 'voto impresso auditável' inflamou o Brasil com uma complexa rede de desinformação sobre a segurança e a legitimidade das instituições democráticas. Há

tempos, a pauta ocupa lugar em discursos conspiratórios. Mas, mesmo com a derrota da PEC, a investida bolsonarista nesse tema foi vista por muitos como um perigoso ensaio para reações a uma possível derrota do presidente nas urnas em 2022" (*Relatório Técnico NetLab/UFRJ — Casos do Voto Impresso e 07 de Setembro 2021*, p. 2).

9. Por essas razões, prefiro falar em "coadaptação". Trata-se de uma nomenclatura que entendo não conflitar com as noções de "autonomização" do Legislativo ou mesmo em um "governo presidencial condicionado", como faz Acir Almeida, *Governo presidencial condicionado: Delegação e participação legislativa na Câmara dos Deputados*. Rio de Janeiro: IESP-UERJ, 2018. Tese (Doutorado em Ciência Política). Mas certamente dá a esses fenômenos um sentido diferente. Entendo ser a premissa do autor, confirmada pelos dados que produziu, que os interesses políticos dos deputados determinam o grau de controle presidencial sobre a agenda. Trata-se de um resultado interessante e também sintomático, a meu ver, por explicitar o que vejo como o aprofundamento de uma das tendências presentes no paradigma do presidencialismo de coalizão desde seu nascimento, que é aproximar mais e mais o modelo de um funcionamento parlamentarista. Ao mesmo tempo, o aprofundamento dessa marca de nascimento está ligado, a meu ver, com dificuldades explicativas com que se defronta o modelo. Seja como for, como procuro mostrar aqui, a coadaptação não se confunde exatamente com nenhuma das alternativas explicativas em disputa, quais sejam, usurpação, abdicação ou delegação de decisões finais por parte da presidência, ainda que se possa dizer que contém, em alguma medida, elementos dos tipos em questão.

10. Já antes da chegada da pandemia de Covid-19 ao Brasil, em 26 de junho de 2019, Conrado Hübner Mendes e Miguel Gualano de Godoy tinham alertado, no site Jota, para as consequências nefastas da ampliação do chamado "plenário virtual" no STF: "Plenário Virtual no Supremo: Reforço de um tribunal de solistas. Ampliação do Plenário Virtual aprofunda atuação individual e individualista de ministros. Outros desenhos, no entanto, são possíveis". Disponível em: <www.jota.info/stf/supra/plenario-virtual-no-supremo-reforco-de-um-tribunal-de-solistas-26062019>. Acesso em: 31 mar. 2022. A leitura de Rubens Glezer e Ana Laura Pereira Barbosa parece confirmar (e mesmo agravar, em certo sentido) os efeitos da ampliação desse mecanismo desde então. "O plenário virtual do STF em destaque: Possíveis abusos individuais podem deslegitimar ferramenta". Site Jota, 9 mar. 2022. Disponível em: <www.jota.info/opiniao-e-analise/artigos/plenario-virtual-do-stf-em-destaque-09032022>. Acesso em: 31 mar. 2022.

11. Disponível em: <www.olb.org.br/>. Acesso em: 31 mar. 2022. As premissas de funcionamento do Observatório continuam sendo as do

paradigma do presidencialismo de coalizão tal como estabelecido no país desde a década de 1990 e, por essa razão, a interpretação que propõe dos dados que produz e analisa não são inteiramente coincidentes com as que apresento aqui. Porém o mais importante continua sendo — como no caso de qualquer investigação orientada pelo paradigma do presidencialismo de coalizão — a qualidade dos dados produzidos e das análises realizadas. Em termos de repositório de dados eleitorais o TSE é, naturalmente, a referência primeira. Mas, entre os grupos de pesquisa de excelência que também mantêm sites abertos para consultas, é preciso mencionar o Banco de Dados Legislativos do NIPE/Cebrap (bancodedadoslegislativos.com.br), o DOXA/IESP-UERJ (doxa.iesp.uerj.br), o Cesop/Unicamp (www.cesop.unicamp.br/por/banco_de_dados) e o Cepesp Data, do Cepesp/FGV (cepespdata.io).

12. Fabiano Santos, Júlio Canello e Leonardo Martins Barbosa, "Conflito partidário na Câmara dos Deputados". In: Fabiano Santos (Org.), *Congresso remoto: A experiência legislativa brasileira em tempos de pandemia*. Rio de Janeiro: EdUerj, 2021, pp. 55 ss. Sistematizo aqui os dados apenas para o caso da Câmara. Para o caso do Senado Federal, ver o capítulo 4 do mesmo livro.

13. Debora Gershon e Júlio Canello, "O Centrão na Câmara e o governo Bolsonaro", *Le Monde Diplomatique Brasil*, n. 176, pp. 5-7, mar. 2022.

14. Revelado em 8 maio de 2021 pelo repórter Breno Pires — "Orçamento secreto bilionário de Bolsonaro banca trator superfaturado em troca de apoio no Congresso", *O Estado de S. Paulo*, p. A8 —, continuou sendo implementado nos mesmos moldes inclusive depois da intervenção do STF, da CGU e do TCU.

15. Disponível em: <olb.org.br/ciencias-sociais-articuladas-balanco-de-2021--na-camara-dos-deputados-a-gestao-de-arthur-lira-pp/>. Acesso em: 31 mar. 2022.

16. Piercamillo Davigo, "Itália: Um país resignado?". In: Maria Cristina Pinotti (Org.), *Corrupção: Lava Jato e Mãos Limpas*, op. cit., p. 119.

17. Id., *L'occasione mancata: Mani Pulite trent'anni dopo*. Bari; Roma: Laterza, 2021, p. 148. "Tangentopoli" ("propinópolis") é um nome alternativo a "Mãos Limpas".

18. Gherardo Colombo, "Corrupção e responsabilidade". In: Maria Cristina Pinotti (Org.), *Corrupção: Lava Jato e Mãos Limpas*, op. cit., p. 89.

19. Ibid., p. 87.

20. Segundo Lauro Jardim ("Com os garimpeiros, não", *O Globo*, 13 mar. 2022, p. 6), Paulo Maiurino começou a perder o cargo de diretor-geral em 29 de novembro de 2021, quando agentes da PF queimaram 69 balsas usadas por garimpeiros para extração ilegal de ouro. É um dos episódios

ilustrativos da maneira de operar de Bolsonaro: vetar qualquer ação que possa prejudicar sua base de apoio.

21. Até onde sei, falta contar concretamente, por exemplo, toda a história das conexões do bolsonarismo nascente com os movimentos de extrema direita pelo mundo. A pesquisa e os relatos de Benjamin Teitelbaum em *The War for Eternity: Inside Bannon's Far-Right Circle of Global Power Brokers* (Nova York: Dey Street Books, 2020) mostram a ligação de Bolsonaro com o Tradicionalismo por meio de Olavo de Carvalho, assim como a relação deste com Steve Bannon a partir da ascensão de Bolsonaro à presidência, em 2018. Mas não tenho conhecimento de uma reconstrução minuciosa da história pregressa do bolsonarismo nesses termos, especialmente a partir de 2014, sobretudo em relação a suas fontes de financiamento, ao aprendizado de tecnologia digital e a suas redes ideológicas.

22. Tendo funcionado de setembro de 2019 a março de 2020, a Comissão Parlamentar Mista de Inquérito teve prorrogado o seu prazo de funcionamento, que foi então suspenso por tempo indeterminado em razão da pandemia. Até a conclusão da redação deste livro, a informação disponível é de que a CPMI não viria a ser retomada, sendo todo o material recolhido pela investigação destinado ao acervo do Congresso, mas sem que se saiba se ou quando se poderá ter acesso público a ele.

23. Arlie R. Hochschild, *Strangers in their Own Land*, op. cit., p. 19.

24. Como mencionado no capítulo anterior, baseio-me aqui em investigações registradas em trabalhos como os de Camila Rocha, *Menos Marx, mais Mises*, op. cit.; Camila Rocha, Esther Solano e Jonas Medeiros, *The Bolsonaro Paradox*, op. cit.; Camila Rocha e Jonas Medeiros, "Jair Bolsonaro and the Dominant Counterpublicity", op. cit., bem como em trabalhos de Isabela Kalil, Rosana Pinheiro-Machado, Leticia Cesarino e João Cezar de Castro Rocha.

25. Arlie R. Hochschild, *Strangers in their Own Land*, op. cit., p. 144.

26. Ibid., p. 10.

27. Ibid., p. 79.

28. Como proposto no capítulo 3, entendo que a tese explicativa da "classe média espremida" (ou do "meio espremido") ainda não encontrou elementos de comprovação razoáveis. Ainda que não se debruce principalmente sobre elementos econômicos dos paradoxos próprios à extrema direita, Hochschild traz uma reformulação da questão que pode se revelar muito útil para investigações futuras: "De um lado, o ideal e a promessa no topo da colina [ao qual se precisa chegar] nacionais era o Sonho Americano — o que significa *progredir*. De outro lado, ficou *difícil progredir*" (ibid., p. 140).

29. *The Tea Party and the Remaking of Republican Conservatism*. Nova York: Oxford University Press, 2012.

30. Ibid., p. 146. Já em 2012 Skocpol e Williamson consideravam ser muito sintomático que Gingrich, já naquele momento, achasse que os republicanos estavam indo longe demais em direção à direita ideológica (p. 175), em um movimento que lembra muito o destino das "novas direitas" no Brasil.

31. "Da nossa perspectiva como cientistas políticas, a tomada de comitês republicanos locais pelo Tea Party tem maior probabilidade de ter relevância — juntamente com esforços do Tea Party para exercer o papel de cão de guarda (*watchdog*) sobre representantes eleitos. Republicanos que querem concorrer à eleição ou à reeleição para o Legislativo estadual e federal pensarão duas — ou três vezes — antes de ignorar as preferências políticas manifestas mesmo de minorias relativamente pequenas do Tea Party em seus distritos, se pensam que essas pessoas seguem de perto o que fazem e que votarão em disputas de primárias ou que pesarão em decisões cruciais dos comitês do Partido Republicano sobre procedimentos ou de endosso de candidaturas" (ibid., p. 182).

32. Ibid., p. 27.

33. Consulte-se a esse respeito, uma vez mais, o texto de Allan de Abreu, "A polícia toma o poder", op. cit. Em especial, em conjunção com o que se argumentou no capítulo anterior, destaque-se a seguinte passagem do texto, referente à "família policial": "Essa base costuma ser aliada incondicional dos policiais, mesmo diante de ações ilegais, como o motim das tropas. Não à toa, nos últimos anos, tornou-se comum mulheres de PMs ocuparem os quartéis para protestar por melhores salários no lugar dos maridos, impedidos de protagonizarem atos desse tipo".

34. "Nas ruas, sete de setembro encheu; nas redes, #flopou: Com piadas e pedidos de impeachment, oposição a Bolsonaro dominou o debate no Twitter, produzindo o dobro de menções que os apoiadores do presidente", *piauí*, 7 set. 2021. Disponível em: <piaui.folha.uol.com.br/nas-ruas-sete--de-setembro-encheu-nas-redes-flopou/>. Acesso em: 1 abr. 2022.

35. Segundo levantamento realizado pela Novelo Data nos trinta dias anteriores aos atos, o número de posts e de interações se manteve estável ao longo do tempo, em um patamar alto. Mais que isso, os "números apontam não só para o termômetro dessas convocações nas redes, mas também para um roteiro que coincide, milimetricamente, com o das outras duas manifestações pró-Bolsonaro ocorridas neste ano" (Marina Rossi, "Convocatória para o 7 de setembro toma fôlego nas redes e reproduz roteiro de outros atos pró-Bolsonaro", *El País Brasil*, 29 ago. 2021. Disponível em: <brasil.elpais.com/brasil/2021-08-29/

convocatoria-para-o-7-de-setembro-toma-folego-nas-redes-e-reproduz-
-roteiro-de-outros-atos-pro-bolsonaro.html>. Acesso em: 1 abr. 2022).

36. Patrícia Campos Mello, "Base fiel bolsonarista passa por uma hiper-radicalização, aponta estudo", *Folha de S.Paulo*, 21 set. 2021, p. A8.

37. Apenas a título ilustrativo da dimensão do partido digital bolsonarista, o
estudo mostrou que, nos dois primeiros meses de 2022, 30,65% dos perfis e 53,82% das interações foram de bolsonaristas. Como padrão de comparação, Lula, que vem em segundo lugar, está ligado a 30,28% dos perfis,
que, entretanto, respondem apenas por 24,4% das interações. As demais
candidaturas se encontram em patamares muito inferiores aos dessas duas.

38. *Relatório Técnico NetLab/UFRJ — Casos do Voto Impresso e 07 de Setembro 2021*, p. 38.

Considerações finais [pp. 217-46]

1. Como mostrou de maneira irretocável Quinn Slobodian, *Globalists: The
End of Empire and the Birth of Neoliberalism* (Cambridge, Mass.: Harvard
University Press, 2018).

2. Wendy Brown, *In the Ruins of Neoliberalism: The Rise of Antidemocratic
Politics in the West*. Nova York: Columbia University Press, 2019.

3. Wolfgang Streeck, *How Will Capitalism End?*. Londres: Verso, 2016, p. 41.

4. Ainda que não se confunda com a posição de Streeck, o diagnóstico de
Nancy Fraser se aproxima do apresentado por ele na medida em que
também identifica um divórcio ou um descolamento entre "integração sistêmica" e "integração social", para usar os termos de Lockwood
de que se vale Streeck. Na versão de Fraser, essa distinção é, antes, a de
uma contradição entre economia e política que é inerente ao capitalismo.
Em textos posteriores a 2015, Fraser recorre antes a Karl Polanyi para
formular seu posicionamento. Esse deslocamento em direção a Polanyi
pode permitir fazer aproximações da posição de Fraser com a de Wendy
Brown, desde que pensadas nesse contexto. Ver, a esse respeito, Nancy
Fraser e Rahel Jaeggi, *Capitalismo em debate: Uma conversa na teoria crítica* (São Paulo: Boitempo, 2020).

5. Wolfgang Streeck, *How Will Capitalism End?*, op. cit., p. 14.

6. Wendy Brown, *In the Ruins of Neoliberalism*, op. cit., p. 15.

7. Ibid., p. 13, grifos meus.

8. Ibid., p. 16.

9. *The Great Leveler: Violence and the History of Inequality from the Stone Age
to the Twenty-First Century*. Princeton: Princeton University Press, 2017.

10. Sobretudo *O capital no século XXI* (2013) e *Capital e ideologia* (2020), ambos publicados no Brasil pela Intrínseca.

11. Ver Marcos Nobre e Maurício de Carvalho Amazonas (Orgs.), *Desenvolvimento sustentável: A institucionalização de um conceito*. Brasília: Ibama, 2002.

12. Paolo Gerbaudo, *The Mask and the Flag: Populism, Citizenism and Global Protest*. Oxford: Oxford University Press, 2017.

13. Ibid., p. 134.

14. Vinicius Torres Freire, "A comida mais cara em 32 anos", *Folha de S.Paulo*, 13 abr. 2022, p. A15.

15. Luc Boltanski e Laurent Thévenot, *De La Justification: Les économies de la grandeur*. Paris: Gallimard, 1991.

16. Luc Boltanski e Ève Chiapello, *O novo espírito do capitalismo*. São Paulo: Martins Fontes, 2009, pp. 134-5.

17. A esse respeito, ver Yuen Yuen Ang, *China's Gilded Age: The Paradox of Economic Boom and Vast Corruption* (Cambridge: Cambridge University Press, 2020).

18. Vinicius Torres Freire, "Como pode ser a desbozificação do Brasil", *Folha de S.Paulo*, 29 dez. 2021, p. A14.

19. No sentido de propostas como a de Rodrigo Orair, Theo Ribas Palomo e Laura Carvalho, "O resgate da progressividade tributária: Uma agenda para a justiça social e ambiental" (In: Felipe Salto, João Villaverde e Laura Karpuska, *Reconstrução: O Brasil dos anos 20*. São Paulo: SaraivaJur, 2022). Ou, em uma diferente correlação de forças, aquela de Bernard Appy, Eurico de Santi, Isaias Coelho, Nelson Machado e Vanessa Rahal Canado, "Tributação no Brasil: O que está errado e como consertar" (In: Yoshiaki Nakano (Org.), *O Brasil sob reforma*. Rio de Janeiro: FGV Editora, 2020).

20. Entendo ter sentido semelhante o texto de Alessandra Maia, "Geringonça à brasileira: Conexões Pindamonhangaba-Lisboa e coalizões saudáveis", Ateliê de Humanidades, 18 dez. 2021. Disponível em: <ateliedehumanidades.com/2021/12/18/fios-do-tempo-geringonca-a-brasileira-por-alessandra-maia/>. Acesso em: 2 mar. 2022.

21. Eva Simon, "Rights Groups: MEPs Should Ensure Interoperability In Digital Services Act". Disponível em: <www.liberties.eu/en/stories/open-letter-libe-digital-services-act/43686>. Acesso em: 19 abr. 2022.

22. Gerard de Graaf, "The DSA and DMA Proposals: Ground-Breaking Rules for Digital Platforms, Serving both Consumers and Companies". Disponível em: <www.friendsofeurope.org/insights/the-dsa-and-dma-proposals-ground-breaking-rules-for-digital-platforms-serving-both-consumers-and-companies/>. Acesso em: 19 abr. 2022.

23. Tatiana Prazeres, "Algoritmos na mira: Experiência da China responderá quão difícil é regular esse mecanismo". *Folha de S.Paulo*, 15 abr. 2022, p. A11.

Referências bibliográficas

ABRANCHES, Sérgio. "Presidencialismo de coalizão: O dilema institucional brasileiro". *Dados — Revista de Ciências Sociais*, Rio de Janeiro, v. 31, n. 1, pp. 5-33, 1988.

_____. "A democracia brasileira vai bem, mas requer cuidados: Proposições sobre democracia brasileira e o presidencialismo de coalizão". In: VELLOSO, João Paulo Reis (Org.). *Como vão o desenvolvimento e a democracia no Brasil?*. Rio de Janeiro: José Olympio, 2001.

ABREU, Allan de. "A polícia toma o poder. Motins dentro das corporações, discurso justiceiro, benefícios legais e apoio de Bolsonaro fazem explodir o número de policiais civis e militares em cargos eletivos no Brasil". Disponível em: <piaui.folha.uol.com.br/policia-toma-o-poder/>. Acesso em: 2 abr. 2022.

ALMEIDA, Acir. *Governo presidencial condicionado: Delegação e participação legislativa na Câmara dos Deputados*. Rio de Janeiro: IESP-UERJ, 2018. Tese (Doutorado em Ciência Política).

ALMEIDA, Ronaldo de. *"Players* evangélicos na crise brasileira (2013-2018)". In: PÉREZ GUADALUPE, José Luis; CARRANZA, Brenda. *Novo ativismo político no Brasil: Os evangélicos do século XXI*. Rio de Janeiro: Konrad Adenauer Stiftung, 2020.

AMES, Barry. *The Deadlock of Democracy in Brazil*. Ann Arbor: University of Michigan Press, 2001.

AMORIM NETO, Octavio. "Cabinets and Coalitional Presidentialism". In: AMES, Barry (Org.). *Routledge Handbook of Brazilian Politics*. Nova York: Routledge, 2019.

APPY, Bernardo Eurico de Santi et al. "Tributação no Brasil: O que está errado e como consertar". In: NAKANO, Yoshiaki (Org.). *O Brasil sob reforma*. Rio de Janeiro: FGV, 2020.

BARBOSA, Leonardo Martins. *Conflito partidário e ordem política: PMDB, PSDB e PT na Nova República*. Rio de Janeiro: IESP-UERJ, 2019. Tese (Doutorado em Ciência Política).

BARROS, Celso Rocha de. "O custo da moderação pelo acordão". *Folha de S.Paulo*, São Paulo, 12 out. 2020, p. A6.

BARROS, Celso Rocha de "Estou errado sobre a democracia brasileira?". *Folha de S.Paulo*, São Paulo, 17 jan. 2022, p. A6.

BERGER, Suzanne. "Politics and Antipolitics in Western Europe in the Seventies". *Daedalus*, Cambridge, v. 108, n. 1, pp. 27-50, inverno 1979.

BERTHOLINI, Frederico; PEREIRA, Carlos Pereira. "Pagando o preço de governar: Custos de gerência de coalizão no presidencialismo brasileiro". *Revista de Administração Pública*, São Paulo, v. 51, n. 4, pp. 528-50, 2017.

BEZERRA, Carla de Paiva. *Ideologia e governabilidade: As políticas participativas nos governos do PT*. São Paulo: FFLCH-USP, 2020. Tese (Doutorado em Ciência Política).

BOLTANSKI, Luc; THÉVENOT, Laurent. *De La Justification: Les économies de la grandeur*. Paris: Gallimard, 1991.

_____; CHIAPELLO, Ève. *O novo espírito do capitalismo*. São Paulo: Martins Fontes, 2009.

BRITO CRUZ, Francisco. *Novo jogo, velhas regras: Democracia e direito na era da nova propaganda política e das fake news*. São Paulo: Letramento, 2020.

BROWN, Wendy. *In the Ruins of Neoliberalism: The Rise of Antidemocratic Politics in the West*. Nova York: Columbia University Press, 2019.

BUARQUE, Cristovam; CARDOSO, Fernando Henrique. "A luta de PT e PSDB é política, não ideológica". PSDB, 29 nov. 2004. Disponível em: <www.psdb.org.br/acompanhe/noticias/a-luta-de-pt-e-psdb-e-politica-nao--ideologica>. Acesso em: 2 abr. 2022.

BURITY, Joanildo. "Itinerário histórico-político dos evangélicos no Brasil". In: PÉREZ GUADALUPE, José Luis; CARRANZA, Brenda. *Novo ativismo político no Brasil: Os evangélicos do século XXI*. Rio de Janeiro: Konrad Adenauer Stiftung, 2020.

BUTLER, Judith. *Excitable Speech: A Politics of the Perfomative*. Nova York: Routledge, 1997.

CAMPOS, Antonia J. M.; MEDEIROS, Jonas; MORETTO, Márcio. *Escolas de Luta*. São Paulo: Veneta, 2016.

CAMPOS MELLO, Patrícia. *A máquina do ódio: Notas de uma repórter sobre fake news e violência digital*. São Paulo: Companhia das Letras, 2020.

_____. "Base fiel bolsonarista passa por uma hiper-radicalização, aponta estudo". *Folha de S.Paulo*, 21 set. 2021.

CARDOSO, Fernando Henrique. *The Accidental President of Brazil: A Memoir*. Washington, DC: PublicAffairs, 2006.

CARREIRÃO, Yan Sousa. "O sistema partidário brasileiro: Um debate com a literatura recente". *Revista Brasileira de Ciência Política*, Rio de Janeiro, n. 14, pp. 255-95, 2014.

CAVA, Bruno. "O 18 de brumário brasileiro". In: CAVA, Bruno; PEREIRA, Márcio (Orgs.). *A terra treme: Leituras do Brasil de 2013 a 2016*. São Paulo: Annablume, 2016.

CELIKATES, Robin. "Civilidade radical? Desobediência civil e a ideologia da não violência". *Dissonância: Revista de Teoria Crítica*, v. 3, n. 1, pp. 23-69, 2019.

CHEIBUB, José Antonio; PRZEWORSKI, Adam; SAIEGH, Sebastian. "Governos de coalizão nas democracias presidencialistas e parlamentaristas". *Dados*, Rio de Janeiro, v. 45, n. 2, pp. 187-218, 2002.

CODATO, Adriano; BOLOGNESI, Bruno; ROEDER, Karolina Mattos. "A nova direita brasileira: Uma análise da dinâmica partidária e eleitoral no campo conservador". In: VELASCO E CRUZ, Sebastião; KAYSEL, André; CODAS, Gustavo (Orgs.). *Direita, volver!: O retorno da direita e o ciclo político brasileiro*. São Paulo: Fundação Perseu Abramo, 2015.

COHEN, Yves. *Le Siècle des chefs: Une histoire transnationale du commandement et de l'autorité (1890-1940)*. Paris: Amsterdam, 2013.

_____. "Nobre, Marcos. 2013. Imobilismo em movimento: Da abertura democrática ao governo Dilma". *Brésil(s)*, Paris, n. 7, pp. 231-3, 2015.

COLOMBO, Gherardo. "Corrupção e responsabilidade". In: PINOTTI, Maria Cristina (Org.). *Corrupção: Lava Jato e Mãos Limpas*. São Paulo: Portfolio-Penguin, pp. 77-98, 2019.

COSTA, Arthur Trindade M. "As eleições e o sindicalismo policial". *Anuário Brasileiro de Segurança Pública 2020*, Fórum Brasileiro de Segurança Pública, Brasília, n. 14, pp. 206-7, 2020.

CUNHA, Christina Vital da; EVANGELISTA, Ana Carolina. "Electoral Strategies in 2018". *SUR*, n. 29, 2019.

_____; LOPES, Paulo Victor Leite; LUI, Janayna. *Religião e política: Medos sociais, extremismo religioso e as eleições 2014*. Rio de Janeiro: Fundação Heinrich Böll; Instituto de Estudos da Religião, 2017.

DALLAGNOL, Deltan; POZZOBON, Roberson. "Ações e reações no esforço contra a corrupção no Brasil". In: PINOTTI, Maria Cristina (Org.). *Corrupção: Lava Jato e Mãos Limpas*. São Paulo: Portfolio-Penguin, 2019.

DAVIGO, Piercamillo. "Itália: Um país resignado?". In: PINOTTI, Maria Cristina (Org.). *Corrupção: Lava Jato e Mãos Limpas*. São Paulo: Portfolio--Penguin, 2019.

_____. *L'occasione mancata: Mani Pulite trent'anni dopo*. Bari; Roma: Laterza, 2021.

DUARTE, André de Macedo; CÉSAR, Maria Rita de Assis. "Negação da política e negacionismo como política: Pandemia e democracia". *Educação & Realidade*, Porto Alegre, v. 45, n. 4, e109146, 2020.

DUTTON, William H. et al. "The Internet and Access to Information about Politics: Searching through Filter Bubbles, Echo Chambers, and Disinformation. In: GRAHAM, Mark; DUTTON, William H. (Orgs.). *Society and the Internet: How Networks of Information and Communication are Changing our Lives*. 2. ed. Oxford: Oxford University Press, 2019.

DUX, Günter. *Demokratie als Lebensform: Die Welt in der Krise des Kapitalismus*. Berlim: Springer VS, 2019.

FEENBERG, Andrew. *Between Reason and Experience: Essays in Technology and Modernity*. Cambridge: MIT Press, 2010.

FERNANDES, Maria Cristina; COSTA, Raymundo. "A política por trás da reforma". *Valor Econômico*, 22 maio 2015. Eu&Fim de Semana.

FIGUEIREDO, Argelina; LIMONGI, Fernando. "A crise atual e o debate institucional". *Novos Estudos Cebrap*, São Paulo, n. 109, pp. 79-97, 2017.

FRASER, Nancy. "Rethinking the Public Sphere: A Contribution to the Critique of Actually Existing Democracy". *Social Text*, Madison, n. 25/26, pp. 56-80, 1990.

_____; JAEGGI, Rahel. *Capitalismo em debate: Uma conversa na teoria crítica*. São Paulo: Boitempo, 2020.

FREITAS, Andréa; SILVA, Glauco Peres da. "Das manifestações de 2013 à eleição de 2018 no Brasil: Buscando uma abordagem institucional". *Novos Estudos Cebrap*, v. 38, n. 1, pp. 137-55, jan.-abr. 2019.

GASPAR, Malu. "O fiador: A trajetória e as polêmicas do economista Paulo Guedes, o ultraliberal que se casou por conveniência com Jair Bolsonaro". *piauí*, n. 144, set. 2018.

GERBAUDO, Paolo. *The Mask and the Flag Populism, Citizenism, and Global Protest*. Oxford: Oxford University Press, 2017.

_____. *The Digital Party: Political Organisation and Online Democracy*. Londres: Pluto Press, 2019.

_____. *Redes e ruas: Mídias sociais e ativismo contemporâneo*. São Paulo: Funilaria, 2021.

GERSHON, Debora; CANELLO, Júlio. "O Centrão na Câmara e o governo Bolsonaro". *Le Monde Diplomatique Brasil*, n. 176, mar. 2022.

GLEZER, Rubens; BARBOSA, Ana Laura Pereira. "O plenário virtual do STF em destaque: Possíveis abusos individuais podem deslegitimar ferramenta". Jota, 9 mar. 2022. Disponível em: <www.jota.info/opiniao-e-analise/artigos/plenario-virtual-do-stf-em-destaque-09032022>. Acesso em: 5 abr. 2022.

GOUGH, J. W. *John Locke's Political Philosophy: Eight Studies*. Londres: Oxford University Press, 1956.

GRAAF, Gerard de. "The DSA and DMA Proposals: Ground-Breaking Rules for Digital Platforms, Serving Both Consumers and Companies". Disponível em: <www.friendsofeurope.org/insights/the-dsa-and-dma-proposals-ground-breaking-rules-for-digital-platforms-serving-both-consumers-and-companies/>. Acesso em: 19 abr. 2022.

GREEN, James N.; CAETANO, Marcio Caetano; FERNANDES, Marisa Fernandes; QUINALHA, Renan. *História do Movimento LGBT no Brasil*. São Paulo: Alameda, 2018.

GUIMARÃES, Antonio Sérgio. *Racismo e anti-racismo no Brasil*. São Paulo: Editora 34; FUSP; Fundação Ford, 2005.

HABERMAS, Jürgen. *Mudança estrutural da esfera pública*. São Paulo: Unesp, 2014.

_____. *Facticidade e validade: Contribuições para uma teoria discursiva do direito e da democracia*. São Paulo: Unesp, 2020.

HOCHSCHILD, Arlie R. *Strangers in their Own Land: Anger and Mourning on the American Right*. Nova York: The New Press, 2016.

HONNETH, Axel. *Das Recht der Freiheit: Grundriss einer demokratischen Sittlichkeit*. Berlim: Suhrkamp, 2011.

INTERNETLAB; REDE CONHECIMENTO SOCIAL. "Os vetores da comunicação política em aplicativos de mensagens: Hábitos e percepções do brasileiro em 2020". Disponível em: <internetlab.org.br/wp-content/uploads/2021/10/Investigando-os-vetores-de-disseminac%CC%A7a%CC%83o-de-conteu%CC%81do-eleitoral_pt.pdf>. Acesso em: 19 abr. 2022.

JAEGGI, Rahel. *Kritik von Lebensformen*. Berlim: Suhrkamp, 2013.

KATZ, Richard S.; MAIR, Peter. "Changing Models of Party Organization and Party Democracy: The Emergence of the Cartel Party". *Party Politics*, Londres, v. 1, n. 1, pp. 5-28, 1995.

KIRCHHEIMER, Otto. "A transformação dos sistemas partidários da Europa Ocidental". *Revista Brasileira de Ciência Política*, Rio de Janeiro, n. 7, pp. 349-85, jan.-abr. 2012.

LEVITSKY, Steven; ZIBLATT, Samuel Daniel. *Como as democracias morrem*. Rio de Janeiro: Zahar, 2018.

LIMA, Márcia, "Raça e desigualdades no Brasil: Reflexões de uma agenda de pesquisa". In: FIORE, Mauricio; DOLHNIKOFF, Miriam (Orgs.). *Mosaico de olhares: Pesquisa e futuro no cinquentenário do Cebrap*. São Paulo: Sesc, 2021.

LIMA, Pedro Luiz; SAWAMURA, Mateus Hajime Fiori. "O ovo da serpente? Fundamentos e variações da crítica ao componente conservador das 'Jornadas de junho' de 2013". *Leviathan*, São Paulo, n. 13, pp. 91-119, 2016.

LIMA, Renato Sérgio de. "Eleições de policiais no Brasil e a força do 'partido policial'". In: RUEDIGER, Marco Aurélio; LIMA, Renato Sérgio de Lima (Orgs.). *Segurança pública após 1988: História de uma construção inacabada*. Rio de Janeiro: FGV; DAPP, 2021.

_____; TRINDADE, Arthur M. da Costa. "A redemocratização e o campo da segurança pública brasileiro". In: ADORNO Sérgio; LIMA, Renato Sérgio de (Orgs.). *Violência, polícia, justiça e punição: Desafios à segurança cidadã*. São Paulo: Alameda, 2019.

LIMONGI, Fernando. "A democracia no Brasil: Presidencialismo, coalizão partidária e processo decisório". *Novos Estudos Cebrap*, São Paulo, n. 76, pp. 17-41, 2006.

_____. "Em defesa do Congresso". *Valor Econômico*, 30 abr.-1 maio 2013.

_____. "Poderes em desarmonia". *Folha de S.Paulo*, 12 maio 2019. Ilustríssima.

_____; FIGUEIREDO, Argelina. "As bases institucionais do presidencialismo de coalizão". *Lua Nova*, São Paulo, n. 44, pp. 81-106, 1998.

LIMONGI, Fernando; GUARNIERI, Fernando. "A base e os partidos: As eleições presidenciais no Brasil pós-redemocratização". *Novos Estudos Cebrap*, São Paulo, v. 33, n. 2, pp. 5-24, jul. 2014.

MACIEL, Natalia Regina Avila. *Velhas raposas, novos governistas: O PMDB e a democracia brasileira.* Rio de Janeiro: UERJ-IESP, 2014. Tese (Doutorado em Ciência Política).

MAIA, Alessandra. "Geringonça à brasileira: Conexões Pindamonhangaba-Lisboa e coalizões saudáveis", Ateliê de Humanidades, 18 dez. 2021. Disponível em: <ateliedehumanidades.com/2021/12/18/fios-do-tempo-geringonca-a-brasileira-por-alessandra-maia/>. Acesso em: 2 abr. 2022.

MAINWARING, Scott. "Brazil: Weak Parties, Feckless Democracy". In: MAINWARING, Scott; SCULLY, Timothy R. (Orgs.). *Building Democratic Institutions: Party Systems in Latin America.* Stanford: Stanford University Press, 2005.

MAIR, Peter. *Ruling the Void: The Hollowing of Western Democracy.* Londres; Nova York: Verso, 2013.

MAJÓ-VÁZQUEZ, Silvia; GONZÁLEZ-BAILÓN, Sandra. "Digital News and the Consumption of Political Information". In: GRAHAM, Mark; DUTTON, William H. (Orgs.). *Society and the Internet: How Networks of Information and Communication are Changing our Lives.* 2. ed. Oxford: Oxford University Press, 2019.

MANIN, Bernard. *Principes du gouvernement représentatif.* 2. ed. Posfácio inédito. Paris: Flammarion, 2012.

_____. "A democracia do público reconsiderada". *Novos Estudos Cebrap*, São Paulo, n. 97, pp. 115-27, nov. 2013.

MARIANO, Ricardo; GERARDI, Dirceu André. "Apoio evangélico a Bolsonaro: Antipetismo e sacralização da direita". In: PÉREZ GUADALUPE, José Luis; CARRANZA, Brenda. *Novo ativismo político no Brasil: Os evangélicos do século XXI.* Rio de Janeiro: Konrad Adenauer Stiftung, 2020.

MAZZA, Luigi. "Nas ruas, Sete de Setembro encheu; nas redes, #flopou: Com piadas e pedidos de impeachment, oposição a Bolsonaro dominou o debate no Twitter, produzindo o dobro de menções que os apoiadores do presidente". *piauí*, 7 set. 2021. Disponível em: <piaui.folha.uol.com.br/nas-ruas-sete-de-setembro-encheu-nas-redes-flopou/>. Acesso em: 2 abr. 2022.

MEDEIROS, Jonas. "Junho de 2013 no Brasil e movimentos sociais em rede pelo mundo". In: SILVA, Felipe Gonçalves; RODRIGUEZ, José Rodrigo (Orgs.). *Manual de sociologia jurídica.* 2. ed. São Paulo: Saraiva, 2017.

_____. "Do 'feminismo popular' ao 'feminismo periférico': Mudanças estruturais em contrapúblicos da Zona Leste de São Paulo". *Novos Rumos Sociológicos*, v. 7, n. 11, jan.-jul. 2019.

_____. "Interpretações sobre a nova direita e o bolsonarismo". In: XIX Semana Acadêmica de História. Universidade Federal de São João del-Rei, 15 out.

2021. Disponível em: <www.youtube.com/watch?v=duBVYxM8vOs>. Acesso em: 2 abr. 2022.

_____; JANUÁRIO, Adriano; MELO, Rúrion (Orgs.). *Ocupar e resistir: Movimentos de ocupação de escolas pelo Brasil (2015-2016)*. São Paulo: Editora 34, 2019.

_____; FANTI, Fabíola. "Recent Changes in the Brazilian Feminist Movement: The Emergence of New Collective Actors". In: FERRERO, Juan Pablo; NATALUCCI, Ana; TATAGIBA, Luciana (Orgs.). *Socio-Political Dynamics within the Crisis of the Left: Argentina and Brazil*. Londres: Rowman & Littlefield, 2019.

MEIRELLES, Fernando. "Oversized Government Coalitions in Latin America". *Brazilian Political Science Review*, Rio de Janeiro, v. 10, n. 3, e0001, 2016.

MELO, Carlos Ranulfo Felix de. "Eleições presidenciais, jogos aninhados e sistema partidário no Brasil". *Revista Brasileira de Ciência Política*, n. 4, jul.-dez. 2010.

MELO, Marcus André. "A política do desembarque". *Folha de S.Paulo*, 7 fev. 2020, p. A2.

_____; PEREIRA, Carlos. *Making Brazil Work: Checking the President in a Multiparty System*. Nova York: Palgrave Macmillan, 2013.

MELO, Rúrion. "Contrapúblicos e os novos conflitos na esfera pública". In: RIBEIRO, Ednaldo Aparecido; ARANTES, Rogério Bastos; SILVA, Mariana Batista da. *As teorias e o caso*. Santo André: UFABC, 2021.

MENDES, Alexandre. *Vertigens de junho: Os levantes de 2013 e a insistência de uma nova percepção*. Rio de Janeiro: Autografia, 2018.

MENDES, Conrado Hübner; GUALANO DE GODOY, Miguel. "Plenário Virtual no Supremo: Reforço de um tribunal de solistas. Ampliação do Plenário Virtual aprofunda atuação individual e individualista de ministros. Outros desenhos, no entanto, são possíveis". Jota, 26 jun. 2019. Disponível em: <www.jota.info/stf/supra/plenario-virtual-no-supremo-reforco--de-um-tribunal-de-solistas-26062019>. Acesso em: 3 abr. 2022.

MEYER, Emilio Peluso Neder. *Constitutional Erosion in Brazil: Progresses and Failures of a Constitutional Project*. Londres: Bloomsbury, 2021.

MOORE, Martin. *Democracy Hacked: Political Turmoil and Information Warfare in the Digital Age*. Londres: Oneworld, 2018.

MORO, Sergio. "Sobre a operação Lava Jato". In: PINOTTI, Maria Cristina (Org.). *Corrupção: Lava Jato e Mãos Limpas*. São Paulo: Portfolio-Penguin, 2019.

MOUNK, Yascha. *The People vs. Democracy: Why Our Freedom Is in Danger and How to Save It*. Cambridge, Mass.: Harvard University Press, 2018.

MOURA, Gabriel Vieira de. *A interação entre os Movimentos de Renovação Política e os partidos na dinâmica eleitoral de 2018*. Brasília: IPOL-UNB, 2019. Dissertação (Mestrado em Ciência Política).

MOURA, Maurício; CORBELLINI, Juliano. *A eleição disruptiva: Por que Bolsonaro venceu?*. Rio de Janeiro: Record, 2019.

MÜLLER, Jan-Werner. *What Is Populism?*. Filadélfia: University of Pennsylvania Press, 2016.

NAGLE, Angela. *Kill All Normies: Online Culture Wars From 4Chan And Tumblr To Trump And The Alt-Right*. Winchester, Reino Unido: Zero Books, 2017.

NELSON, Anne. *Shadow Network: Media, Money, and the Secret Hub of the Radical Right*. Londres: Bloomsbury, 2019.

NICOLAU, Jairo. *O Brasil dobrou à direita: Uma radiografia da eleição de Bolsonaro em 2018*. Rio de Janeiro: Zahar, 2020.

NOBRE, Marcos. "Novas polarizações: Ainda sobre esquerda e direita"; "Réplica". Dossiê Esquerda e Direita. *Economica*, n. 2, v. 9, dez. 2007.

_____. "Apontamentos sobre a pesquisa em direito no Brasil". In: FABIANI, Emerson Ribeiro (Org.). *Impasses e aporias do direito contemporâneo: Estudos em homenagem a José Eduardo Faria*. São Paulo: Saraiva, 2011.

_____. "Depois da 'formação': Cultura e política da nova modernização". *piauí*, n. 74, nov. 2012.

_____. *Imobilismo em movimento: Da redemocratização ao governo Dilma*. São Paulo: Companhia das Letras, 2013.

_____. "O que significa 'pensar o país'? Um debate a propósito de *Por que o Brasil cresce pouco?*, de Marcos Mendes". *Novos Estudos Cebrap*, São Paulo, n. 100, pp. 97-113, dez. 2014.

_____. "How Practical Can Critical Theory Be?". In: LUDOVISI, Stefano Giacchetti (Org.). *Critical Theory and the Challenge of Praxis: Beyond Reification*. Londres: Routledge, 2015.

_____. "Conservadorismo em chave democrática: A redemocratização brasileira, 1979-2013". In: ALONSO, Angela; DOLHNIKOFF, Miriam (Orgs). *1964: Do golpe à democracia*. São Paulo: Hedra, 2015.

_____. "Da 'formação' às 'redes': Filosofia e cultura depois da modernização". In: DUARTE, Pedro; CHAVES, Ernani; GATTI, Luciano (Orgs.) *Filosofia*. Rio de Janeiro: Funarte, 2017. (Coleção Ensaios Brasileiros Contemporâneos).

_____. *Como nasce o novo: Experiência e diagnóstico de tempo na Fenomenologia do espírito de Hegel*. São Paulo: Todavia, 2018.

_____. "Entretien avec Marcos Nobre", preparada e realizada por Isabelle Aubert. *Le Philosophoire*, Paris, n. 53, pp. 35-50, 2020.

_____. *Ponto-final: A guerra de Bolsonaro contra a democracia*. São Paulo: Todavia, 2020.

_____. "The Global Uprising of Populist Conservatism and the Case of Brazil". In: GIESEN, Klaus-Gerd (Org.). *Ideologies in World Politics*. Berlim: Springer, 2020.

_____. "'Pémédébisme', présidentialisme de coalition et crise de la démocratie". *Brésil(s)*, Paris, n. 19, 2021.

_____. "Crise da democracia e crise das teorias da democracia". In: FIORE, Mauricio; DOLHNIKOFF, Miriam (Orgs.). *Mosaico de olhares: Pesquisa e futuro no cinquentenário do Cebrap*. São Paulo: Sesc, 2021.

_____. "La Théorie politique critique dans des conditions d'inégalités abyssales". *Raisons Politiques*, Paris, n. 84, pp. 125-31, nov. 2021

_____; AMAZONAS, Maurício de Carvalho (Orgs.). *Desenvolvimento sustentável: A institucionalização de um conceito*. Brasília: Ibama, 2002.

_____; RODRIGUEZ, José Rodrigo. "'Judicialização' da política: Déficits explicativos e bloqueios normativistas". *Novos Estudos Cebrap*, São Paulo, n. 91, pp. 5-20, nov. 2011.

NUNES, Rodrigo. *Neither Vertical nor Horizontal: A Theory of Political Organisation*. Londres: Verso, 2021.

ODELL, Jenny. *How to Do Nothing: Resisting the Attention Economy*. Nova York: Melville House, 2019.

O'NEILL, Cathy. *Algoritmos de destruição em massa: Como o big data aumenta a desigualdade e ameaça a democracia*. Santo André: Rua do Sabão, 2020.

ORAIR, Rodrigo; PALOMO, Theo Ribas; CARVALHO, Laura. "O resgate da progressividade tributária: Uma agenda para a justiça social e ambiental". In: SALTO, Felipe; VILLAVERDE, João; KARPUSKA, Laura. *Reconstrução: O Brasil dos anos 20*. São Paulo: SaraivaJur, 2022.

PAES DE BARROS, Ricardo; CURY, Samir; MACHADO, Laura Muller; FRANCO, Samuel. "Sobre o declínio no grau de desigualdade ao longo do novo milênio". São Paulo: Insper, 2021. Disponível em: <www.insper.edu.br/wp--content/uploads/2021/10/semin%C3%A1rio-Sobre-o-decl%C3%ADnio--no-grau-de-desigualdade-ao-longo-do-novo-mil%C3%AAnio.pdf>. Acesso em: 3 abr. 2022.

PAES MANSO, Bruno. *A república das milícias: Dos esquadrões da morte à era Bolsonaro*. São Paulo: Todavia, 2020.

PANEBIANCO, Angelo. *Modelli di partito: Organizzazione e potere nei partiti politici*. Bolonha: Il Mulino, 1982.

_____. "Organizzazione e potere". In: _____ (Org.). *L'analisi della politica: Tradizioni di ricerca, modelli, teorie*. Bolonha: Il Mulino, 1989.

PEREIRA, Carlos. "O sujo e o mal lavado". *O Estado de S. Paulo*, 7 fev. 2022., p. A8.

_____; BERTHOLINI, Frederico; PESSOA, Samuel Pessôa. "Métricas para o presidencialismo multipartidário". *Folha de S.Paulo*, 9 out. 2016. Ilustríssima.

_____; PESSÔA, Samuel. "PSDB e PT discordam mais sobre alianças do que sobre inclusão". *Folha de S.Paulo*, 11 out. 2015. Ilustríssima.

PÉREZ, Olivia Cristina. "Sistematização crítica das interpretações acadêmicas brasileiras sobre as Jornadas de Junho de 2013". *Revista Izquierdas*, Santiago, n. 50, pp. 1-16, jun. 2021.

PERLATTO, Fernando. *Esferas públicas no Brasil: Teoria social, públicos subalternos e democracia*. Curitiba: Appris, 2018.

PIKETTY, Thomas. *O capital no século XXI*. Rio de Janeiro: Intrínseca, 2014.

_____. *Capital e ideologia*. Rio de Janeiro: Intrínseca, 2020.

PINHEIRO-MACHADO, Rosana. *Amanhã vai ser maior: O que aconteceu com o Brasil e possíveis rotas de fuga para a crise atual*. São Paulo: Planeta, 2019.

PINOTTI, Maria Cristina (Org.). *Corrupção: Lava Jato e Mãos Limpas*. São Paulo: Portfolio-Penguin, 2019.

PIRES, Breno. "Orçamento secreto bilionário de Bolsonaro banca trator superfaturado em troca de apoio no Congresso". *O Estado de S. Paulo*, 8 maio 2021, p. A8.

POMPEIA, Caio. *Formação política do agronegócio*. São Paulo: Elefante, 2021.

PRAZERES, Tatiana. "Algoritmos na mira: Experiência da China responderá quão difícil é regular esse mecanismo". *Folha de S.Paulo*, 15 abr. 2022, p. A11.

PRIOR, Markus. *Post-Broadcast Democracy: How Media Choice Increases Inequality in Political Involvement and Polarizes Elections*. Cambridge: Cambridge University Press, 2007.

PULICI, Carolina. *Entre sociólogos: Versões conflitivas da "condição de sociólogo" na USP dos anos 1950-1960*. São Paulo: Edusp; Fapesp, 2008.

RAMOS, Paulo César. *Gramática negra contra a violência de Estado: Da discriminação racial ao genocídio negro (1978-2018)*. São Paulo: FFLCH-USP, 2021. Tese (Doutorado em Sociologia).

ROCHA, Camila. *Menos Marx, mais Mises: O liberalismo e a nova direita no Brasil*. São Paulo: Todavia, 2021.

_____; SOLANO, Esther; MEDEIROS, Jonas. *The Bolsonaro Paradox: Public Sphere and Right-Wing Counterpublicity in Contemporary Brazil*. Berlim: Springer, 2021.

_____; MEDEIROS, Jonas. "Jair Bolsonaro and the Dominant Counterpublicity". *Brazilian Political Science Review*, Rio de Janeiro, v. 15, n. 3, e0004, 2021.

RODRIGUEZ, José Rodrigo. "'Perversões': Estratégias de dominação do novo ciclo autoritário". *Novos Estudos Cebrap*, v. 39, n. 2, pp. 371-93, maio-ago. 2020.

ROQUE, Tatiana. *O dia em que voltamos de Marte: Uma história da ciência e do poder com pistas para um novo presente*. São Paulo: Planeta, 2021.

ROSSI, Marina. "Convocatória para o 7 de setembro toma fôlego nas redes e reproduz roteiro de outros atos pró-Bolsonaro". *El País Brasil*, 29 ago. 2021. Disponível em: <brasil.elpais.com/brasil/2021-08-29/convocatoria--para-o-7-de-setembro-toma-folego-nas-redes-e-reproduz-roteiro-de-outros-atos-pro-bolsonaro.html>. Acesso em: 3 abr. 2022.

RUEDIGER, Marco Aurélio (Org.). *Robôs, redes sociais e política no Brasil: Estudo sobre interferências ilegítimas no debate público na web, riscos à democracia e processo eleitoral de 2018*. Rio de Janeiro: FGV; DAPP, 2017.

RUNCIMAN, David. *Como a democracia chega ao fim*. São Paulo: Todavia, 2018.

SANTINI, Rose Marie et al. "A militância forjada dos bots: A campanha municipal de 2016 como laboratório eleitoral". *Lumina*, Juiz de Fora, v. 15, n. 1, pp. 124-42, 2021.

SANTOS, Fabiano. "Brazilian Democracy and the Power of 'Old' Theories of Party Competition". *Brazilian Political Science Review*, Rio de Janeiro, v. 2, n. 1, pp. 57-76, 2008.

_____; TANSCHEIT, Talita. "Quando velhos atores saem de cena: A ascensão da nova direita política no Brasil". *Colombia Internacional*, Bogotá, n. 99, pp. 151-86, 2019.

_____; CANELLO, Júlio; BARBOSA, Leonardo Martins. "Conflito partidário na Câmara dos Deputados". In: SANTOS, Fabiano (Org.). *Congresso remoto: A experiência legislativa brasileira em tempos de pandemia*. Rio de Janeiro: EdUerj, 2021.

SARTORI, Giovanni. *Partidos e sistemas partidários*. Brasília: Editora UnB, 1982.

SAWAMURA, Mateus Hajime Fiori. "'Junho Fascista' e 'Junho Autonomista': Permeabilidades entre sentidos, saldos e interpretações de Junho de 2013". *Idealogando*, Recife, v. 2, n. 1, pp. 5-17, 2018.

SCHEIDEL, Walter. *The Great Leveler: Violence and the History of Inequality from the Stone Age to the Twenty-First Century*. Princeton: Princeton University Press, 2017.

SCHEUERMAN, William E. "Critical Theory and the Present Crisis". *Constellations*, Oxford, v. 26, n. 3, pp. 451-63, 2019.

SCHROEDER, Ralph. *Social Theory after the Internet: Media, Technology, and Globalization*. Londres: UCL, 2018.

SILVA MIRANDA, João Vitor. "O conflito de interpretações nas esquerdas a respeito das manifestações de Junho de 2013". *Revice*, Belo Horizonte, v. 2, n. 2, pp. 422-35, ago.-dez. 2017.

SIMON, Eva. "Rights Groups: MEPs Should Ensure Interoperability in Digital Services Act". Disponível em: <www.liberties.eu/en/stories/open-letter-libe-digital-services-act/43686>. Acesso em: 19 abr. 2022.

SINGER, André. *Os sentidos do lulismo: Reforma gradual e pacto conservador*. São Paulo: Companhia das Letras, 2012.

_____. *O lulismo em crise: Um quebra-cabeça do período Dilma (2011-2016)*. São Paulo: Companhia das Letras, 2018.

SKOCPOL, Theda; WILLIAMSON, Vanessa. *The Tea Party and the Remaking of American Conservatism*. Nova York: Oxford University Press, 2012.

SLOBODIAN, Quinn. *Globalists: The End of Empire and the Birth of Neoliberalism*. Cambridge, Mass.: Harvard University Press, 2018.

SOUZA, Pedro H. G. Ferreira de. *Uma história da desigualdade: A concentração de renda entre os ricos no Brasil, 1926-2013*. São Paulo: Hucitec; Anpocs, 2018.

STREECK, Wolfgang. *How Will Capitalism End?*. Londres: Verso, 2016.

TATAGIBA, Luciana; TRINDADE, Thiago; TEIXEIRA, Ana Claudia Chaves. "Protestos à direita no Brasil (2007-2015)". In: VELASCO E CRUZ, Sebastião; KAYSEL, André; CODAS, Gustavo (Orgs.). *Direita, volver!: O retorno da direita e o ciclo político*. São Paulo: Fundação Perseu Abramo, 2015.

TAVOLARI, Bianca et al. "As ocupações de escolas públicas em São Paulo (2015--2016): Disputas entre o direito à manifestação e o direito de posse". In: UNGARETTI, Débora et al. (Orgs.). *Propriedades em transformação: Abordagens multidisciplinares sobre a propriedade no Brasil*. São Paulo: Blucher, 2018.

TEITELBAUM, Benjamin. *The War for Eternity: Inside Bannon's Far-Right Circle of Global Power Brokers*. Nova York: Dey Street Books, 2020.

TORRES FREIRE, Vinicius. "Como pode ser a desbozificação do Brasil". *Folha de S.Paulo*, 29 dez. 2021, p. A14.

_____. "A comida mais cara em 32 anos". *Folha de S.Paulo*, 13 abr. 2022, p. A15.

URBINATTI, Nadia. *Me the People: How Populism Transforms Democracy*. Cambridge, Mass.: Harvard University Press, 2019.

VALENTE, Mariana Giorgetti. "A liberdade de expressão na Internet: Da utopia à era das plataformas". In: FARIA, José Eduardo (Org.). *A liberdade de expressão e as novas mídias*. São Paulo: Perspectiva, 2020.

VASQUES DA CUNHA, Martim. "Tragédia ideológica: O bolsolavismo foi o hospedeiro perfeito para as tendências totalitárias de uma geração". *piauí*, n. 167, ago. 2020.

VOIROL, Olivier. "Teoria crítica e pesquisa social: Da dialética à reconstrução". *Novos Estudos Cebrap*, São Paulo, n. 93, pp. 81-99, jul. 2012.

WILLIAMS, James. *Stand Out of Our Light: Freedom and Resistance in the Attention Economy*. Oxford: Oxford University Press, 2018.

WU, Tim. *The Attention Merchants: The Epic Scramble to Get Inside Our Heads*. Nova York: Knopf, 2016.

ZELIZER, Julian E. *Burning Down the House: Newt Gingrich, the Fall of a Speaker, and the Rise of the New Republican Party*. Nova York: Penguin, 2020.

ZUBOFF, Shoshana. *A era do capitalismo de vigilância: A luta por um futuro humano na nova fronteira do poder*. Rio de Janeiro: Intrínseca, 2021.

ZUCCO, Cesar. "Ideology or What? Legislative Behavior in Multiparty Presidential Settings". *The Journal of Politics*, Nova York, v. 71, n. 3, pp. 1076-92, 2009.

_____; POWER, Timothy J. "Fragmentation without Cleavages? Endogenous Fractionalization in the Brazilian Party System". *Comparative Politics*, v. 53, n. 3, abr. 2021.

Índice remissivo

III Fórum Liberdade e Democracia
(São Paulo, 2016), 153
4Chan (plataforma digital dos EUA),
139-40
5 Estrelas (partido italiano), 108-9,
111-2, 122
1968, movimentos de, 14, 23-4

A

Abranches, Sérgio, 49-54, 56, 58,
74, 249-53n
Abreu, Allan de, 278n, 286n
Accidental President of Brazil: A
Memoir, The (Cardoso), 259n
accountability, 195
Adorno, Theodor W., 221, 255n
África, 25
agronegócio, 133, 153, 155-7, 188,
240, 279n
ajuste fiscal, 49, 170
Alckmin, Geraldo, 156, 158, 159,
235
Alemanha, 12, 15, 105-6, 108, 267n,
269n; Partido Pirata, 112, 120;
República de Weimar, 72
algoritmos, 99, 264-5n
Algoritmos de destruição em massa:
como o big data aumenta
a desigualdade e ameaça a
democracia (O'Neil), 265n

Almeida, Acir, 283n
alto clero do Congresso Nacional,
152, 162; *ver também* Congresso
Nacional
Amaral, Delcídio do, 171-2, 175
América Latina, 15, 25, 53, 57,
235, 253n
Ana Amélia (senadora), 154
Anonymous (coletivo hacker), 139
antiestablishment, 21, 108, 129-30,
194-5, 217
antiglobalização, 29, 223
antipetismo, 138, 273-4n; *ver*
também PT (Partido dos
Trabalhadores)
"antipolítica", 108
antissistema, partidos e impulsos,
19-21, 40, 70, 72, 78, 107-8, 129-
31, 134-5, 141, 143, 158, 166, 177-
8, 181, 183, 190-1, 193, 195, 197,
199, 203, 205, 211-2, 217-9, 239,
267n, 272n, 274n
aparelhamento, 194, 217, 236
Arábia Saudita, 14
arbitrariedade judicial, 144
Arce, Luis, 32
Argélia, 269n
Argentina, 32
Arruda, Flávia, 198
Ásia: Leste Asiático, 25
Assembleia Constituinte (1987-8),
161, 164

Assembleia de Deus, 150, 165; *ver também* evangélicos

Associação Comercial de São Paulo, 142

atentado à faca contra Bolsonaro (2018), 100, 158, 275n

"ativismo analítico", 92-3

Áustria, 51

"autocrítica", 61, 241-2

autoritarismo, 16, 18, 27-8, 34, 36-8, 40, 53, 95, 105, 116, 120, 129, 138, 145-6, 148, 177-8, 183-4, 188-90, 193, 200, 211, 217, 219, 227-31, 233, 238, 241, 244, 246, 262n, 281n

avião da TAM, acidente aéreo com (São Paulo, 2006), 141

Aziz, Omar, 282n

B

"bacharelismo", 60

Bahia, 168

Bahrein, 14

baixo clero do Congresso Nacional, 152, 161-4

Banco Mundial, 222

Bannon, Steve, 139, 285n

Barbosa, Ana Laura Pereira, 283n

Barbosa, Leonardo Martins, 251n, 255n, 266n, 282n, 284n

Barros, Celso Rocha de, 76-7, 258n

Barroso, Luís Roberto, 281n

Beltrão, Hélio, 154

bem-estar social, 224, 260n

Berlusconi, Silvio, 159, 165, 201-3

Biden, Joe, 35, 144, 231, 241

Big Data, 110

Biondi, decreto (Itália, 1994), 201

bloco soviético *ver* União Soviética

board /b/ (plataforma digital dos EUA), 139

Bolívia, 32

bolsonarismo/bolsonaristas, 39, 78, 111, 122, 133, 135-6, 138, 145-6, 148-9, 177, 179-80, 182, 189-92, 194, 205, 208, 210-2, 214-6, 236, 238-9, 244, 275n, 277n, 281n, 285n, 287n

Bolsonaro, Flávio, 202

Bolsonaro, Jair, 11-3, 16, 18, 20-2, 31, 37, 39-40, 43, 62-3, 65-6, 71-2, 76-9, 81, 100, 108, 111, 122, 127-33, 135-6, 138, 140-1, 145-59, 165, 167, 170, 176-206, 210-5, 234-6, 238-42, 244, 246, 254n, 259n, 266-7n, 270n, 273-6n, 278-9n, 281n, 284-6n

Bolsonaro, Michelle, 273n

Bolsonaro Paradox: Public Sphere and Right-Wing Counterpublicity in Contemporary Brazil, The (Rocha et al.), 142, 262n, 285n

Boltanski, Luc, 225, 288n

Boric, Gabriel, 27, 31-2

bots (robôs da internet), 158, 216, 280n

Brasil dobrou à direita: Uma radiografia da eleição de Bolsonaro em 2018, O (Nicolau), 254n, 271n, 274n, 279n

Brasília, 158

Breitbart News (site), 139

Brésil(s) (revista), 42, 256n

Bretton Woods, instituições de, 221

Brown, Wendy, 219-21, 228, 287n

Buarque, Cristovam, 10, 249n

C

cabinet government, 51

cadeias produtivas, 169, 223-4

Caixa Econômica Federal, 199

Câmara dos Deputados, 46, 132, 158, 161-5, 167, 170-2, 181, 185, 193-7, 204, 213, 215, 237, 281-3n

Canadá, 23

Candido, Antonio, 61, 255n

"Cansei" (movimento de 2007), 141-2

Capital no século XXI, O (Piketty), 260n

capitalismo, 25, 28-9, 35, 37, 65, 221, 224, 227-8, 230-1, 265n, 287-8n

Capitalismo, socialismo e democracia (Schumpeter), 266n

Cardoso, Fernando Henrique, 10, 48, 169, 186-7, 234-5, 243, 249n, 258-9n

"carisma", questão do, 267n

Carneiro, Enéas, 12

Carreirão, Yan de Souza, 253n

"cartelização" do sistema partidário, 112

Carvalho, Olavo de, 275n, 285n

Casa Civil, 150, 173

Castillo, Pedro, 32

Cavalcanti, Severino, 161-2

Ceará, 214

Cebrap (Centro Brasileiro de Análise e Planejamento), 43, 267n, 277n

centro, 31, 72; Centrão, 77, 158, 160-1, 164, 167-8, 180, 182, 193, 195-6, 198-9, 203-4, 212; "centrismo", 73; centro-direita, 33, 258n, 278n; centro-esquerda, 31-2, 218, 258n; "imobilismo" do, 73; "novo centro", 160

chapa presidencial Lula-Alckmin (2022), 235

Chiapello, Ève, 225, 288n

Chile, 12, 27, 31, 72-3, 227, 269n

China, 24, 26, 95, 227-8, 245, 263n, 288n

"cidade por projetos", 225

classe média, 33, 137, 224, 274n, 285n

clientelismo, 10, 254n

Clinton, Bill, 165

Clinton, Hillary, 34

clivagem social/eleitoral, 84, 86

coadaptação, 40, 189, 191-2, 195, 197, 199-200, 283n

Coalizão Negra por Direitos, 128

coalizões, 17, 45, 47, 52, 57-9, 66, 77-8, 207, 238, 251n, 253n, 288n; grandes, 51, 56, 58-9; presidencialismo de coalizão, 10, 22, 39, 45-6, 49-60, 63-4, 68, 73-4, 76, 78-9, 191, 249-51n, 254n, 259-60n, 283-4n; "sobredimensionadas" (*oversized coalitions*), 57; supercoalizões, 47, 54, 57-9, 71, 171, 239, 251n, 253n

Cohen, Yves, 256n, 267n

Collins, Randall, 264n

Collor, Fernando, 160, 186, 235, 256n

Colômbia, 32

Comitê de Jovens Empreendedores da Fiesp, 142

Comitês Populares da Copa, 128

Como as democracias morrem (Levitsky e Ziblatt), 256-7n, 272n

Concertación (Chile), 31

Conflito partidário e ordem política: PMDB, PSDB e PT na Nova República (Barbosa), 255-6n, 266n, 282n

Congresso Nacional, 45-7, 54, 57, 119, 152, 161-3, 168, 173, 175, 181, 188, 190, 193-5, 198-9, 213, 216, 234, 249-50n, 253-4n, 281-2n; *ver também* Câmara dos Deputados; Senado

"conhecimento científico autêntico" *versus* "ensaísmo", 60

consenso como ausência de
liderança (visão de Thatcher), 74
"consentimento", questão do, 85,
114-5, 261n
conservadorismo, 21, 62, 136, 161,
165-6, 189-90, 210, 221; brasileiro,
62; democrático, 62, 189;
liberais-conservadores, 132, 151,
166; "onda" conservadora, 137
Constantino, Rodrigo, 151
Constituição brasileira (1988), 21,
46, 86, 133, 142, 144, 276n
*Constitutional Erosion in Brazil:
Progresses and Failures of a
Constitutional Project* (Meyer),
276n
"contrapúblicos", 89, 117, 138,
140, 142-3, 146, 262n, 270n,
275n, 277n
"controle do governo", competição
pelo, 101, 113
Corbyn, Jeremy, 268n
corrupção, 21, 66, 144, 166, 201, 203,
228, 237, 252n, 272n, 276n
*Corrupção: Lava Jato e Mãos
Limpas* (org. Pinotti), 272n,
276n, 284n
Costa, Arthur Trindade M., 273n,
277n
Costa, José Wellington Bezerra
da, 150
Covid-19, pandemia de, 39, 177-85,
195-6, 198, 203, 212, 214, 218-9,
224, 283-5n
CPI da Covid (Senado, 2021), 180
CPMF (Contribuição Provisória
sobre Movimentação
Financeira), 142, 192
CPMI das Fake News (2019-20), 207
*Crashed: How a Decade of Financial
Crises Changed the World*
(Tooze), 272n

"Crise da democracia e crise das
teorias da democracia" (Nobre),
43, 256-7n, 272n
crise econômica global (2007-8),
28-9, 31, 36, 206
"Crises da democracia: Teoria
Crítica e diagnóstico do tempo
presente" (Barbosa), 267n
Cunha, Eduardo, 13, 132, 155, 159,
161-7, 170-1, 173, 175, 185, 197-
8, 281n
Cunha, Martim Vasques da, 280n

D

Da Empoli, Giuliano, 265n
Dallagnol, Deltan, 272n
Datafolha, pesquisas, 150, 215, 273n
De Gaulle, Charles, 51
debate público, 13, 143, 160, 246,
257n, 280n
DEM (Democratas), 150, 154, 167,
175, 213, 234
democracia, 22, 25, 29-30, 34, 36,
38, 42, 49, 61, 68, 87, 102, 144-
5, 241, 243, 258n; brasileira, 14,
18, 40, 49-50, 52-3, 75-6, 131,
146, 235, 239, 249-52n, 258n;
conservadorismo democrático,
62, 189; "crises da democracia",
12, 22, 35-6, 43, 50, 67-9, 74, 91,
95, 106, 131, 191, 206; cultura
política democrática, 64, 71;
de massas, 23, 111, 261n;
"democracia do digital", 81,
88, 92, 108, 123-4, 259n, 262n,
265n; "democracia do público",
82-7, 90-1, 94-5, 97, 100-1, 107,
110-1, 113, 122-4, 259-60n;
"democracia dos partidos", 82,
84, 86-8, 90, 101, 105, 113, 122,

124, 259n, 261n; democracias avançadas, 52; democratização da, 24, 25; e "cartelização" do sistema partidário, 113; Estado democrático de direito, 19, 30, 144, 237; "iliberal", 227, 229, 232; institucionalidade democrática, 40, 106-7, 113-4, 116, 179, 189-90, 207, 211, 218-9, 236, 259n; instituições democráticas, 11-2, 40, 63, 119, 177-8, 216, 282n; "modernização" e, 61; "populismo radicalmente democrático", 36-7; "pós-democracia", 30; redemocratização, 11, 14, 18, 21, 40, 62, 73, 86-7, 164, 175, 178, 188-9, 239, 243, 250n, 255n, 276-7n; revoltas democráticas, 14, 17, 29, 31-2, 145-6, 223; teorias da, 22, 39, 68; "verdadeira democracia", 21, 145, 178; versão "definitiva", 113

desemprego, 116

desigualdades, 28, 35, 116-7, 137, 160, 222, 231, 239, 242, 256n, 271n, 274n

desinformação, 183-4, 205, 263n, 282n; *ver também* fake news

desinstitucionalização da sociedade, 220

desobediência civil, 28

Di Maio, Luigi, 268n

Dialética do esclarecimento (Horkheimer e Adorno), 221

digital, era *ver* internet; mídia digital; "partidos digitais"; redes sociais

direita, 17-20, 27-8, 33, 36, 72, 131, 134-5, 137, 142-3, 146, 154, 159, 211, 213, 229, 235, 237, 257n,

265n, 271n, 273n, 277-8n, 286n; centro-direita, 33, 258n, 278n; democrática, 27, 35, 113, 238; extrema direita, 12, 15, 18-21, 31, 33-5, 120, 128-9, 131, 139-40, 146, 156-7, 188-9, 203, 206-8, 210, 214, 217-8, 235, 244, 265n, 277n, 285n; não autoritária, 27; "novas direitas", 18, 20, 22, 39-40, 127-33, 136, 138-40, 142-3, 146, 150-5, 160, 165-7, 211-2, 236, 244, 270-2n, 275-6n, 280n, 286n; tradicional, 20, 33, 131, 159

direitos civis: novos direitos, 24, 226

"distritão", 174

Distrito Federal, 10, 204

ditadura militar (1964-85), 14, 21, 45, 61, 86, 105, 143, 159, 178-9, 189, 211, 276n

Dolhnikoff, Miriam, 43, 255-6n, 271n

Doria, João, 156

Duverger, Maurice, 103-4, 107

E

Egito, 14

eleições de 1989, 250n

eleições de 2002, 46

eleições de 2014, 12, 16, 18, 46, 48, 168, 273n

eleições de 2018, 9, 16, 30-1, 100, 140, 155, 158-9, 188, 202, 206, 279-80n, 282n

Elias, Norbert, 108, 118

emendas impositivas, 197

emergência climática, 35, 222, 230-1, 246, 263n

"endógeno" versus "exógeno" (no sistema político), 64, 258n, 260-1n

ensaio", noção de, 254-5n

"ensaísmo", 60

esfera pública, 86, 89, 91-2, 105, 123, 127, 138, 142-3, 146, 157, 205, 228, 260-1n, 275n, 277n

Espanha, 12, 15, 32

espíritas, 149

esquerda, 17, 21, 27-8, 31-2, 35, 72, 142, 202, 218, 229, 235, 237-8, 243, 257n, 265n, 276-7n; centro-esquerda, 31-2, 218, 258n; democrática, 18, 113; "novas esquerdas", 28, 127-8, 130, 270-1n

Estado de bem-estar social, 224, 260n

Estado democrático de direito, 19, 30, 144, 237

Estados nacionais, 29, 35, 222, 224, 226

Estados Unidos, 23, 32, 95-6, 98, 100, 103, 111, 139, 144, 164, 207-9, 211, 228, 231-2, 236, 241, 263n, 267n, 269n, 277n

Estrella, Charbelly, 158

Eu odeio o PT (comunidade no Orkut), 141

Europa, 23, 228, 267n; União Europeia, 231-2

evangélicos, 133, 135, 147, 149-50, 153, 165, 188, 240, 273n, 278-9n; ver também igrejas evangélicas

Everaldo, pastor, 150

Executivo, Poder, 51, 55-6, 188, 191-3, 195, 251n

F

Facebook, 94, 109-10, 118, 135, 144, 149, 205

Fachin, Luiz Edson, 272n

fake news, 13, 138, 144, 207, 274n, 280n; ver também desinformação

"falha de desenho institucional", tese da, 133

Farias, Lindbergh, 168

fascismo, 12, 15, 22, 28, 34, 36-7, 105, 145, 229-30, 236, 262n, 270n

Feenberg, Andrew, 264n

Fernández, Alberto, 32

Ferreira, Manoel, 150

FHC ver Cardoso, Fernando Henrique

Fiesp (Federação das Indústrias do Estado de São Paulo), 142

Figueiredo, Argelina, 52, 56, 74, 250-2n, 254n, 258n

Filipinas, 177

financeirização, 24-5, 263n

financiamento empresarial de campanhas políticas, 171

Finlândia, 51

Fiore, Mauricio, 43, 271n

Folha de S.Paulo (jornal), 42, 251n, 258n, 287-8n

Fora Lula 2006 (comunidade no Orkut), 141

Forças Armadas, 135, 150, 183, 188, 213, 216, 227, 237, 281n

Fórum Brasileiro de Segurança Pública, 148, 273n, 278n

Foucault, Michel, 221

Fox News, 209

fragmentação partidária, 9, 47-8, 54, 167, 169, 174, 188, 210-1, 251n, 280n

França, 12, 15, 27, 33, 51, 72, 218, 227, 267n; Quarta República Francesa (1946-58), 72

França Insubmissa (movimento), 108, 111

Franco, Itamar, 259n

306

Franco, Marielle, 15
Fraser, Nancy, 89, 262*n*, 287*n*
Freitas, Andréa, 249*n*, 258*n*, 280*n*
Frente Ampla (Uruguai), 31
Frente Nacional da Nova Geração, 142
Frente Parlamentar da Agricultura, 156
Fundo Eleitoral, 234
Fundo Monetário Internacional (FMI), 222
Furtado, Celso, 61
fusões & aquisições partidárias, 47, 234

G

ganhos-de-troca, mecanismos de, 75
garimpeiros, 284*n*
Gaspar, Malu, 279*n*
gatekeepers, 91, 99, 118, 157
Gellner, Ernest, 264*n*
Gerbaudo, Paolo, 66, 69, 98, 107-12, 115-24, 138, 223, 256-7*n*, 259*n*, 268-9*n*, 276*n*, 288*n*
Giesen, Klaus-Gerd, 43
Gingrich, Newt, 159, 164-5, 209, 280*n*, 286*n*
Glezer, Rubens, 283*n*
globalização, 112, 160; antiglobalização, 29, 223
Globo, O (jornal), 284*n*
Godoy, Miguel Gualano de, 283*n*
golpismo bolsonarista, 144, 180, 211, 214
Gomes, Ciro, 158
Gough, J. W., 261*n*
governabilidade, 65, 71, 77, 170, 253*n*, 256*n*, 270*n*
governismo, 54, 56-9, 253*n*

Governo presidencial condicionado: Delegação e participação legislativa na Câmara dos Deputados (Almeida), 283*n*
governo representativo, 82-3, 85-6, 88, 91, 113, 259*n*
Grã-Bretanha, 74
Gramsci, Antonio, 220
Grande Moderação (fim da década de 1980 a 2007), 24
Grécia, 12, 15
Guedes, Paulo, 153, 194, 279*n*
Guerra Fria, 25, 110, 202
guerra na Ucrânia (2022), 224, 227, 231

H

Habermas, Jürgen, 89, 220, 261-2*n*
hackers, 139
Hacking, Ian, 264*n*
Haddad, Fernando, 138
Hegel, Georg Wilhelm Friedrich, 37-9, 255*n*
Hernandes, Estevam, 150
Hernandes, Sônia, 150
"hiperlíder", 115, 120-2, 268-9*n*
"história profunda" (*deep story*), 208
Hochschild, Arlie, 208, 257*n*, 277*n*, 285*n*
Horkheimer, Max, 221
Hungria, 15, 177, 232, 236

I

idealismo alemão, 37
Ideologies in World Politics (org. Giesen), 43
Iêmen, 14, 269*n*
Igreja Batista Atitude, 273*n*

Igreja do Evangelho Quadrangular do Brasil, 150

Igreja Internacional da Graça de Deus, 150

Igreja Mundial do Poder de Deus, 150

Igreja Renascer em Cristo, 150

Igreja Sara Nossa Terra, 150

Igreja Universal do Reino de Deus (IURD), 150

igrejas evangélicas, 150, 153; *ver também* evangélicos

"iliberais", modelos, 26, 227-9, 232

Imobilismo em movimento (Nobre), 40-2, 232, 249n, 253n, 256n, 260n, 272n, 274n, 280n, 282n

"imobilismo em movimento", 71-3

impeachment de Collor (1992), 160, 186, 256n

impeachment de Dilma (2016), 13, 16, 154, 168, 172-3, 243, 274n

imposto de renda, 147

imprensa, 185, 203, 268n, 282n; *ver também* jornalismo; mídia

Índia, 26-7, 95, 177, 227-8, 263n, 269n

indígenas, 25, 156-7

Inglaterra, 74

"insiders desconectados", 117

institucionalidade, 12, 20, 26, 40, 49, 51, 101, 103, 106-7, 113-4, 116, 131, 165, 179, 189-90, 207, 209-12, 217-9, 228, 236, 259n

institucionalização, processos e graus de, 20, 53, 75, 104, 112, 114-5, 122, 288n

Instituto Mises Brasil, 154

Interação entre os Movimentos de Renovação Política e os partidos na dinâmica eleitoral de 2018, A (Moura), 271n

internet, 87, 92, 96, 109, 114, 117-9, 140, 142, 203, 262-3n; acesso à,

117-8, 140; batalhas digitais, 120; *bots* (robôs da internet), 158, 216, 280n; *ver também* mídia digital; plataformas digitais; redes sociais

"interoperabilidade", 245

"interregno", sociedade em, 220

Ipea (Instituto de Pesquisa Econômica Aplicada), 152

Irã, 14

Itália, 15, 72, 105-6, 165, 176, 201-3, 284n

J

"janela partidária", 48, 213

Japão, 23, 105-6

Jardim, Lauro, 284n

Jefferson, Roberto, 162

Jinping, Xi, 26

João, Evangelho de, 150

Jordão, rio (Israel), 150

jornalismo, 87, 93, 95, 99, 101, 265n; jornais, 42, 87, 98-9, 113; "objetividade jornalística", 105

Jucá, Romero, 186-7

Judiciário, Poder, 19, 55, 173, 176, 193-4, 200, 239

Junho de 2013, manifestações de, 10, 12-19, 21, 23, 29-30, 37, 40, 42, 47, 71, 79, 127, 130, 132, 134-6, 142-3, 160, 169, 207, 224, 257n, 270n, 274-6n

justiça social, 221

K

Karpf, David, 92-3, 264n

Katz, Richard, 69-70, 112, 160, 266n, 268n, 280n

Kirchheimer, Otto, 69, 267n
Koloszuk, Ronaldo, 142

L

Lacerda, Fábio, 149, 279n
Lava Jato, Operação, 19-21, 49, 131-2, 140, 143-4, 155, 159, 163, 165-6, 171-2, 174, 176, 180, 183, 186-8, 191, 193, 197, 199-203, 207, 236, 272n, 276n
lavajatismo, 132, 143-4, 166-7, 188, 206, 236, 238
Le Pen, Marine, 33
Legislativo, Poder, 55-6, 77, 170, 185, 188-93, 195-6, 198-9, 251n, 254n, 283n, 286n
Leste Asiático, 25
Levitsky, Steven, 63-4, 133, 256-7n, 272n
LGBTQIAP+, pessoas, 25
Líber (Partido Libertários), 151
liberalismo, 230; liberais-conservadores, 132, 151, 166; neoliberalismo, 24, 26-7, 29, 35-6, 89, 110, 112, 160, 217-8, 220-32, 239-40, 260n, 262n, 275n; "ordoliberais", 221; "ruínas do liberalismo", 217, 219, 221, 223-4, 227-8; ultraliberais, 151, 207, 275n, 279n
liberdade de expressão, 139, 262n
Líbia, 14
liderança: ausência de, 74, 175; "liderança suave", 269n
Lima, Renato Sérgio de, 147, 277-8n
Limongi, Fernando, 52, 54, 56, 74, 250-2n, 254n, 258n, 281n
Lira, Arthur, 163, 180-1, 185-6, 193, 196-8, 204
livre mercado, 221, 275n

Livres (tendência partidária), 154
Locke, John, 261n
Lockwood, David, 220, 287n
López Obrador, Andrés Manuel, 32
Lorenzoni, Onyx, 150
Lugo, Fernando, 15
Lula da Silva, Luiz Inácio, 11, 13, 16, 18, 20, 32, 45, 77, 136, 141-3, 158, 161-2, 168-9, 173, 186, 195, 199, 235, 238-9, 242-4, 266n, 287n
Lula presidente 2006 (comunidade no Orkut), 141
lulismo, 64, 134, 169, 242, 256n, 272n, 274n
Lulismo em crise: Um quebra-cabeça do período Dilma (2011-2016), O (Singer), 272n
lulz, ambiente do (EUA), 120, 139

M

Macedo, Edir, 150
Maciel, Natalia Regina Avila, 56-7
Macron, Emmanuel, 27, 33, 34, 218
Maia, Rodrigo, 158, 185, 193-4, 197-8
Mair, Peter, 69-71, 91, 112, 122, 160, 257n, 268n, 280n
Maiurino, Paulo, 204, 284n
Making Brazil Work (Pereira e Melo), 76, 78, 254n, 258n
Malafaia, Silas, 150
Malta, Magno, 150
Mandetta, Luiz Henrique, 182-3
Manin, Bernard, 81-8, 90-1, 94-7, 100-2, 105, 107, 110, 113, 122-3, 259-61n, 265n, 268n
Manso, Bruno Paes, 277n
Mãos Limpas, Operação (Itália), 165, 176, 201-2, 284n

Máquina do ódio: Notas de uma repórter sobre fake news e violência digital, A (Mello), 280*n*

Marx, Karl, 37

Mazza, Luigi, 214

MBL (Movimento Brasil Livre), 154

MDB (Movimento Democrático Brasileiro), 10, 187, 278*n*; *ver também* PMDB (Partido do Movimento Democrático Brasileiro)

Me The People: How Populism Transforms Democracy (Urbinati), 262*n*

Medeiros, Jonas, 262*n*, 270*n*, 273*n*, 275*n*, 285*n*

Meirelles, Fernando, 57

Mélenchon, Jean-Luc, 268*n*

Mello, Patrícia Campos, 280*n*, 287*n*

Melo, Marcus André, 74, 76-8, 254*n*, 258-9*n*

Mendes, Conrado Hübner, 283*n*

Mendonça, André, 236

Menos Marx, mais Mises: O liberalismo e a nova direita no Brasil (Rocha), 275*n*, 285*n*

mensagens, aplicativos de, 110, 265*n*

mensalão, escândalo do (2005), 141, 162, 281*n*

Mercadante, Aloizio, 173

mercado de trabalho, 24, 230, 233

mercado financeiro, 151-3, 159, 169, 188

"mercado político", competição no, 45, 260*n*

México, 32

Meyer, Emilio Peluso Neder, 276*n*

Michels, Robert, 69, 102, 268*n*

mídia, 17, 86-7, 90-4, 97-100, 123, 173, 179, 188, 209, 263*n*, 265*n*, 279*n*; digital, 91-3, 95, 97-9; *ver*

também imprensa; jornalismo; televisão

mídias sociais *ver* redes sociais

migração partidária, 48, 162, 167

milícias, 66, 147

Mill, John Stuart, 89

millenials, 116

Minas Gerais, 168

Ministério da Defesa, 281*n*

Ministério da Fazenda, 153

Ministério da Justiça, 141, 159, 183, 204

Ministério da Saúde, 180, 182

Ministério Público, 171

"modernização", 61, 255*n*

Modi, Narendra, 27

Momentum (movimento britânico), 108, 111

Monde Diplomatique Brasil, Le (revista), 42

Moraes, Alexandre de, 144, 204, 207, 266*n*

Moro, Sergio, 141, 143-4, 159, 173, 183, 200-1, 203-4, 206

motim no Ceará (2020), 214

Mounk, Yascha, 119, 269*n*

Moura, Gabriel Vieira de, 271*n*

Movimento Cívico pelo Direito dos Brasileiros ("Cansei", 2007), 141-2

multipartidarismo brasileiro, 210

N

nazismo, 34, 105

negacionismo, 179, 184, 281*n*

Neither Vertical nor Horizontal: A Theory of Political Organisation (Nunes), 266*n*, 268*n*

neoliberalismo, 24, 26-7, 29, 35-6, 89, 110, 112, 160, 217-8, 220-32, 239-40, 260*n*, 262*n*, 275*n* neopentecostalismo, 149

Neves, Aécio, 13, 18, 160

New York Post (jornal), 144

Nexo (jornal), 42

Nicolau, Jairo, 254-5*n*, 271*n*, 274*n*, 279*n*, 281*n*

Nobre, Marcos, 75, 249*n*, 252*n*, 255-8*n*, 272*n*, 288*n*

Nogueira, Ciro, 198

"Novas Polarizações — Ainda Sobre Esquerda e Direita" (Nobre), 257-8*n*

Novo (partido), 154

Novos Estudos Cebrap (revista), 42, 249-52*n*, 255*n*, 259*n*, 274*n*, 281*n*

Nunes, Marques, 236

Nunes, Rodrigo, 266*n*, 268*n*

O

O'Neil, Cathy, 265*n*

Obama, Barack, 209

Observatório do Legislativo Brasileiro, 195, 198

Ocasio-Cortez, Alexandria, 268*n*

Occupy Wall Street (movimento estadunidense), 32, 34, 139

oligarquias partidárias, 11, 120, 268*n*

oligopólio da informação e da formação da opinião, 86, 89-90, 95, 263*n*

Oliveira, Mário de, 150

opinião pública, 87, 263*n*, 276*n*

"oposição interna", 47, 58, 70

Orbán, Viktor, 227

orçamento impositivo, 170, 197

orçamento secreto, 186, 190, 194, 197, 284*n*

Ordem dos Advogados do Brasil (OAB), 141

"ordoliberais", 221

Orkut, 138-41, 152, 275*n*

Ostermann, Fábio, 153-4

Ostrogórski, Moisei, 69, 102

"outsiders conectados", 66, 117, 138, 157

"outsiders desconectados", 117-8, 157

"ovo da serpente", tese do, 133-4, 136, 138, 257*n*

P

pandemia *ver* Covid-19, pandemia de

Panebianco, Angelo, 69, 104, 107-8, 266-7*n*

Paraguai, 15

parlamentarismo, 52, 86, 91, 113, 187; "informal", 187

Partido Democrata (EUA), 32, 34

Partido Republicano (EUA), 99, 209-11, 286*n*

Partido Socialista (Espanha), 32

Partido Socialista (Portugal), 32-3

Partidos e sistemas partidários (Sartori), 72, 257*n*, 266*n*

Partidos Piratas (Suécia, Alemanha e Islândia), 108-9, 112, 120

partidos políticos, 101, 103, 106, 111, 142, 268*n*; "antissistema", 72; "cartelização" do sistema partidário, 112; definição de Schattschneider, 101; disciplina partidária, 59, 251*n*; fragmentação partidária, 9, 47-8, 54, 167, 169, 174, 188, 210-1, 251*n*, 280*n*; fusões & aquisições partidárias, 47, 234; "governo de partidos", 102; "janela partidária", 48, 213; migração partidária, 48, 162, 167; millenials e, 116;

multipartidarismo, 51, 210; no mundo (em 1850), 103; oligarquias partidárias, 11, 120, 268n; partido burocrático, 267n; "partido carismático", 108, 115-6, 124, 267n; "partido cartel", 69, 160; "partido de massas", 69; partido digital bolsonarista, 40, 158, 181, 205, 207, 211, 212-3, 215, 238, 244, 277n, 287n; "partido ônibus" (*catch-all party*), 69, 267n; "partido profissional-eleitoral", 69; "partidos digitais" (ou partidos-plataforma), 40, 66-7, 69, 91, 98, 101, 107-12, 114-6, 122-4, 131, 180-1, 189, 191-2, 203, 205, 207, 211-3, 215, 238, 244, 267n, 277n, 287n; sistema partidário, 30, 33, 45, 67, 71, 82, 103, 112, 115, 160, 203, 249n, 267n; xenofóbicos, 68; *ver também siglas e partidos específicos*
Partidos políticos, Os (Duverger), 103
Patriota (partido), 151
Pazuello, Eduardo, 180, 281n
PCdoB (Partido Comunista do Brasil), 175, 213
PDT (Partido Democrático Trabalhista), 175
pemedebismo, 10, 18, 39-41, 50, 58-67, 68-9, 71-6, 79, 81, 129, 131-2, 136, 143, 159-63, 169-71, 174, 177, 181, 185-90, 193, 207, 210, 235, 237-9, 242-4, 251n, 253n, 255-6n, 258n, 271n, 274n, 281-2n; *ver também* PMDB (Partido do Movimento Democrático Brasileiro)
"Pemedebismo' e 'lulismo': Um debate com André Singer" (Nobre), 256n

pentecostalismo, 149-50, 279n; *ver também* evangélicos
Pereira, Carlos, 74-8, 254n, 258-9n
Pernambuco, 161
Perot, Ross, 209-10
Peru, 32
Pessôa, Samuel, 74-5, 258n
Petro, Gustavo, 32
PFL (Partido da Frente Liberal), 54, 186
Philosophoire, Le (revista), 42
piauí (revista), 42, 255n, 278-80n, 286n
PIB brasileiro, 202, 240
Piketty, Thomas, 222, 260n
Pires, Breno, 284n
PL (Partido Liberal), 186, 188, 198, 212-3, 234
Plano Real, 41, 49, 129, 145, 186, 207, 235, 241
plataformas digitais, 87, 90, 92, 114, 121, 206
"plenário virtual" do STF, 283n
"pluralismo polarizado", 72
PMDB (Partido do Movimento Democrático Brasileiro), 10, 54, 56-7, 162-3, 167-9, 175, 186-7, 241, 251n; *ver também* MDB (Movimento Democrático Brasileiro); pemedebismo
Pochmann, Marcio, 258n
Polanyi, Karl, 287n
polarização, 9-10, 70, 78, 145, 164, 196, 250n, 252n
Polícia Civil (PC), 148-9
Polícia Federal (PF), 148-9, 194, 203-4, 207, 284n
Polícia Militar (PM), 148-9
polícia secreta, 236
política, 257n; "antipolítica", 108; brasileira, 10, 49, 52, 125, 159, 186, 236-7, 258n, 260n; digitalização

da, 110, 114-5; institucional,
32, 67, 90-1, 138, 146, 159, 229;
"mercado político", 45, 260n;
millenials e, 116; monetária,
272n; oficial, 17-20, 141, 157, 159,
167, 174, 274n; "política visível"
versus "política invisível",
257n; politização à esquerda
e à extrema direita, 120, 142;
reforma política, 19, 54, 242-3;
sistema(s) político(s), 9, 11, 14, 17-
21, 24, 27, 30, 32, 34-5, 39-41, 47,
52-6, 58-60, 63-5, 68, 71-2, 74-6,
79, 84, 91, 99-100, 105, 112, 118-9,
127, 129-32, 134, 136, 138, 144, 152,
159-61, 163, 167, 171-6, 180, 186-8,
190-2, 199-203, 210, 213, 222, 226,
234-5, 241, 244, 251n, 254n, 256-
7n, 260n, 267n, 271n, 274n, 282n
Polônia, 15, 177
Pompeia, Caio, 156-7
*Ponto-final: a guerra de Bolsonaro
contra a democracia* (Nobre), 43,
133, 257n
população mundial, 228
populismo, 36-7, 95, 221, 250n,
262n, 267n
Portugal, 15, 32
Pozzobon, Roberson, 272n
PP (Partido Progressista), 161, 188,
212-3, 234
PPS (Partido Popular Socialista), 175
PR (Partido da República), 150, 188,
212-3
presidencialismo de coalizão, 10,
22, 39, 45-6, 49-60, 63-4, 68, 73-
4, 76, 78-9, 191, 249-51n, 254n,
259-60n, 283-4n; *ver também*
coalizões
"presidencialismo imperial", 51
"presidentes acidentais", 130, 158,
259n

Previdência Social, 30, 194, 230
Primavera Árabe (2011), 14, 225
Princípios do governo representativo
(Manin), 81-2
Prior, Markus, 96-8, 264-5n
Procuradoria-Geral da República,
132, 194, 199
programa econômico de Dilma
Rousseff, 169-70
progressismo, 62, 164
protestantismo brasileiro, 240,
278n; *ver também* evangélicos;
igrejas evangélicas
Przeworski, Adam, 67-8, 250n, 256n
PSB (Partido Socialista Brasileiro),
213, 234
PSC (Partido Social Cristão), 151-2,
154, 213
PSD (Partido Social Democrático),
48, 213, 234, 278n
PSDB (Partido da Social Democracia
Brasileira), 9-11, 17, 47-8, 54, 73,
78, 134, 142, 156, 167, 175, 186,
249n, 252n, 258n, 275n
PSL (Partido Social Liberal), 154,
195, 204, 211-3, 234, 274n
Psol (Partido Socialismo e
Liberdade), 134, 213
PT (Partido dos Trabalhadores), 9-11,
17, 47-8, 54, 73, 75, 77-8, 127-
8, 130, 132, 136-8, 141, 145, 153,
161, 164, 168, 174-5, 213, 234,
238, 242, 244, 249n, 252n, 258n,
274n, 281-2n
PTB (Partido Trabalhista Brasileiro),
162, 213

Q

Quarta República Francesa
(1946-58), 72

"quebra das regras informais de funcionamento das instituições" (fórmula), 133

Queiroga, Marcelo, 180

R

racismo estrutural, 24-5, 128

Raisons Politiques (revista), 42

Ramagem, Alexandre, 204

Real, acordo do, 10, 11, 48-9, 77, 138, 236, 241, 256n

recessão econônica (2015-6), 13, 16, 18, 48, 75, 202

Redes e Ruas: Mídias sociais e ativismo contemporâneo (Gerbaudo), 269n

redes sociais, 90-2, 99, 109-10, 135, 148, 245, 275n, 280n

reforma tributária, 231, 239, 242

"reformismo fraco", lulismo e, 136, 169

religiões afro-brasileiras, 149

República das milícias: Dos esquadrões da morte à era Bolsonaro, A (Manso), 277n

revoltas democráticas, 14, 17, 29, 31-2, 145-6, 223

"Revolução Republicana" (EUA, 1994), 164, 209

Rio de Janeiro (RJ), 158

Rio de Janeiro, estado do, 135, 168

Rio Grande do Sul, 154

robôs da internet (*bots*), 158, 216, 280n

Rocha, Camila, 138, 151-3, 262n, 273n, 275-6n, 279-80n, 285n

Rodovalho, Robson, 150

Rondônia, 278n

Rosa (revista), 42

Rousseff, Dilma, 13, 16, 18-9, 45, 55, 71, 75, 136, 143-4, 154-5, 159-61, 163-5, 167-76, 186, 195-7, 199-200, 241-3, 252n, 256n, 271n, 273-4n

"ruínas do liberalismo", 217, 219, 221, 223-4, 227-8

Rússia, 227, 231

S

Sachsida, Adolfo, 151-2

Salles, Débora, 158

Sanders, Bernie, 32, 34-5, 268n

Santa Catarina, 278n

Santiago, Valdemiro, 150

Santini, Rose Marie, 158, 280n

Santoro, Bernardo, 151-4

Santos, Fabiano, 250n, 252n, 258n, 284n

São Paulo (SP), 11, 141-2, 153, 156, 270n

São Paulo, estado de, 156

Sarney, José, 259n

Sartori, Giovanni, 72-4, 103, 108, 257n, 266n

Schattschneider, Elmer Eric, 101-3, 266n

Scheidel, Walter, 222

Schroeder, Ralf, 92, 94-5, 98-9, 263-5n, 268n

Schumpeter, Joseph, 84, 107, 261n, 266n

SDR (Sistema de Deliberação Remota), 194-5, 198

Sé, praça da (São Paulo), 142

Segunda Guerra Mundial, 23, 26, 87, 106, 217

"semipresidencialismo", 187

Senado, 167, 171-2, 180, 281n, 284n

Sentidos do lulismo: Reforma gradual e pacto conservador, Os (Singer), 256n

Sete de setembro, manifestações bolsonaristas de (2021), 180, 183, 214-6, 286n

Siècle des chefs: Une histoire transnationale du commandement et de l'autorité (1890-1940), Le (Cohen), 267n

Silva, Glauco Peres da, 249n, 258n, 280n

Silveira, Daniel, 216

Singer, André, 64-5, 134-6, 169, 256n, 269n, 272n

Singer, Paul, 64, 269n

Síria, 14

Skocpol, Theda, 209, 286n

slogans bolsonaristas, 150

Soares, Romildo Ribeiro, 150

Sobre a liberdade (Mill), 89

sociabilidade, 15, 31, 39, 49, 89, 113, 124-5, 129, 165, 190, 206, 219, 229

"Social-democracia e estabilidade democrática: Um estudo dos casos do SPD (1919-1933) e do PT (1988-2016)" (Barbosa), 266n

sociedade civil, 109, 112, 141, 224, 262n

Solano, Esther, 215, 262n, 273n, 275n, 285n

Sonho Americano, 285n

Souza, Rolando de, 204

STF (Supremo Tribunal Federal), 13, 18, 48, 54-5, 132, 144, 171-2, 176, 180, 182, 193-4, 199-200, 204, 207, 216, 234, 236, 251-2n, 272n, 281n, 283-4n

Stoker, Laura, 118, 269n

Strangers in Their Own Land: Anger and Mourning on the American Right (Hochschild), 277n

Streeck, Wolfgang, 219-21, 287n

"subproletariado", 64, 269n

Suécia, 95, 98, 108, 263n, 265n, 269n

Szwako, José, 258n

T

Tangentopoli *ver* Mãos Limpas, Operação (Itália)

taxação de riqueza, 231

Tea Party (movimento estadunidense de extrema direita), 207-10, 277n, 286n

tecnocracia, 108

Telegram, 110, 205, 266n

teleologia, 17

televisão, 86, 96-9, 110-1, 144, 245, 259n, 265n

Temer, Michel, 19, 78, 172-5, 186-8, 196-7, 199, 259n

Teoria Crítica, 37-8, 225, 255n, 261n

Thatcher, Margaret, 74

Tooze, Adam, 272n

Torres, Anderson, 204

totalitarismo, 25, 105

tradicionalismo, 221, 285n

"Tragédia ideológica: O bolsolavismo foi o hospedeiro perfeito para as tendências totalitárias de uma geração" (Cunha), 280n

tributação, 48; carga tributária, 48, 170

"Tributo contra o Tributo" (São Paulo, 2007), 142

Trump, Donald, 34, 99, 120, 122, 133, 144, 165, 205, 210-1

trumpismo, 111, 122, 205

TSE (Tribunal Superior Eleitoral), 48, 273n, 278n, 282n, 284n

Tucci, Giulia, 158
Tumblr, 94
Tunísia, 14
Turquia, 15, 177, 207
Twitter, 94, 99-100, 110, 144, 205, 216, 286n

U

Ucrânia, 224, 227, 231
UDR (União Democrática Ruralista), 157
ultraliberais, 151, 207, 275n, 279n
União Brasil (partido), 213, 234
União Europeia, 231-2
União Soviética, 15, 25, 202, 267n
Unidas Podemos (plataforma espanhola), 32, 108, 112
Upworthy (site), 93-4
Urbinati, Nadia, 262n
Uruguai, 31
Ustra, Carlos Alberto Brilhante, 154, 276n

V

Valente, Mariana Giorgetti, 262n
Valor Econômico (jornal), 42, 252n, 280n
Vaza Jato, divulgações da, 143, 199-200
Vem Pra Rua (movimento), 276n
"viés" (bias), noção de, 264n
Vitória (ES), 278n
"voto impresso", projeto do, 215, 282n

W

Wagner, Jaques, 168, 173
Weber, Max, 17, 69, 102, 107, 124, 264n
Weibull, Lennart, 98
Weimar, República de, 72
Westlund, Oscar, 98, 265n
WhatsApp, 110, 118, 265n, 279-80n
Williamson, Vanessa, 209, 286n
Wolin, Sheldon, 221

X

xenofobia, 68, 128

Z

Zavascki, Teori, 176, 272n
Ziblatt, Samuel Daniel, 63-4, 133, 256-7n, 272n
"zoação" ou da "zoeira", ambiente digital da, 139-40
Zuboff, Shoshana, 265n
Zucco, César, 56-7, 60, 74, 249n, 252-4n

© Marcos Nobre, 2022

Todos os direitos desta edição reservados à Todavia.

Grafia atualizada segundo o Acordo Ortográfico da Língua
Portuguesa de 1990, que entrou em vigor no Brasil em 2009.

capa
Pedro Inoue
fotos de capa
[acima] Maria Objetiva/ Wikimedia Commons
[abaixo] Alan Santos/ PR/ Flickr
preparação
Leny Cordeiro
checagem
Érico Melo
índice remissivo
Luciano Marchiori
revisão
Jane Pessoa
Ana Maria Barbosa

Dados Internacionais de Catalogação na Publicação (CIP)

Nobre, Marcos (1965-)
    Limites da democracia : De Junho de 2013 ao governo
Bolsonaro / Marcos Nobre. — 1. ed. — São Paulo :
Todavia, 2022.

    ISBN 978-65-5692-284-3

    1. Ciência política. 2. Democracia. 3. Política — Brasil.
4. Pemedebismo. 5. Análise política. I. Título.

CDD 320.981

Índice para catálogo sistemático:
1. Situação política no Brasil 320.981

Bruna Heller — Bibliotecária — CRB 10/2348

todavia
Rua Luís Anhaia, 44
05433.020 São Paulo SP
T. 55 11. 3094 0500
www.todavialivros.com.br

fonte
Register*
papel
Pólen natural 70 g/m²
impressão
Geográfica